经管文库·管理类
前沿·学术·经典

数智时代个人品牌价值实现研究

RESEARCH ON THE VALUE REALIZATION OF
PERSONAL BRANDING IN THE DIGITAL
INTELLIGENCE ERA

刘小娟 著

经济管理出版社
ECONOMY & MANAGEMENT PUBLISHING HOUSE

图书在版编目（CIP）数据

数智时代个人品牌价值实现研究 / 刘小娟著 .
北京 : 经济管理出版社 , 2024. 10（2025. 3 重印）.
-- ISBN 978-7-5096-9771-9

Ⅰ. F713.365.2

中国国家版本馆 CIP 数据核字第 202461ME63 号

组稿编辑：杨国强
责任编辑：赵天宇
责任印制：许　艳
责任校对：王淑卿

出版发行：经济管理出版社
　　　　　（北京市海淀区北蜂窝 8 号中雅大厦 A 座 11 层　100038）
网　　址：www.E-mp.com.cn
电　　话：（010）51915602
印　　刷：北京厚诚则铭印刷科技有限公司
经　　销：新华书店
开　　本：720 mm × 1000 mm/16
印　　张：11.75
字　　数：221 千字
版　　次：2024 年 10 月第 1 版　　2025 年 3 月第 2 次印刷
书　　号：ISBN 978-7-5096-9771-9
定　　价：98.00 元

看重个人品牌的时代

推荐序言

"个人品牌"概念从知识付费圈子开始流行，随着社交媒体的普及、媒介技术的持续进步、内容的日益丰富以及电商产业的迅猛发展等因素的推动，"个人品牌"概念也从媒体圈、科技圈、知识 IP 圈逐渐扩展到各类专业人士（如医生、律师、咨询师、金融从业者等）的圈子。个人品牌已经成为他们与公众、粉丝及客户进行有效沟通、传递独特价值观、表达情感态度以及建立牢固信任关系的关键途径和手段。通过精心塑造和维护个人品牌，这些专业人士能够在竞争激烈的市场中脱颖而出，吸引更多的关注与支持，进而实现个人价值的最大化。

而电商行业的蓬勃发展更是为个人品牌提供了商业变现的渠道，使得个人品牌不仅仅局限于知名度，还能转化为实际的经济效益。"个人品牌"已经成为个人职业发展、影响力扩展以及新职业赛道开启的重要工具，"个人品牌大众化""大众品牌 IP 化"成为新的发展趋势。

传播学的认知平衡理论认为："如果用户对一个人有好感，也会对其企业的产品和服务有好感，反之亦然。"这背后的个人品牌，它不仅仅是一个标签或形象，更是个人价值、专业能力和独特魅力的综合体现。

当前人人都在谈"个人品牌"，我身边越来越多的企业家朋友也亲自下场打造个人品牌，市面上关于个人品牌打造的课程及书籍也层出不穷。然而，很多人将个人品牌简单地等同于社交媒体账号上的粉丝数，很多企业家找不到个人品牌的切入点以及和企业品牌之间的链接点，很多人因为一时兴起但因没有变现而中途退场。我一直认为，打造个人品牌需要坚持"长期主义"，同时，也需要静下心来去阅读本书，去了解并掌握个人品牌构建、运营和变现的闭环路径与方法，去掌握个人品牌打造的底层逻辑。

首先，从个人品牌的构建上，可以分为五个层次，每个层次都有其独特的构建方法。第一重境界关注个人的能力、兴趣和知识产权。我们需要发掘和展示自己的独特技能和兴趣爱好，同时保护和利用好自己的知识产权。第二重境界是塑造人物形象和品牌符号。我们需要创造一个独特的形象和符号,让公众能够轻松识别和记住我们的品牌。第三重境界是通过故事内容来构建品牌。我们需要讲述引人入胜的故事,让我们的品牌更加生动和有吸引力。第四重境界是价值理念和人格的塑造。我们需要明确自己的价值观和人格特质,并将其融入品牌中,以赢得公众的信任和尊重。第五重境界是将民族文化和哲学思想融入品牌。我们需要挖掘和传承自己民族的文化和哲学思想,使品牌具有更深层次的文化内涵和影响力。

同时,在数字化时代,个人品牌的运营也需要与时俱进。我们需要进行品牌定位,深入了解用户需求和行为,搭建内容体系,并通过各种渠道进行品牌传播和运营。个人品牌的价值不仅体现在内容和流量上,还可以通过电商服务实现变现。我们需要找到合适的路径和方法,将个人品牌的影响力转化为实际的经济效益。

在数智时代背景下,个人 IP 品牌生态价值实现面临诸多核心议题。本书详细分析了数智时代媒介技术的快速发展,以及这些技术进步如何深刻地影响了内容创作和电商产业的蓬勃发展。这些变化不仅为个人 IP 品牌生态价值的实现提供了前所未有的机遇,而且也带来了新的挑战。个人 IP 品牌在连接人、内容、产品以及企业生态方面正变得越来越不可或缺,其作用越发凸显。

本书全面且深入分析了个人 IP 品牌生态系统的五个层次的定位,探讨了数智传播的策略和方法,并且详细阐述了个人和企业如何通过不同的路径实现个人 IP 品牌价值。本书的内容框架既包含了理论的深度,又不乏实践操作的指导,旨在为读者提供一个全面的理解个人 IP 品牌生态系统的理论方法。同时,本书还结合了大量实际案例,以帮助读者更好地理解如何在实践中有效地实现个人 IP 品牌生态价值,内容深入浅出,易于读者理解。

本书适合各领域的专家阅读,也特别适合那些希望在数智时代中打造和提升个人 IP 品牌价值的达人、网红、博主,以及 MCN 机构的从业者。此外,企业品牌营销人员和大学营销专业的学生也能从本书中获得宝贵的理论知识和实践指导。

这本书不会给你"打鸡血",也不会"煲鸡汤",更不会"喊口号",而是一个步骤一个步骤地拆解,一个案例一个案例地剖析。让我们一起学习,少走弯路,打造真正属于你自己的"个人品牌",祝你早日成功!

中国品牌节创始人兼主席
品牌联盟董事长

目 录

第一章　数智时代下的内容创意产业生态的演进

第一节　元宇宙多维度折叠世界

在这个数字化驱动的时代，中国已身处信息、工业、农耕三大文明状态的共同时空，并在多维度的文明空间中呈现出深邃且立体的文明图景。这一图景（如图1-1所示）不仅包括以原子物质为基础的，无比真实且丰富多彩的现实自然世界；还包括由人与符号构建的文化世界，其中充满了传统与现代、东方与西方的激荡与碰撞，揭示了人类文明的丰富与多元；数字世界也以比特的形式渗透到我们生活的每个角落，呈现出以信息形式堆砌出的数字世界图景。

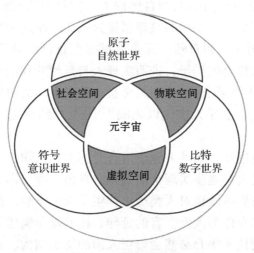

图1-1　折叠的世界

资料来源：杜永贵创作。

人类作为多维度折叠世界的重要组成部分，在不同的维度空间里，用他们的智慧与创造力将这些世界连接起来，为我们打开了一扇扇认识世界、理解世界的窗户。我们置身于一个多维度折叠的世界里，在这个世界中，我们既能深刻地感受到现实自然世界的生命力，也能在文化世界中体会到人类文明的多姿多彩，还能在数字世界里领略到科技的无穷魅力。

1972年，英国著名哲学家卡尔·波普尔提出了一种新颖的"三个世界"理论。他这个理论着重强调了人类生活的三个世界：第一，以自然物理世界为主要表现形式的现实世界一，称为事实界；第二，以人们的精神世界为核心的意识世界二，称为价值智慧界；第三，以人类所创造的符号化的知识世界为主体的符号比特世界三，也就是技术可能界。这些内容几乎涵盖了人类的语言表达、文艺创作、宗教信仰、科学精神以及技术创新等方面。波普尔的这一理论旨在超越笛卡尔主义所设定的主客二分的思维框架，尝试以信息的方式重新认识和融合客观世界与主观世界。他的期望是实现从"工业思维"向"信息思维"的创新转化，从而在三个领域间建立开放性的互动联系。

人类对能量和信息的开发是有递进层次的，不同历史时期所利用的能量、信息级别不一样，财富表现形式也不一样。农耕文明是人与自然和谐相处的时代；工业文明是人对原子物质的改造以及能量的获取，从而使自然成为人化的自然；信息文明脱胎于工业文明，但不同于工业文明，是人类生存空间的又一次重大扩展。信息文明以比特数字的天文纹理，以知识智慧人文符号纹理，使人成为自由的人和自然的人。信息是物质解蔽的原子能量场域，电子比特数字显现，使物的纹理彰显为天文。在这个文明图景中，人类已经不仅是在使用和控制自然，而是能够按照自己的意愿和需求去塑造自然，使之成为自己想要的样子，进而实现人与自然的和谐相处。"人文"，指人的生活。《易经》贲卦象传："刚柔交错，天文也；文明以止，人文也。观乎天文，以察时变；观乎人文，以化成天下。"而约称之为人文化成，或更约称之为文化。

人类历史不断进步，其动力源于对自身感觉、认知、情感及社会能力的全面利用。历史是人类逐步实现全面人化的自由历程。作为人类创造物的科学技术，其不同发展阶段也对人类历史产生了深远影响。例如，机械作为人类身体的延伸，媒介作为人类器官的延伸，技术媒介构建了主体间的各种社会关系。日常使用技术媒介必然会修正人们的意识结构。例如，书本作为人的视角延伸，广播作为人的听觉延伸，电子比特媒介则作为人的中枢神经系统的延伸。人类通过不断创新技术来扩展自身能力。每一次延伸都在人类事务中引入一种新的尺度。例如，在机械化时代，我们实现了自身在空间中的延伸，在电子比特时代，我们实现了自我意识的时空延伸，于是在我们的星球范围内消除了时空限制。媒介和传播技术的变化带来了历史时期的更迭。

第二节　媒介是品牌传播的技术环境

麦克卢汉凭借其深刻的洞见和出色的理论构建技巧，对媒介文化史的各个阶段进行了精心研究和阐述。他采用了一种独特的研究方法，旨在揭示不同时期的传播形式如何显著地塑造和改变了人们认知、理解现实世界的方式及逻辑。在他看来，媒介文化史是一部波折不断的演进过程，体现了人类传播方式从亲身传播到创新传播的不断循环和演变。同时，它也展示了人类在与外部世界的互动交流中不断探索、实践和拓展的过程。

在当前的科技发展趋势下，元宇宙应运而生，成为一个集大成者。元宇宙是人类在媒介传播领域的一次重大飞跃，重新整合了人类亲身传播的方式，将传播者、传播技术和传播内容创新紧密融合，如图1-2所示。在元宇宙的虚拟世界中，传播者可以在一个高度逼真的沉浸式环境中与他人进行互动交流，实现人类亲身传播的回归。同时，随着技术的不断进步，如虚拟现实技术的运用，人们可以更加生动、形象地展示自己的个性和特

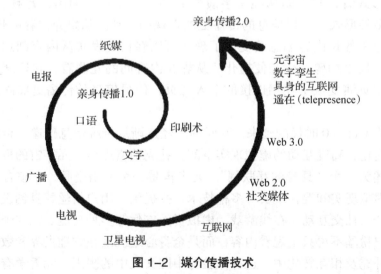

图1-2　媒介传播技术

资料来源：邓建国，刘博.2021元宇宙年度报告［R］.腾讯＆复旦大学，2021.

点，以吸引更多的关注和认同。在元宇宙中，人们的化身比传统的文字化身更加丰满和立体，极大地推动了人们在虚拟世界中实现亲身传播的回归。总的来说，随着元宇宙的发展，人类的亲身传播方式将进入一个新的时代，这个时代被称作"后符号传播时代"。在这个时代里，人们可以更加直接、真实地与他人进行交流和互动，从而进一步促进人际关系的发展和人类文明的进步。

在 Web 1.0 时代，信息以数字化的形式在网络中广泛传播，这种单向传播方式在有限的人群中营造出一种少数人在创作内容，而大多数人仅消费内容的情景，实现了一种相对精英化的传播模式。从内容和数量看，Web 1.0 呈现出了精英对大众的一对多格局，由少数的专家和意见领袖主导信息的传播方向，把控信息的内容，而大众仅接受这些既定的内容，无法参与到创作过程中，缺乏真正的民主化。

随着 Web 2.0 时代的到来，信息传播发生了深远的变革。在这个阶段，受众从单纯的接收者转变为信息的创造者和传播者，实现了信息传播的民主化。用户粉丝可以利用各种工具在网络上创建自己的个人主页，意味着他们在互联网上拥有了自己的"一亩三分地"，并拥有了属于自己的数字化身。这个数字化身就像"数字勤务兵"一样，负责在网络上生成和分享各种内容，并以此为载体在社交平台上实现信息的双向传播，将自己的观点和意见传播给更多的人。

随着技术的不断进步，这个"数字化身"不断地发展和完善。从媒介表达的形式看，它逐渐从纯文字演变成了包含图片、动图、音频、视频、直播等多种形式，使得信息的传播更加直观和生动。从媒介内容的长度看，它也从过去的长内容创意演变成了现在可以轻松地发布微内容创意，使得信息的传播更加碎片化和便捷化。从媒介内容间的互联看，它逐渐从独立的个人主页演变成了互相连接的个人主页，使得信息的传播更加高效和互动化。

随着 Web 3.0 时代的到来，互联网已经逐渐从传统信息传递平台转变为一个智能化、高度互动的虚拟现实空间。扎克伯格提出了元宇宙的概念，并将其描述为一个"具身的互联网"。元宇宙是一个网络空间，它整合了增强现实、虚拟现实和混合现实等多种技术，并提供了用户粉丝替身创设、内容创意生产、社交互动、在线游戏、虚拟货币支付等多种功能。在这个元宇宙中，用户粉丝不再只是观看内容，而是全身心地沉浸在物理世界和数字世界的相互补充及相互转化中。这种体验与中国文化中的阴阳二元哲学有着异曲同工之妙，如图 1-3 所示。

4

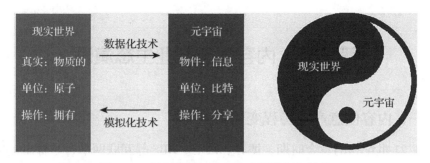

图 1-3　现实世界与元宇宙之间的相互转化

资料来源：邓建国，刘博. 2021 元宇宙年度报告［R］. 腾讯 & 复旦大学，2021.

元宇宙技术的崛起，源于人类媒介在记录与传输能力上实现了巨大的飞跃，这是一场根本性的变革。这一根本性的提升，使我们从过去仅能"记录和传输信息"，包括具体的文字、图片、音频、视频等的阶段，进阶到现在的"记录体验和传输体验"，涵盖了具体的情境、感觉、情感等，这些是通过名为"元宇宙"的技术得以实现的。元宇宙技术使我们能够将自身置于一个虚拟世界中，并使这个世界变得更加真实。它不仅仅是一个单纯模拟现实世界的地方，还能够通过各种传感器和设备，让我们感受到身临其境的感觉。这种感觉允许我们在虚拟世界中体验各种各样的活动，如探险、交流、娱乐等。这一技术的出现，使人类能够在任何时间、任何地点，都能实现"遥传"的感觉，并在虚拟世界中"遥在"地进行体验和交流（见图 1-4）。这种体验和交流，能让我们感受到一种真实的感觉，仿佛真的置身于另一个世界中。

媒介的功能　媒介的形式		记录	传输	效果
文字　图片		信息	Web1.0	告知、认识论
音频　视频			Web2.0	人在媒介之外
元宇宙	触觉　XR	体检	Web3.0	情感、本体论
	嗅觉　VR		5G	人在媒介之中
	全息　AR		云计算	具身体验
	可穿戴设备　MR		边缘计算	遥在（telepresence）

图 1-4　媒介的形式与功能

资料来源：邓建国，刘博. 2021 元宇宙年度报告［R］. 腾讯 & 复旦大学，2021.

第三节　内容创意产业生态演进

一、内容创意产业历程变迁

在 21 世纪初的黄金时期，博客、贴吧、BBS 等互联网平台孕育出一批以图文形式展现的创新和想象力丰富的初代网红达人。他们凭借独特的创意，为我们带来了全新的视觉和心灵的享受。在随后的岁月里，随着经济的繁荣和互联网技术的日趋完善，内容创意产业步入了发展的黄金时代。在微博这片领地上，一些以搞笑段子、剧情演绎、个性化内容创意为核心的达人，以其新颖独特的创意和引人入胜的讲述方式，迅速在微博上崭露头角，并尝到了内容创意商业化带来的甜头，成为无数粉丝的追捧对象，引领着内容创意经济转型的新潮流。

随着抖音、快手等短视频平台的迅速崛起，短视频和直播已经成为内容创意经济的重要渠道，极大地拓宽了内容创意产业的发展空间。在这些平台上，一批职业达人和个人内容创意产品品牌，如李佳琦、李子柒等应运而生。他们不仅在短视频领域取得了显著的成绩，还凭借优质内容创意产品的打造，赢得了广泛的市场认可，成为内容创意产业的代表人物。这充分表明，内容创意产业已经成为经济发展的新引擎，全民内容创意时代的到来已势不可当。展望未来，我们有理由相信，更多才华横溢的达人会不断涌现，他们将凭借丰富的创意和独特的见解，书写内容创意产业的新篇章，共同推动经济的繁荣与发展。

（一）内容创意产业初现

在 21 世纪初那个充满机遇与创新的年代，互联网博客和贴吧等平台孕育出了第一代网红，他们犹如璀璨的明珠，以独特的文字和图片创作，迅速在网络空间崭露头角。他们不只是简单地展示自己的文字，而是以富有创意的方式展示图文创作，通过引人入胜的方式传达文字中的情感与温度。这些网红以最便捷的方式，将他们的内容创意成功地转化为商业价值，实现了内容创意的商业化运作，并最大限度地发挥了自身价值。他们通过各种付费阅读、广告、商业活动以及出版书籍等形式，成功地将自己的内容创意转化为商业价值，成为互联网时代的先行者和领导者。

（二）内容创意产业进阶

随着微博、微信等新兴媒体平台的迅速崛起，新媒体内容创意创作在短时间内积累了大量粉丝，并逐渐将自己的影响力扩展到更广泛的社会领域。例如以纪念逝去女友为初衷的博主"回忆专用小马甲"，通过坚持不懈地发布真实经历、搞笑段子等不同风格的内容创意，成功地在微博平台上赢得了众多忠实的粉丝。这一阶段的内容创意不仅将网络内容创意与人们的日常现实生活紧密相连，还以独特的风格塑造了一个颇具吸引力的产品品牌，从而具备了利用社交媒体平台实现内容创意商业化发展的影响力和推动力。

（三）内容创意产业爆发

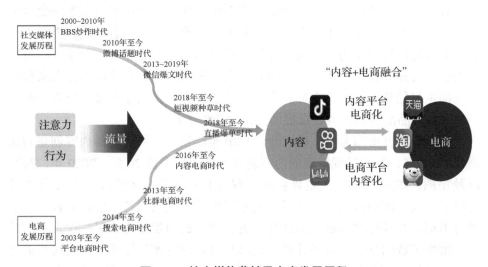

图 1-5　社交媒体营销及电商发展历程

资料来源：微播易，中国广告协会，全球数字营销协会. 2023 年中国 KOL 营销趋势洞察报告［EB/OL］. http://www.fhyanbao.com.

随着直播带货行业的日益壮大，一位充满活力的主播在直播试色 380 支口红的现场取得了火爆的业绩。在五个半小时内，该主播的带货额达到了惊人的 353 万元，让观众们瞠目结舌。令人瞩目的是，这样的直播试色盛况仅持续了两个月，抖音的粉丝数量便激增至 1400 多万，获赞数更是高达 9630 多万。在这场战争中，以超头部达人为代表，他们依托淘宝、抖音、快手、B 站等短视频、直播和电商平台，以直播电商和资本运作为主要的商业化方式。这些模式的运用使得他们在网络上的影响力进一步增强，在这个职业化时代的舞台上大放异彩，成为无数达人争相追逐的目标。

（四）内容创意产业常态化

在社交媒介的广泛影响下，重点依托短视频、直播和电商，使人们原有的生产生活方式发生了深刻变化。短视频、直播和电商等行业在这个过程中逐渐崛起，不断颠覆和重塑人们的工作、学习和消费方式。在这个平台上，内容创意的范围从职业内容创意扩大到社会各界，不仅有明星加入，还有罗永浩、董明珠等商界人士，省市县领导等政界人士，以及高校教授和科研人员等教育人士。因此，全民内容创意时代已经正式来临。

（五）达人内容生态媒体平台

在媒体平台上，精心策划的规范化商业合作产品已成为核心的战略措施，旨在全面优化内容创意产业的生态系统，并增强媒体平台在市场竞争中的地位。此类产品规划不仅有利于提升内容创意产业的生态环境，更强化了媒体平台的市场竞争力，并为其开辟了广泛的市场发展空间。如今，广告主们的营销目标日益关注于产品品牌和效果，而内容创意产业仍然是未来营销市场的主要趋势。主流平台如抖音、快手、百度等，正在积极布局商业合作产品，为产品品牌和内容创意提供高效的合作平台。

以抖音巨量星图为例，据统计，2020年巨量星图平台上的内容创意同比增长了625%，其中实现变现的内容创意更是增长了近20倍。2020年，抖音巨量星图帮助内容创作者累计实现变现达866万次。该平台在2022年2月进行了一次全面的升级，增加了六大专属榜单，从而在各个层面对客户需求进行了精确的匹配和满足。2021年1月，快手磁力聚星完成了一次重要的升级，增加了数据维度、直播计费模式以及内容创意评价体系等，这些改进旨在提供更加全面和精准的服务。2020年12月，百度发布了百度星选星光计划，该计划旨在通过提供100亿流量、创作者训练营以及点对点服务等多元化支持，以推动企业内容创意产业的繁荣发展。据数据显示，2021年百度度星选平台上的可接单内容创意数增长了50%，服务企业数增长了189%，涉及的领域涵盖食品饮料、汽车、IT、3C等30多个行业。小红书蒲公英平台于2022年4月推出了优效模式，这种模式通过流量加持，旨在提高合作的质量和效率，为内容创意产业注入更强大的推动力。

二、内容创意产业生态

我们以充满活力和创新力的内容生态媒体平台为基础，致力于构建一种内容创意与用户粉丝之间稳定且互相信任的关系。这种互信关系不仅能提升产品品牌的营销效果，促进产品品牌的价值转化，而且在很大程度上推动了整个内容创意产业生态的繁荣发展。在内容创意产业生态中，主要包含了由品牌方、行业达人、忠实的用户粉丝以及实力雄厚的媒体平台这四方，如图1-6所示。我们期望通过构建这种互信关系，能够更好地促进各方的交流与合作，推动整个产业生态的持续发展。

媒体平台作为内容创意产业的基础设施，始终致力于为整个产业生态提供全面支持，包括有效的宣传渠道和多样化的营销产品。通过这些支持，我们可以推动产业持续健康发展。达人凭借其专业知识和丰富经验，不断贡献出优质的内容创意，满足用户粉丝的需求，从而推动整个产业生态的繁荣发展。品牌方利用其专业技术提供优质产品，为用户粉丝提供更多选择。这些产品不仅推动了整个内容创意产业生态的发展，还为平台和品牌带来了巨大的商业价值。用户粉丝通过积极消费平台和内容创意，为整个产业生态提供了源源不断的动力支持。

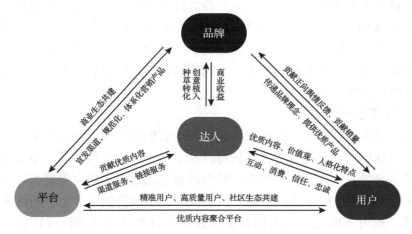

图1-6　内容创意产业生态

资料来源：新榜研究院，百度营销. 2022年达人营销发展洞察报告［R］.百度营销中心公众号，2022.

当前，内容创意产业行业正经历着一场前所未有的革命，其供需标准不断提升，发展速度之快令人瞩目。随着该行业的迅猛发展，生态系统内的各个角色都发现了其中蕴含的巨大商机。众多媒体平台纷纷布局商业合作产品，意在吸引更多的合作伙伴加入这个创新的大舞台，共同创造优质的内容产品。创作者们也争先恐后地加入创作大军中，成为推动行业发展的重要力量。同时，产品品牌的预算逐年提高，市场竞争日趋激烈，各大品牌纷纷加大在多平台的营销投入，以提升产品的品牌影响力和市场份额。面对这样的变革，内容创意产业市场中的各个角色以及供需标准都在不断升级。平台产品功能持续优化，产品品牌、内容创意的合作标准不断提高。我们期待各方能够积极适应变化，共同创造更加美好的未来。

（一）产品品牌侧

在当前市场环境下，产品品牌营销的势头日益强劲，消费者对国货的关注度日益提高，参与内容创意产业的积极性持续高涨。这些因素共同促使产品品牌主的数量不断增加，进一步巩固并拓展了我们的内容创意产业。其中，国货品牌的增长尤为迅速，市场影响力逐渐显现，呈现出良好的发展前景。由于各互联网平台的发展历程不同，用户粉丝画像也存在显著差异。为了扩大用户粉丝覆盖面，拓展市场份额，产品品牌实施多平台营销策略已经成为一种常态。这样，品牌可以充分利用不同平台的优势，有针对性地进行产品推广和宣传，以实现更好的市场转化效果。随着移动互联网增量的逐渐饱和，获客成本不断上升，企业对于投放转化效果的关注度不断提高。对于产品品牌来说，这意味着在进行品牌营销时，除注重品牌形象的塑造和传播，更要关注实际的转化效果。通过优化产品设计、提升用户体验、改进营销策略等方式，以降低获客成本，实现更高效的营销目的，为品牌未来的发展打下坚实基础。

（二）平台侧

越来越多的多媒体平台正在积极布局内容创意产业，范围从综合平台拓展到垂直领域平台。各大平台不仅持续推出各种商业合作产品，还纷纷推出争夺产品品牌主广告预算的策略。抖音巨量星图、快手磁力聚星、百度度星选、B站花火、小红书蒲公英等平台积极顺应市场发展趋势，不断优化其产品功能，同时不断完善其营销服务。这些平台产品功能的持续优化涉及投前、投中、投后各个环节，商业合作产品的功能日益全面，更加贴近市场需求。同时，平台借助其产品优势、撮合能力、数据能力和营销能力等多项功能的辅助，不断优化其服务质量，提升用户体验。

（三）达人侧

内容创意产业规模日益庞大，且不断拓展发展，类型也日益丰富多元化。2020年，在巨量星图平台上，内容创作同比大幅上涨625%，展现出了极强的生命力与活力；2020年1~11月，快手磁力聚星平台上的创作者人数增长了181.1%，进一步壮大了内容创意产业的队伍。创作者（达人）的身份从权威且富有影响力的专家学者逐渐扩大到各个领域的专家精英，甚至包括一些权威的媒体机构，创作者（达人）的身份日益多元化，而且向着高学历、年轻化的趋势发展。随着品牌企业对内容创意产品品牌合作的要求越来越高，越来越多的品牌企业希望通过与创作者（达人）的合作，提高品牌在市场上的曝光度与认知度，从而提升产品的销售业绩。品牌布局内容创意产业，为内容创意带来了更多的合作机会，内容创意长期成长价值成为重要考量因素，同时内容创意也对产品品牌方提出了更高的合作要求。

（四）用户粉丝侧

在专业内容创意领域，随着互联网内容创意生态的不断演化迭代，爆炸式的信息量以惊人的速度增长，使得内容创意的同质化现象愈发严重，给创作者带来了前所未有的挑战。尽管面临如此严峻的形势，但那些具备专业水平和优秀内容创意能力的创作者，始终受到广大用户粉丝的热烈拥戴。用户粉丝们在消费决策中，更容易受到内容创意的影响。在经历了数年的飞速发展后，移动互联网早已在用户粉丝心中根深蒂固，他们对内容创意的欣赏和评价，已经成为影响他们选择的至关重要的因素。如今，用户粉丝的浏览习惯已经初步形成，他们在做出消费决策时，对内容创意的重视程度进一步提升。

据数据显示，有超过半数的用户粉丝在进行消费决策前，会参考那些优质的内容创意。这些内容创意不仅能够吸引用户粉丝的眼球，而且能够触动他们的内心，使其产生购买欲望。用户粉丝对优质内容创意的关注度，正是这个专业内容创意领域需要不断优化、不断进步的动力所在。专业内容创意的发展，需要在互联网内容创意生态的不断迭代中，在信息量爆炸、同质化严重的情况下，坚持不懈地提升自身的创作能力，在激烈的竞争中脱颖而出，获得用户粉丝的青睐。

第四节 品牌历史与生态

一、品牌发展历史

品牌学源自现代社会，尽管其历史尚不足百年，但品牌的概念早已有之。在原始社会的物物交换时期，部落会在陶罐上刻画徽记，这是最早的品牌表现。现代品牌学的诞生是由于生产过剩，在满足基本需求后，商品竞争激烈，有品牌的店铺相较于无品牌的店铺更具优势。品牌最初源于中世纪的烙印标记，后逐渐传入英语词汇体系。在近代时期，手工艺匠人使用烙印标记产品，产生了最初的商标，为消费者和生产者提供保护。

品牌在其初始阶段主要承担着简明的功能，作为产品和生产者的识别和区分标志。然而，随着欧洲工业革命的推进，以及工业革命的传播和深化，产品生产日益丰富，人口增长加速，消费需求日益复杂多样，产品的多样性和同质化趋势显现，现代品牌的意义得以逐渐发展，品牌也因此承载了更多的职责，包括基本的产品识别、认知、品牌形象塑造、品牌区隔、品牌信任、产品价值传递、销售促进以及资产构建等。到了现代，品牌的功能得到进一步丰富，品牌除了具有经济价值，也被赋予了价值观，品牌成为企业的价值主张和生活态度，并引发消费者的共鸣，让品牌具有了个性化特点。

（一）品牌的符号化时期

在古代，我国陶器上已有作为标记的符号，被视作品牌的早期形态。随后，青铜器铭文也发挥了区分所有权的功能。春秋战国时期，出现了"物勒工名"制度，要求器物制造者刻上自己的名字，方便检验。古希腊、罗马时期，陶器等物品则刻有文字或图案标记，成为商标的雏形。早期标志多为签名或简单的图案。公元1000年前后，中国发明了印刷术，尤其是毕昇的活字印刷术，使传播效率得到了大幅提升。古腾堡的铅活字印刷术标志着欧洲活字印刷术的诞生，进一步提高了传播效率。这些技术的发展，促使品牌发展迈向了新阶段，也标志着广告传播时代从口头、招牌、实物烙印等转变为印刷广告的时代。

为何在19世纪之前并未见成形的品牌出现？当时的社会环境有何特点？19世纪中期之前，由于商品丰富度和物质供给度尚不充足，即使在经济发展领先的英国，虽然其开放的经济政策为经济发展注入了活力，但经济和物质资源的发展并未出现重大飞跃。当时的中产阶级在着装和个人生活等方面虽已有追求，但大多是物尽其用。而在中国，虽然商品经济在明后期已初现端倪，但商品品类尚不丰富，主要集中于瓷器、丝绸、手工艺品等，因此并未形成激烈竞争，品牌的产生条件仍在积蓄力量中。在此期间，品牌的基础元素逐渐浮现，如标志符、包装、图形标签、装饰物等。

（二）品牌的法律化时期

18世纪，工业革命的到来标志着商品生产从手工向机器生产的转变，以蒸汽机的改进为起点，此过程迅速发展并扩散至英国和欧洲大陆，到了19世纪，这一转变进入北美。蒸汽机、煤、铁和钢这四个因素在这一过程中起到了重要的推动作用。随着商品的大量生产，市场竞争相应加剧。为了应对这一局面，法国在1857年制定了世界上最早的商标法，而在此后的19世纪六七十年代，英国、美国、德国和日本也相继颁布了各自的商标法。1883年的《保护工业产权巴黎公约》和1891年的《商标国际注册马德里协定》则将商标制度推向了国际化。

商标是市场经济发展到一定阶段的必然产物，也是产权主体和市场竞争力量明晰化结果的展示。随着时间的推移，现代包装逐渐取代了散装，品牌元素的重要性愈发突出。19世纪末至20世纪，商标制度逐渐在全球范围内得到普及，品牌也因此获得了法律保护，众多优秀的品牌由此得以持续繁荣至今。无论是精美的设计还是巧妙的包装，目的都是吸引消费者。例如，1892年，"可口可乐女郎"广告的出现，成功地塑造了美国中产阶级理想女性的形象。进入20世纪20年代，广告成为刺激消费主义的重要手段，人们开始习惯分期购物。然而，到了30年代的经济大萧条时期，人们的购物习惯又回归到了节省的方式。20世纪前半段的战争背景对品牌发展产生了不利影响。然而，即使在这样的背景下，品牌的发展并未停止。1931年，宝洁公司的香皂产品销售不佳，公司管理层尼尔·迈克尔罗伊提出了品牌经理制。这一制度的实施使得宝洁的多个产品销售得到提升，产品周期得到延长。品牌经理制的实施成为品牌管理的开创性实践。同年，商业电视的开播使广告成为品牌建设的重要工具，而专业调查机构的成熟也为品牌发展提供了有力的支持。这些基础元素的普及、品牌管理制度的出现以及品牌建设手段的成熟共同构成了品牌发展的客观环境，这就使品牌学成为一门实用的学科。

（三）品牌的资产化时期

1950~2000年，品牌逐渐成为企业竞争的核心和市场营销的前沿，标志着品牌学正式成为品牌理论成熟和发展的关键时期。在此期间，众多品牌学大师和学派应运而生，他们的理论成果对于品牌的建设和发展产生了深远的影响。

1955年，大卫·奥格威首次对品牌进行了定义，并提出了品牌形象理论，这一理论成为品牌建设的指导原则，对后来的品牌发展产生了重要的影响。20世纪50年代中后期，IBM推行了企业CI设计，这一设计理念随后传入日本，并在80年代传入中国，一直影响着中国品牌的发展。20世纪60年代，美国葛瑞广告公司提出了品牌性格哲学，即品牌个性的概念。同一时期，杰罗姆·麦卡锡提出了4P营销理论，为品牌建设的营销战术组合提供了重要的理论支持。70年代，里斯和特劳特提出了定位理论，最初是用于广告传播，后来演变为品牌定位理论，成为品牌战略的重要组成部分。如今，几乎所有的品牌都会强调自己的定位，品牌定位在品牌建设中占据了举足轻重的地位。1989年，美国《营销研究》杂志刊登了皮特·法古哈的《经营品牌资产》报告，两年后戴维·艾克出版了同名专著，品牌资产论的影响逐渐扩大。这一理论将品牌从无形转变为有形，并提出了建设目标，对于品牌学来说意义重大。

随着时间的推移，品牌资产已经成为企业无形资产的重要组成部分。畅销产品往往都拥有著名的品牌，因此品牌也是一种资产。它能够为企业带来当期和未来的收益，并被企业所拥有，因此是一种资产。20世纪末的品牌发展黄金时期，企业开始接受品牌价值的概念，品牌不再仅仅是营销手段，还成为了运营结果和资产累积的重要因素，得到了社会的广泛认同。

（四）品牌的人格化时期

随着信息技术的不断进步，互联网信息传递的便捷性日益提高，使品牌建设环境发生了巨大的变化。品牌建设的方法和渠道变得多元化，新品牌在短期内就有可能超越历史悠久的老品牌。1994 年，福尼尔提出了品牌关系质量的概念。1998 年，弗尼亚开创了消费者—品牌关系的领域。在此背景下，弗尼亚提出了以品牌关系质量为核心的消费者—品牌关系理论。施密特在 1999 年提出了体验营销的概念，并将此前的营销方法称为传统营销。2000 年，施密特进一步指出，体验营销是创建品牌的新路径，并提出了一个包含四个维度的量表，使品牌体验变得可衡量和管理。

从"品牌满意"转向"品牌体验"，标志着品牌营销视角的重大转变。顾客满意度的主导权已经从企业转移到了消费者自身。过去的问题是："我们的品牌如何让你更满意？"而现在的问题是："你对我们的品牌体验有何感受？"新的问题则是："我们如何提升你的品牌体验？"2001 年，莫尼茨在《消费者研究学报》上发表了一篇名为《品牌社群》的论文。2004 年，社交媒体、智能手机和人工智能的兴起推动了品牌社群从线下发展到线上，并进一步实现了交互性，这使得消费者—品牌关系进入了一个新的境界。体验、互动、共享、浸合和品牌生态圈因为这些新技术的出现而变得更加活跃。

在营销 3.0 的世界里，品牌的发展变得"以价值观为驱动"，消费者被视为具有独立思想、心灵和精神的完整人类个体。企业的盈利能力与其所宣扬的价值观以及社会责任紧密相连。交换和交易被转化为互动和共鸣，营销的价值主张从功能与情感的差异化升级为精神与价值观的相匹配。

二、品牌粉丝经济

品牌粉丝经济，顾名思义，其核心在于将消费者转化为粉丝，形成集群效应。粉丝的优势在于他们对产品或服务的需求具有极高的忠诚度。在这种经济模式下，粉丝可以直接提出需求，从而实现了以销定产的模式。这种模式可以更合理地控制消费者的偏好，提前发现消费者的需求变化，然后快速做出改变，以节省不必要的时间和成本。用户粉丝实际上是 C2B 经济模式（Customer-to-Business）的体现。在这种模式下，产品或服务从设计、研发开始就已经和消费者紧密联系在一起。在产品正式上市前，企业会根据粉丝的需求接受预订。这种模式更加贴近市场需求，也更能保证企业产品的设计能够满足用户粉丝的直接需求。

品牌粉丝经济背后的深层逻辑在于，品牌或企业的人格化主体在经济和精神两个重要层面上，都能取得良好的经济效益和积极的社会效益。其核心在于关注用户粉丝群体，这些粉丝既是品牌的忠诚拥趸，也是品牌得以持续发展的基石。通过积极建设粉丝精神层面的价值，品牌或企业可以提升消费者的认同感和消费者的黏性，最终实现品牌经济收益的稳步提升。

在精神层面上，品牌成为粉丝的认知和情感的重要寄托，能够影响粉丝的生活方式和行为方式。品牌通过不断推出具有创新意义和独特性的产品，以满足粉丝群体的需求和愿望，增强粉丝的忠诚度，并为粉丝提供一种全新的生活体验和感受。在经济层面上，粉丝间的相互分享和交流，通过社交媒体和网络平台等渠道，将品牌的价值和精神进一步放大，实现品牌与粉丝之间的交流和互动，最大限度地提高了两者之间的黏性。品牌的粉丝群体得以保持稳定，消费力得以增强，从而推动品牌相关产业的不断发展和壮大。

在数字化时代，品牌传播与变现已成为众多品牌和企业的重要关注点。通过与消费者建立深厚的情感联系，满足他们的精神需求，品牌或企业可以吸引更多的关注和忠诚度。用户粉丝作为品牌的核心，是品牌在社交媒体平台上传播精神层面价值的关键。品牌的精神层面价值可通过如下步骤建立：首先，社交媒体平台将广域流量引导至目标用户粉丝群体；其次，使之产生共鸣、确认、参与和扩散。这些过程中，粉丝对品牌或企业的忠诚度得到提升，为企业带来更大的经济收益。为了建立社交媒体平台上的用户粉丝基础，品牌和企业需要借助明星、品牌或文化内容 IP 的力量。在这些明星、品牌或文化内容 IP 的引导下，粉丝会在社交媒体平台上传播相关内容，形成用户粉丝效应的叠加效应。这种叠加效应有助于粉丝流量的持续增长，并最终促使企业和品牌实现流量变现。

流量变现通常分为以下几个阶段：首先，根据粉丝的偏好和需求研发相应的产品，通过广告宣传提高知名度；其次，邀请明星、达人等具有影响力的人物参与销售，借助他们的影响力进一步提高产品销量；最后，提供优质的客户服务来留存客户，确保客户能够长期为品牌创造价值。明星通过粉丝效应实现变现的原理类似。经纪公司根据粉丝需求制定一系列明星周边、见面会或演唱会门票产品，通过市场宣传和销售留住客户。这种方式使明星和粉丝间建立更紧密的联系，粉丝对明星的喜爱和忠诚度增强。在此过程中，明星和粉丝共同为品牌创造了更大的经济价值。

三、个人 IP 品牌

概念原型 1：名人（celebrity），起源于 19 世纪的"名人"理论，该理论密切关联民主文化和公共领域的话语实践，以及文化产业和大众受众的崛起。名人可被理解为因其知名度而为大家所熟知的人士。这与"达人"概念具有内在的一致性。在好莱坞早期的制片厂制度下，名人被引入作为有效的促销手段。第一位真正意义上的名人是美国早期电影演员玛丽·皮克福德，她在 1916 年 6 月与 Adolph Zukor 创立的电影公司签订了一份价值百万美元的电影合约。自那时起，名人开始大量出现在电影电视领域，并逐渐扩展到体育、文艺、文学以及社会其他领域。

概念原型 2：关键意见领袖（Key Opinion Leader，KOL）。从社会学视角看，人们并非孤立地生活在世界上，每个人都拥有某种社会身份，并参与到不同的社会群体中。在这些群体中，人们分享观点，并让这些观点达成一致。那些能够让观点一致的人则成为关键意见领袖。1944 年，美国社会学家 Paul Lazarsfeld 的著作《人民的选择》中，提出了"两级传播理论"，而关键意见领袖正是这个理论的核心要素。实际上，大众传播并不是直接传递给普通受众，而是先通过关键意见领袖这一环节，再由他们传递给被动的普通受众，构成"大众传播→关键意见领袖→普通受众"的传播模式。根据 Paul Lazarsfeld 的分类，人群可以被划分为以下几类：伟大的思想家、伟大的追随者、伟大的传播者、一般传播者、参与型公民以及政治迟钝者。他们代表了社会信息传播的不同层面，分布在信息发送和接收的两端。

结合名人和 KOL 概念，以及中国达人现象，我们可以对达人进行更为精确的描述。达人是在社交媒体平台上创作优质图文、视频、直播等二维内容，或是创作三维虚拟数字内容的内容创作者，这些内容创作者通常拥有大量粉丝群体，展现出偶像化的人格特质，通过情感传递、价值吸引和社会认同等与粉丝建立紧密联系。达人的价值主张、思维方式、知识素养、外在形象、行为模式以及生活方式等的人格表现，能够让相关社会群体找到共鸣，并形成相对稳定的情感和价值连接。达人本质上是一种偶像化的社会型人格，即人设，可以是具体的个体，也可以是虚拟的形象。达人的产生过程包括人格化塑造（打造人设），以及在网络互动中获得粉丝认同，完成偶像化过程，形成社会型人格，最终成为真正的达人。一个粉丝群体往往具有某种共同特质，这些特质在他们的偶像达人身上得到具体体现。

达人层级是根据内容传播深度与广度进行划分的，以粉丝数量作为主要基准。这些层级包括关键意见领袖（KOL）、关键意见传播者（KOS）、关键意见追随者（KOF）和关键意见消费者（KOC），如表 1-1 所示。粉丝数量较少的创作者被视为普通用户，而没有创作内容的用户则被认为是路人。

表 1-1 达人层级分类

类型	平台	作用	影响力	转化
KOL 关键意见 领袖	短视频 直播平台 微博	提高品牌 知名度	百万级粉丝	专业级别 硬广性质
KOS 关键意见 传播者	短视频 Vlog 自媒体 垂直网站	全面深度 解析产品	数十万或数 万级粉丝	专业级别 硬广性质
KOF 关键意见 追随者	短视频 社交平台 社群	真实体验 深入渗透	粉丝少（普 通型用户） 评论热度高 热衷分享型	**兴趣型为主，不是硬广（真实性强）** 积累大量粉丝有转化为 KOL 机会，营 销性弱，影响同类群体消费决策
KOC 关键意见 消费者	短视频 社交平台 社群	真实体验 深入渗透	粉丝少（普 通型用户） 评论热度高 热衷分享型	**兴趣型为主，不是硬广（真实性强）**

资料来源：天下秀.2023 年中国红人新经济行业发展报告［R］.艾瑞咨询研究院，2023.

关键意见领袖（KOL）是在线上社交媒体中具有显著影响力的个体，如李佳琦和 papi 酱等流量明星，他们在社交媒体上拥有大量粉丝，成为电商平台和品牌商争相追逐的对象。KOL 的优势在于能够快速传播信息，并且覆盖范围广泛。

关键意见传播者（KOS）更多地活跃在某些私有领域，如朋友圈、社群、贴吧和论坛等。他们在某一特定领域具有独特的内容创意能力，虽然粉丝基数不及 KOL，但他们能够引领某一产品品牌的潮流。如电子发烧友，他们热衷于对新款手机进行测评，为产品品牌精准触及目标用户并扩大声势，产品内容专业。

关键意见追随者（KOF）是某一产品品牌的忠实粉丝，如一些女性用户粉丝，她们对某一特定产品品牌的口红、香水等非常热爱，每次新品发布都会购买并进行分享。这类用户更愿意参与品牌活动，内容聚焦。

关键意见消费者（KOC）是日常生活中经常分享好物的用户。他们并不局限于某一产品或领域。相较于商业化程度较高的 KOL，KOC 的营销色彩较弱，但他们更容易影响同类型消费者的消费决策。通过深度种草和二次传播，口碑得以裂变。

第五节　IP品牌主体生态

品牌生态以忠实粉丝为核心，该核心由个人、内容、产品和组织四类主体构成，如图1-7所示。在人的领域，包括娱乐圈内备受瞩目的明星和才华横溢的达人；物的领域涵盖品牌推出的各类产品，包括实物产品和虚拟产品；内容文化身份表现为各类文化内容IP，如热门文博、具有独特艺术风格的潮玩、妙趣横生的动漫、引人入胜的影视、触动人心的游戏、吉祥物等；组织包括各类企业、事业单位、公益组织、政府等，它们是提供优质服务和体验的重要参与者。

图1-7　IP品牌主体生态

资料来源：杜永贵创作。

在文娱领域，人的维度涵盖了舞蹈、话剧、综艺、模特、体育、文学、科普、教育、音乐、影视等，以及以输出优质内容为主的达人KOL。根据传播形式，KOL可以分为直播主播和图文视频博主。品牌可以划分为常见品牌和小众品牌。随着粉丝可选择的"粉"的内容越来越多元化，品牌生态不断丰富和多样化。现在，粉丝对于"粉"的内容不再局限于实体明星、实质作品或者内容，而更多的是虚拟人和文化身份IP。粉丝更愿意通过这些虚拟的文化内容IP来体验丰富多彩的文化，为他们的生活带来更多的乐趣和创意。

一、个人品牌

（一）明星IP品牌

明星IP品牌产业链如图1-8所示。随着科技的进步和时代的发展，明星产品品牌的粉丝经济不断地演变和进步。经过长时间的探索和努力，明星与粉丝间的关系已经从原先的"明星吸引粉丝"逐渐发展到"粉丝创造明星"，形成了一种全新的、互动性更强的关系。这种关系的转变，为明星产品品牌的粉丝经济拓宽了更大的发展空间。明星产品品牌的粉丝经济形式可分为四个变迁阶段：

第一阶段，粉丝大多是单向地、自发地对明星产生崇拜之情。这个阶段的粉丝经济变现能力十分有限，公司拥有话语权。

第二阶段，明星营销和口碑营销的公关团队或公司开始出现，他们通过各种手段帮助明星吸引粉丝群体。这个阶段的粉丝经济主要通过销售明星的周边产品和直接产品进行变现。

第三阶段，随着粉丝黏性的不断增强，追随式的消费模式逐渐形成。在这个阶段，各路明星开始通过直播带货的方式，直接将粉丝流量转化为消费流量，实现粉丝经济效益的最大化。

第四阶段，粉丝的话语权逐渐上升。粉丝拥有组织力、造势力和传播力，他们能够直接助推明星的发展。这使得粉丝经济效益达到了最大化，粉丝成了明星品牌的重要支柱。

明星圈层：产业链

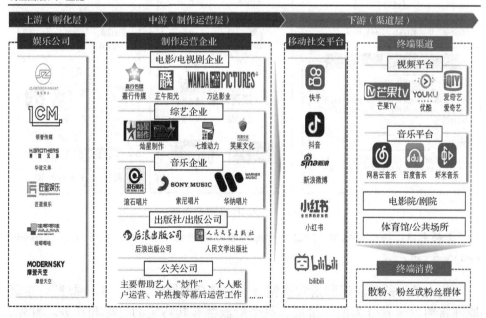

图 1-8 明星 IP 品牌产业链

资料来源：头豹研究院. 2022 年中国粉丝经济研究报告［EB/OL］. http://www.eastmoney.com.

（二）达人 IP 品牌

达人 KOL 品牌以稳健的步伐，经过了四个循序渐进的发展阶段，它们分别是图文时代、短视频时代、直播时代以及目前如火如荼的直播电商时代。这些阶段代表了达人品牌在发展过程中的不同阶段和形式，从最初的图文创作到现在的直播形式，粉丝的参与方式发生了潜移默化的变化，从关注达人的作品到购买达人代播的产品。

达人品牌产业链覆盖了达人孵化的上游环节、达人签约的中游环节以及流量变现的下游环节，形成了一个完整的闭环，如图 1-9 所示。在这个产业链中，达人们通常会自主运营自己的账号，积累基础粉丝群体。MCN 公司在筛选达人时，会选择流量数据表现优异的达人进行签约。在下游的流量变现环节，MCN 公司会运用各种手段将这些签约的达人流量进行商业化变现。

图 1-9　达人 IP 品牌产业链

资料来源：头豹研究院 . 2022 年中国粉丝经济研究报告［EB/OL］. http：//www.eastmoney.com.

达人品牌的粉丝运营通常遵循着一套复杂的原理，即"4.1 原理"。这套原理将粉丝运营分为四个阶段，每个阶段都有其特定的目标和任务。首先，要明确自己的粉丝群体，将目标群体准确地定位。其次，通过各种手段和方式实现粉丝的聚集，形成有组织的粉丝群体。再次，通过各种活动和手段激发粉丝的活跃度和参与度，实现粉丝活力的最大化。最后，在粉丝活动和互动的过程中不断提升粉丝的忠诚度，建立起稳固的粉丝关系。

当达人们遵循"4.1 原理"并通过四个阶段的努力，基本上可以在粉丝间建立起"精神价值"的认同和情感联系。随着时间的推移，粉丝对达人品牌的忠诚度会逐渐增加，同时意味着达人们可以在粉丝间逐渐将流量商业化变现，实现粉丝经济中变现最快的一个产品品牌。

二、文化内容 IP 品牌

在华夏文化内容 IP 产业舞台上，起步虽晚但发展神速的中国元素在2015 年以前，相较于文学、文博、动漫、游戏等多维度的文化内容 IP 产业而言，显得相对匮乏和稚嫩。2015~2020 年，是中国文化内容 IP 产业突飞猛进的重要时期。而自 2021 年至今，中国文化内容 IP 产业已经进入了构建文化内容 IP 生态的新阶段，且生态维度众多，包括文学、文博、动漫、游戏等各方面。在这个丰富多彩的文化内容 IP 产业 3.0 时代，各路文化内容 IP 圈层下的粉丝经济变现能力不断提升，变现方式也从早先的动画形象周边销售，逐步发展成如今多元化的文化内容 IP 生态。文化内容 IP 不再仅仅局限于作品和周边，而是能够在运营者的巧妙运作下，在更多的场景中实现文化内容 IP 多种产品的强大魅力。

文化内容 IP 圈层下的粉丝经济产业链是一个完整且充满活力的产业链条，其中包括上游文化内容 IP 设计、中游文化内容 IP 产品生产、下游消费渠道和消费群体等各个环节，如图 1–10 所示。上游文化内容 IP 设计公司在这个产业链中占据着至关重要的地位，这些公司涵盖了品牌方、博物馆、动画公司、潮玩公司等各类企业，通过与文化内容 IP 的深度融合，为文化内容 IP 产业的蓬勃发展贡献强大力量。在中游文化内容 IP 产品制作环节，潮玩公司、游戏公司、玩具制造等企业也发挥着至关重要的作用。这些公司经常与其他品牌合作，推出联名产品品牌，进一步提升了文化内容 IP 的知名度和影响力。

在创作文化内容 IP 的过程中，通常从文化内核出发，结合现代圈层文化进行创作，形成独特且具有吸引力的文化内容 IP 作品。例如，《哪吒之魔童降世》将中国传统传说"内核"与"二次元"圈层文化巧妙融合，给广大观众带来了视觉和心灵的双重震撼。

在现代营销模式中，要从树立文化内容 IP 独特而鲜明的形象为基础，将品牌的核心价值深深刻入消费者的脑海。为了更好地锁定目标消费群体的特点，必须全面而细致地研究他们的兴趣爱好、消费习惯以及他们对于文化内容 IP 的认知程度。此外，为了让文化内容 IP 的形象更加深入人心，还需要

21

在覆盖面广、人流密集的交通网络上投放广告，尽可能让文化内容 IP 的形象不断出现在人们的视线中，提高文化内容 IP 的曝光率，从而吸引更多消费者的关注和购买，带动消费。在社交平台上打造各种话题、构建具有吸引力的社区环境也是推广文化内容 IP 的重要手段。不少文化内容 IP 为了更好地吸引年轻消费群体，会采用多元化的运营方式，如实体线下场景布局，让粉丝在现场体验到与文化内容 IP 紧密相连的氛围，从而提升粉丝的忠诚度。例如，哈利·波特就曾在线下开设"快闪店"，让粉丝在沉浸式的场景中感受到文化内容 IP 的魅力。

跨界合作也是推广文化内容 IP 的常见方式，通过与其他品牌或产品的合作，将文化内容 IP 形象融入合作方的产品中，以提升文化内容 IP 的知名度和影响力。例如，乐高与著名的文化内容 IP 哈利·波特合作，推出了以哈利·波特为主题的乐高模型，成功吸引了大量哈利·波特的粉丝。随着文化内容 IP 的逐渐成熟和发展，它与新的消费形式和文创体系的结合也越来越紧密。通过这种方式，文化内容 IP 成功地打造出一种全新的生态商业模式，实现了经济和文化效应的不断积累，为社会和市场带来了更多价值。

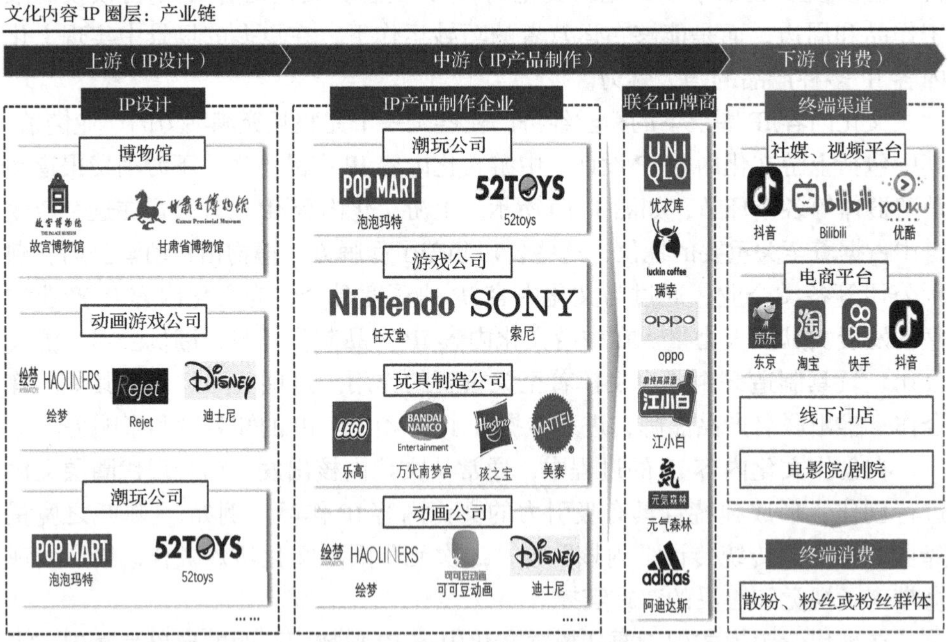

文化内容 IP 圈层：产业链

图 1-10 文化内容 IP 品牌产业链

资料来源：头豹研究院. 2022 年中国粉丝经济研究报告［EB/OL］. http://www.eastmoney.com.

三、产品品牌

经过三个阶段的发展，产品品牌的粉丝经济在营销手段上呈现出显著差异。在早期阶段，品牌主要依靠明星代言来吸引粉丝群体，从而增加销量。然而，随着品牌的发展，到了中期阶段，品牌开始构建生态化的产品矩阵，使消费者更愿意购买该品牌的系列产品，进而凝聚粉丝群体，实现粉丝经济的成果。到了晚期阶段，以小米为代表的品牌开始积极建立品牌社群，通过各种社群活动提升粉丝的参与度和自我认同感，进一步实现粉丝经济的社会价值。

在产品品牌的粉丝经济变迁历程中，粉丝的角色发生了显著变化。从最初的普通消费者或明星粉丝，逐渐发展成为产品品牌的粉丝和传播者。这种变化不仅体现了粉丝对品牌的忠诚度，也表明了品牌在社交媒体等平台上的影响力逐渐增强。

与市场中其他主体的粉丝经济相比，产品品牌的粉丝经济存在明显的差异性。首先，产品品牌中同类型品牌的粉丝存在明显的"排他性"，因此产品品牌的粉丝流量迁移的成本更高。其次，市场中的产品品牌本身就带有一定的品牌知名度，因此头部品牌更容易凝聚粉丝群体。

产品品牌的粉丝经济可以分为上游、中游和下游三个环节，上游是产品品牌的塑造环节，中游是产品品牌的传播环节，下游是粉丝经济变现环节，如图1-11所示。在品牌运营中，大众品牌更愿意投入成本，且知名度占有一定优势，因此更容易实现粉丝经济的效益。

四、企业品牌

随着集团企业从单一业务向多元化、综合型集团阶段发展，最终形成多个互相关联、互补或毫不相关的业务组合。当集团企业提出全新的战略目标、明确全新的业务领域或调整业务结构时，需要集团品牌战略来引领企业发展的正确道路。

首先，我们需要确定集团企业转型的方向。在明确方向后，我们需要了解每个业务模块需要多少个品牌来支持，并确定各业务的核心驱动力。这些驱动力可能是独立的，也可能是相互依存的。此外，每个品牌在集团品牌架构中的角色应该明确，而各个品牌之间的关系也需要协调。

其次，我们需要明确集团企业的客户定位、业务定位以及价值定位。通过勾勒出集团品牌战略的架构和定位等元素，可以形成集团合力，推动企业顺利实现转型。

产品品牌圈层：产业链

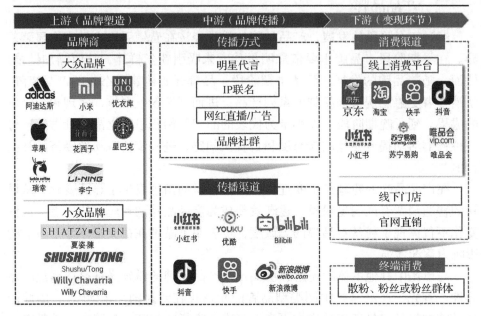

图 1-11　产品品牌产业链

资料来源：头豹研究院．2022 年中国粉丝经济研究报告［EB/OL］．http：//www. eastmoney.com.

最后，在管控导向的品牌管理体系中，集团总部和业务市场部门的职能分工主要体现在四种形式上：集权型、分权型、放权型和无权型。这种分工形式的选择主要取决于品牌架构的设立，以及各品牌与集团总部、业务市场部门间的相互关系。在品牌架构的指导下，集团总部和业务市场部门的权限与职责范围被清晰界定，如图 1-12 所示。

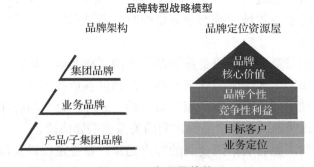

图 1-12　企业品牌关系

资料来源：北京和君咨询公司。

第二章 个人、媒介与个人品牌管理

第一节 个人

一、认识自己

我究竟是谁？一个全面且完善的人格，并非仅限于生理、心理及精神状态的简单叠加，而是三种状态的有机融合，我们称之为"身、心、灵"的全面整合。这是一个全面、完善且科学的自我认知路径。在此过程中，自我关系的完整性象征着个体的认知过程、情感过程及意志过程能协调、和谐地整合起来，使个体能在持续的实践中获得成长，进而塑造出独特且独立的人格。当然，这个过程并非一蹴而就，而是从认知过程的认知和理解出发，历经情感过程的接纳和协调，再到意志过程的坚持和坚定，最终塑造出一个独特的人格，如图 2-1 所示。

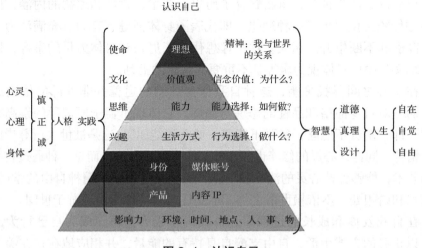

图 2-1 认识自己

资料来源：杜永贵创作。

在实践过程中，一个完整的人体现在其心理状态的演变，从依赖到独立意志，再到相互合作的进程。这个进程不仅是个体对自身成长、发展、成就及幸福的认知和探索过程，也是个体对他人及社会责任和义务的认识及实践过程。在这个过程中，个体需要在不同的角色中找到平衡点，既要关注自身的个人价值，也要为他人及社会创造价值，最终达到个人价值和社会价值的平衡。人生价值的完整性表现为个人价值和社会价值的平衡，这是个体在成长过程中不断探寻和实践的目标。个人价值指生命个体对自身的成长、发展、成就及幸福的贡献大小，而社会价值是生命个体对他人及社会发展做出的贡献大小。

二、从身体认知自己

人的健康身躯不仅是生命的基石，更是坚韧生命意志的体现，同时是世间万象的诞生之处。理性、观念、思想等诸多精神思维产物，皆源自我们的身体，并受生命力量的支配和引导。若离开身体，这些产物便不复存在。

笛卡尔的心灵主体论旨在阐述现代主体性哲学和认识论在排斥身体作用后，如何探索我与外部事物（包括身体）之间的复杂关系。然而，身体始终存在，只是由于我们忽略了它的存在和价值，从而没有得到充分重视。身体展现出一种充满活力和激情的、自我升腾的力量，将人们带入嬉戏、舞蹈和感性的力学效果的世界，以及激情四溢、生动活泼的动态场景中。这种力量无法与逻辑框架有效地整合在一起，与抽象的推理、语言和普遍知识、形而上学的真理相对。

尼采以身体为视角，重新解释了历史、艺术、哲学和道德的内涵，同时为西方传统文化提出了一种理想，即代表了身体强健、有力、充满活力、饱满、高涨和不断攀升的超人。这种理想代表了尼采对身体力量的崇拜，以及对传统文化中把身体视为次等、不重要的观念的批判。

在身心之间寻找平衡，这种自我修身控制的道德并非外部的依附或顺从，而是对自身品格和品性的修炼与磨炼。它体现了孟子所倡导的崇高行为准则，即"富贵不能淫，贫贱不能移，威武不能屈"，这是被世人所尊崇的大丈夫精神。同样，心灵的修养也并非外部的压迫或强迫，而是一种通过自我控制的艺术，能够保持心灵的清净和宁静。庄子，这位追求精神自由的学问家，与自然和谐相处，不依赖世俗之物，不受任何束缚地自由地游于世间。

在自我发展和成长的过程中，自我构建成为主体，成为自己行为的主人，以正确的方式生活，自由支配自身特有的能量，并相应地在存在美学的意义上重塑自己的全部生活。身体的养生、心理的觉醒以及心灵的清净都是每个人追求的生命真谛，而这些都离不开自我修身的道德和自我修炼的艺术。身体对外不是服从，心灵对内不是压抑，我们应该通过自我修身的道德和自我修炼的艺术，寻找到自己内在的力量，去实现自己的人生价值。

身体审美是一种关于塑造和改善自我身体的审美意愿，是对自然身体的个体化、个性化的审视和再塑造。作为人类，自然的身体并非一种固定和僵化的存在，而是一种潜在的存在状态，是一种现实的、具体的身体。这些具体的身体是由各种文化因素共同构建和塑造的，是在社会关系中逐渐发展和完善的。因此可以说，身体既是生命本身的象征，又是个体与社会之间的纽带，是人类思考和理解世界的重要依据。

在不同的文化表现形式中，身体被赋予了特定的意义和价值，并被用于创造、表达和解读文化。在体育竞技中，身体是力量与技巧的象征；在电影表演中，身体是情感与故事的载体；在舞台表演中，身体是表现力和魅力的呈现；在视觉艺术中，身体是一种创造性的艺术表现。此外，身体也被用于表现和象征身体的演变及演变的身体，如运动员的健硕身躯、电影中的角色身体、舞台上的表演身体、视觉艺术中的雕像身体等。这些身体的表现形式都具有艺术性，都在传递和呈现身体的演变。

现代人不再满足于自然的身体形态，而是通过各种时尚方式表达文化认同和社会参与，如服装、化妆、首饰和文身等。这些方式不仅展现了个人身体的特质和气质，还展现了个人对文化和社会的认知与态度。身体的时尚表达是我们对自己的身体关怀和塑造，体现了对自身身体的自我认知和自我塑造。这种文化表达在一定程度上改变了我们的生活方式和生活质量，促使我们更加关注和欣赏自己的身体，更好地实现了自我表达和自我呈现的意义。

三、从人格认识自己

人格是人的心理素质和行为模式的整体体现，它融合了人的性格、个性和气质等独特特征，并精确地综合描述了人们之间的差异。人格不仅反映了人的个体和群体间的差异，还反映了个人在各种行为上的内在倾向。它通过身体、心理和心灵三方面，展示了自我与外界环境相适应的过程。个人人格是通过多方面的整合，如使命理想、价值态度、情绪气质、兴趣能力和动机需要等，形成一个具有动力一致性和连续性的自我。因此，人格是一个动态变化且不断发展的心理特征，与个体的成长经历和环境因素密切相关。人格是人类个体与生俱来的精神力量，是人们在社会生活中逐步形成的综合性个人特征的体现。换言之，人格完善的人是共性与个性的完美结合，是共性和个性的和谐统一。这就如同一面镜子，既反映了世间万物共性的一面，又展现了人类独一无二的个性，反映了人类个体的独特性。

为了理解"人"这个概念，我们需要深入探讨人类自身的本质性。这是一个复杂而宽广的概念，它代表着人类区别于动物的本质特征。人类的本质性主要体现在三个方面，分别是理性、高级情感和使命目的。这些本质特性体现在人类的认知、情绪和意志活动中，形成了相互关联、互相补充的有机整体，从而构成了人类的人格。人格的完整性表现为人的认知、情感和意志能力都获得了全面平衡的发展，形成了相互联系、相互补充的稳定个性品质，即智慧人格、道德人格和审美人格。这些品质能够帮助我们在面对生活中的各种挑战时，更好地发挥自己的主观能动性，并与外部环境相互适应。

人格的形成与发展过程实质上是一个从生物性自我逐渐转变为社会性自我的过程。在这个过程中，我们需要学会平衡共性与个性之间的关系，追求全面、平衡、和谐的人格发展。这样，我们才能成为一个真正有智慧、有道德、有审美的人。

四、从能力兴趣认识自己

在当前的数字化和智能化时代，获取知识的能力至关重要。为了适应时代的发展，我们需要从单纯的知识学习向思维能力的提升转变，以提升自身的综合素质。知识和思维是两个截然不同的领域，传统的学习模式往往集中在特定领域的知识获取，而在思维训练和学习的投入相对较少。这种学习方式只能让我们看到表面的现象，而无法深入挖掘隐藏在现象背后的底层规律。

思维恰恰能帮助我们洞察事物的本质，揭示内在的运行机制，成为我们认识这个世界的有力工具和方法。我们的知识体系，无论是宏观的理论还是微观的技术，都源自于我们对这个世界的深入思考。这个思考的过程和最终的结果便是可以传承和分享的知识。我们应该明确知识和思维之间的关系，这样才能更好地审视自己，对世界有更深刻的认知。这种认知将使我们在行动之前，能够避免在人生的道路上迷失方向，从而更加坚定地迈向成功。

智慧教育在教育体系中占据了至关重要的地位。其核心不仅在于传授知识，更侧重于培养学生的思维技能，塑造他们主动思考和解决问题的能力。教育的本质并非单纯地灌输事实性知识，而是要挖掘学生的思维潜能，使他们具备独立思考的能力，形成自己的见解和观点，而非简单地记忆和重复他人的思想和观点。因此，我们的目标应该是提升思维能力，实现智慧的成长，这才是教育的真正追求。

遵循高效、系统的技能学习方法，有助于引导和促进知识的全面且高效的学习，进而有助于塑造个人正确的价值观和良好的个人习惯。该方法能够将复杂的知识体系进行精简和梳理，使其易于理解和掌握，从而在不知不觉中提高认知水平，极大提高学习效率，将引发一场人类对于认知的革命。同时，它也将推动学习范式的创新，对旧有的知识体系进行彻底的改造和更新，展现一个全新的知识世界。通过知识、技能、态度与价值观的综合应用，可逐步形成一种全新的能力素养，能够在面对各种困难和挑战时更加从容、自信。这种能力素养不仅有助于更好地解决实际问题，也将为我们的生活方式带来根本性的改变，从而为我们提供更多的可能性和选择的机会。

在当代社会，知识被视为一种智慧的结晶和文化的传承，它具有公有性、共享性和普遍性。每个人都有权利学习和获取知识，这种知识如同海洋一般无垠广阔、博大精深、包罗万象，且是取之不尽、用之不竭的。相对而言，技能更像是个人私有的财富，它体现了个人独特性，并经过长期的反复训练和实践逐渐形成。它是有限的、可数的，并成为个体的一种独特才能和技巧。获取技能需要持续不断地反复实践，经历过多种情境化的练习，才能够逐步形成。尽管知识容易遗忘，但它可以随时按需进行补充。学习是持续不断的过程，只要愿意，就可以随时进行新的学习和知识的补充。技能一旦形成，它便成为个体的一种长时期的优势，具有稳定性和可持续性，其难以在短时间内通过简单的练习就能够迅速弥补。

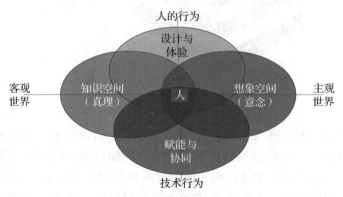

图 2-2　元宇宙中的人

资料来源：祝智庭 . AIGC 技术给教育数字化转型带来的机遇与挑战［D］. 华东师范大学硕士学位论文，2023.

发展右脑教育并重视非认知能力的培养，有助于提高个人的综合素养，保持人类的优势，让人类更好地适应社会的发展。硬技能和软技能是相互依存、相互联系的。硬技能可以用来做事，软技能可以用来做人。硬技能可以提升我们的职业竞争力，软技能可以帮助我们更好地适应社会。因此，硬技能和软技能的结合构成了个体的竞争优势。

五、从生活方式认识自己

作为心理学领域享有盛誉的学者，马斯洛的需求层次理论在人类行为驱动力的研究上具有重大意义。他提出的层次结构理论，以生理需求、安全需求、社交需求、尊重需求和自我实现的需求为主干，描绘了人类需求的丰富多样性（见图2-3）。这些需求自下而上，构成了一个稳定的阶梯结构，揭示了人类由物质到精神、由本能到文化的发展路径。这种需求的层次结构，不仅在历时态上呈现出人类从低级向高级的发展过程，也在共时态上展现了同一时期不同个体需求的多样性。换言之，无论在历史演进的过程中，还是在同一社会历史时代的横断面中，这种需求层次结构都有所体现。

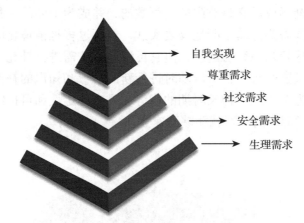

自我实现

尊重需求

社交需求

安全需求

生理需求

图 2-3　马斯洛的需求层次理论

我们可以推断，随着受教育程度的提高或人格的完善，人们将更加关注精神层面的需求，如尊重和自我实现。反之，如果他们的需求主要停留在低级层面，如生理和安全需求，那么他们在全面发展上可能会受到限制。

在数字智能时代，在深入分析和理解的过程中，笔者注意到五种需求并非呈现稳定的金字塔式正三角形态，而展现出一种动态平衡的陀螺状倒三角形态，如图2-4所示。笔者发现，随着人们不断追求自我完善和进步，精神需求在人们生活中所占的地位日益重要；相对地，物质需求在人们生命中的地位却逐渐降低，变得愈加微不足道。这种独特的形态凸显了精神文化在人类意识领域中的重要性和主导地位：人类是具有丰富精神内涵的文化生物，能够积极追求文明和文化的发展与转变。

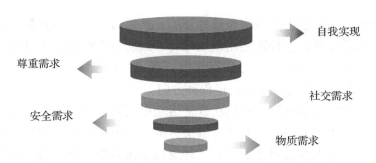

图 2-4　马斯洛需求层次理论数字智能时代的体现

六、从心灵智慧认识自己

理智智慧是一种高级的认知能力，它完美结合了严密的逻辑思维、丰富的直觉、形象的非理性认知能力。在哲学百科全书中，理智被定义为在日常生活中对各种行为作出理智的、满意的判断，而智慧则包含渊博的知识、敏锐的理智和深刻的预见。然而，智慧不仅仅限于此，它还表现为在这些元素缺失的情况下仍能展现出自身的存在。智慧是一种涉及理智的理解或洞察，除关注事实的肯定或理论的严密，更关注实践生活的手段和目的。理智引导人们明白事理，确定生活的原则。然而，智慧的获得并不完全依赖于学校的教育传授，而更多地依赖于自身的体验、感悟和反思。理智并非玄之又玄的"众妙之门"，在更深层面上，智慧本质上是一种高级的认知能力，赋予人们明辨是非的能力、面对困境的勇气、审慎判断的能力以及合理选择的智慧。

心灵体验是一种幸福的精神境界，它超越了我们日常生活中的喜怒哀乐等情绪体验，追求更高级的审美享受和卓越品质的内在精神动力。对美和卓越的欣赏需要审美人格品质作为基础，包括对音乐的热爱和丰富的情感体验，以及对自然的敬畏和平和的性格。只有具备一定的音乐素养和丰富的情感体验，才能真正理解和享受交响乐的美妙旋律。只有具备自然情怀和平和性格，才能真正体会到潺潺流水所带来的宁静和美好。对卓越的追求和欣赏，就是把对人自身和周围事物的发展轨迹作为审美对象，欣赏事物和生命不断超越的过程，并从中获得美的感受和体验。

心灵道德是人类意识的能动性表现，它凸显出人类不仅仅局限于对客观世界的理解和认知，更重要的是根据对客观世界及其规律的深刻理解，进行具有目标导向的自觉改造世界的行动。人类不仅能认识世界，通过对外部世界的观察和理解自然地产生各种情绪体验，如激动、快乐、悲伤和恐惧，并能在自己的日常活动中，有意识地、有计划地对世界和自己进行改造。在自己的活动中，人类会事先设定预设的目标，然后通过一系列有条不紊的计划和策略，不断地排除各种可能出现的障碍，以期最终能够达成目标。这一心理过程被称为意志过程。在心理系统中，意志过程发挥着引导和调节作用，它引导并调节着其他心理过程的进程和方向。

有了意志的调节作用，我们在日常活动中遇到常规方法无法实现目标的情况时，会积极创新寻找更有效的解决方案。在正面解决问题时，在遇到困难时，我们会思考其他可能的方向，如通过逆向思维寻求突破。当我们感到速度无法实现目标时，我们会放慢脚步稳步前进以便更好地实现目标。通过意志的调节作用，当情绪泛滥时，我们能够理性地分析和疏导情绪合理地放松自己。在情绪枯竭时，我们能够自我激励坚持到底，以充分发挥自身的潜能。

"应然"意志是人类的主动性、选择性和创造性的表现，它表达了人的自我认知、自我设计和自我创造。这种意志体现了人类对自我和世界的深刻理解以及在此基础上进行的主动、自由和有创造性的行动。

第二节　理解媒介

一、媒介技术发展与媒体形态演进

自人类社会诞生以来，媒介技术经历了多个阶段的演进，从口头语言到书面语言，再到印刷语言，而现代媒介以电子媒介为代表，呈现出日益流行的趋势，信息密度不断提高。随着移动通信技术的不断更新换代、移动通信费用的降低以及手机性能的显著提升，移动互联网的媒介环境日益完善，所能承载的信息量亦与日俱增。主流内容媒介从文字过渡到图片、音频，进而转向直播、视频。在内容的生产、分发和消费等环节，传统方式已发生根本性变革。在这一过程中，一部分产品积极顺应时代潮流，极少数成为移动互联网的"基础设施"；另一部分则逆势而为，但多数则被淘汰。

口语传播时代是一个从"与狼共舞"到"部落生存"的递进过程。在人类起源之初，语言便对传播活动产生了深远的影响。口语传播在人类文明不断演进的今天仍然存在，其重要性远超其他传播媒介。语言对人类社会的发展具有不可估量的重要性。

在纸质媒介时代，推广信息的难题一直困扰着人们，直到纸质活字印刷术的出现使"推广困难"的局面发生了重大变化。随着纸质活字印刷术的出现，纸质媒介的质量和效率得到了极大提升，这种技术的进步为大规模信息传播提供了可能性，极大地促进了社会生活的便捷性，使得城市化的步伐加快。在社会生活方面，信息传播变得更加简单方便，也使城市变得更加繁华。这种便捷的信息传播方式进一步促进了文化的繁荣。在政治方面，纸质术的普及和发展无疑起到了关键作用。它促进了政务信息流通，加快了政治民主化的进程。使政治更加透明，公民更加了解政府的运作情况，进一步提高了政治的民主程度。

在电子媒介时代，我们经历了从"线性阅读"到"多维感官"的飞跃。电报、广播、电视等新型媒介的进步打破了时空的束缚并且拓宽了人类接收信息的通道。我们不再被动地接收文字信息，而是运用多维感官沉浸在各个时空中。这一时代的进步不仅带来了现代传媒产业、影视业等行业的繁荣，也为电子媒介时代带来又一次重大变革。麦卢汉曾经提出的"地球村"概念也变为现实。在互联网时代，我们经历了从"互不干涉"到"万物互联"的变化，互联网时代的到来，对社会的各个方面均产生了颠覆性的影响。今天离开互联网，人们将寸步难行，在经济层面，线上支付的普及使社会进入到了一个"无现金社会"。互联网的出现带动了各行各业的迅速发展，让我们搭上了改革时代的"顺风车"。在文化方面，社交媒体的发展让各种文化圈层汇聚于网络，并与主流文化共同构建了多元星状的文化格局。在政治层面，网络问政、"向总理说句话"等便利渠道拉近了人民与政府之间的距离，更好地发挥了政府的服务职能。

在人际沟通中，"人到人"的传播模式正逐渐受到重视，手机已经成为人们获取信息的重要媒介。2G 技术的出现，使移动通信进入到了数字时代，推动了短信和移动数据功能的发展，并提升了语音质量。例如，2001 年的移动 QQ 服务，它提供了短信发送和接收 QQ 消息的服务，实现了手机与 PC 端的实时互联。在 2G 时代，腾讯推出的手机 QQ App，作为短信功能的有益补充，充分满足了用户的需求，它的迅速普及，使其成为装机必备软件。手机 QQ 的推出带来了移动端流量的增加，为腾讯进入移动互联网领域奠定了坚实基础。

进入 3G 时代（2009 年至今），中国的移动通信与互联网成功融合，开启了社交新媒体时代。2010 年，微博上线，作为移动互联网第一个用户数量超过 1 亿的产品，标志着移动互联网时代的开启。随后，微信于 2011 年上线，被视为真正的国民应用。微信没有在线状态的功能，优化了"好友一直在线"的认知，并引入了多种创新功能，如语音信息、查看附近的人、摇一摇、朋友圈等。公众号也是微信的特色之一，它采用"去中心化"的设计理念，将文章融入消息流，提高了内容生产者的运营积极性，也提升了内容消费者的使用体验。朋友圈则是图片分享功能，以图片为主要内容形式。随着媒介的不断更新迭代，这一进程还将加速。

4G 时代（2013 年 12 月至今）的到来，提供了高速、低延时的移动数据服务，推动了智能手机的普及和移动互联网主流内容的演变。从 3G 时代的文字、图片和音频快速切换为视频和直播。抖音就是一个典型的例子，它采用全竖屏、单列的视频呈现形式，自动播放，上滑切换下一个。这种设计使得"视域"被视频占据，用户的注意力被动态视频捕获，快速沉浸在"拟态环境"中。抖音的极简交互设计，如自动播放和上滑切换视频，激发了用户的好奇心和多巴胺分泌，从而进入专注或上瘾的状态。算法推荐也是抖音的核心优势之一，使其在与微信的竞争中脱颖而出。在众多 UGC 平台中，如 Facebook、Twitter、微博等，甚至 PGC 占主导的微信公众号，一开始采用时间倒序排序，但最终都转向了算法推荐。根据 IDC 数据，2013 年全球数据量为 4.4ZB，2016 年已跃升至 16.1ZB，年复合增长率达 54.1%。此外，推荐算法通过计算用户感兴趣内容并推荐，提高内容消费效率，增进平台留存。4G 时代的改变，包括沉浸式内容消费体验、降低门槛至有手机摄像头就能参与内容生产，如短视频和直播，其简单直接的表达使得以往沉默的大多数用户开始发声，走向前台。短视频和直播逐渐取代了微博客，成为"世界上正在发生事件的'第一块屏幕'"。

现在我们迎来了 5G 时代（2019 年 6 月至今），这个时代融合了高速传输速度、超低延迟和大规模连接等特性，并在增强型移动宽带（eMBB）、海量机器类通信（mMTC）和高可靠低时延通信（uRLLC）等应用场景中表现卓越。5G 时代的到来就像是那长达半个多世纪的人工智能突然受到了催化，加速发展。仅 2023 年 5 月，我们就见证了 GPT-4、文心一言、Microsoft 365 Copilot、Google Bard 等多个核弹级产品的推出。业界也开始跨过尚未被彻底了解的 AIGC（人工智能生成内容），直接讨论起 AGI（通用人工智能）。

当未来回顾这个接近奇点时刻时，人们可能仍会铭记 OpenAI 的 GPT（包括 ChatGPT GPT-4 等）。笔者对于 GPT 的文本生成、多轮对话和文本摘要等能力的兴趣，并非在于它们所能产生的具体效果，而在于它们实现这些效果的方式，即它们的非线性发展和突然涌现的能力是如何实现的。GPT 的工作原理并不难解释，但在原理和结果之间似乎存在着一道深不可测的鸿沟，就像笔者始终无法理解一个押韵程序如何能在没有理解的情况下，准确回答一个 6~8 岁孩子答对率仅为 65%、9~14 岁孩子答对率为 92% 的 Sally Anny 问题（这是一个经典的心智测试），通过这个测试，意味着 GPT 至少具备二阶意向性，而这是以往人类学意义上人类区别于动物的地方。根据微软研究院对 GPT-4 的测试，GPT-4 在许多任务上达到或超过了人类水平，但总体而言它的智能模式明显不像人类。GPT-4 挑战了很多关于机器智能的假设，并表现出突发的行为和能力，其来源和机制目前仍难以准确识别。

二、社交新媒体

中国社交平台的发展可以追溯到 2000 年初，当时校内网等平台应运而生，为学生提供了个人资料创建、照片上传、建立联系等实用功能，成为那个时代的代表。此后，一批国内优质的社交平台如开心网、人人网等不仅满足了人们的社交需求，还逐渐成为一代人的青春回忆。2005 年，新浪微博的推出，为社交媒体领域注入了新的活力，将短消息、微博客、关注、评论等多种功能相结合，为用户带来更丰富和便捷的社交体验。新浪微博在短时间内迅速崛起成为中国社交媒体领域的引领者，用户群体数量不断扩大，影响力日益增强。紧随其后，新浪微博、百度贴吧、豆瓣等平台相继涌现，它们各自具备独特的定位和功能，为广大用户提供了丰富多样的社交体验。这些平台的共同推动使得社交媒体在中国得以蓬勃发展，逐渐成为我们日常生活中不可或缺的一部分。

21 世纪初期，移动互联网崛起，作为一种新兴科技趋势，深刻改变了人们的日常生活方式，这也对中国社交平台的发展产生了深远影响。在这个充满变革的时代，许多社交平台凭借移动互联网的推动和自身的产品创新，崭露头角。微信于 2011 年问世，犹如一颗熠熠生辉的新星，其包含的聊天、朋友圈、公众号等功能在内的各类应用，迅速成为中国最大的社交应用程序之一。在短短数年间，微信迅速占领了社交应用的市场份额，成为中国社交平台中不可或缺的一部分。

在此期间，中国的社交平台市场也在不断拓展和创新。在移动互联网的推动下，越来越多的社交平台通过推出新颖的功能和内容吸引大量用户，促使中国社交媒体市场日益繁荣。目前，微信、抖音、快手、微博等平台的用户数量已达到数亿级别，成为中国社交媒体市场的核心领导者。这些平台各具特色，吸引了大量年轻人和各年龄段的用户，构建起了一个庞大的用户群体。尤其值得一提的是，短视频平台在近年来的用户数量增长迅速，成为中国社交媒体市场的一大亮点。抖音、快手等平台凭借短视频这一独特的表达方式，迅速赢得了广大用户的青睐。这些短视频平台充分利用了移动互联网的便捷性，让用户可以随时随地分享和观看视频，形成了一个庞大的内容生态圈。短视频已经成为社交媒体平台中的一股潮流，其发展前景十分广阔。

在当今科技迅速发展的时代，社交平台已经深入地融入了人们的日常生活，成为生活中不可或缺的一部分。它像一座无形的桥梁，将人们紧密地联系在一起，不受时间和空间的限制，为即时沟通和深度交流提供了便利。无论是与亲朋好友的日常交流，还是与陌生人的思想碰撞，社交平台都为用户提供了更加便捷、快速、直接的交流方式，使社交活动更加丰富多彩。社交平台不仅可以帮助人们扩大社交圈子，更重要的是，它能让人们更深入地了解对方，更好地理解彼此的想法和需求。社交平台的强大社交功能可以让用户轻松分享生活中的点滴、观点和情感，从而加强了人与人之间的情感交流和社交互动。

社交平台还是一个重要的信息获取渠道。通过浏览社交平台上的各种内容和信息，人们可以了解到时事新闻、娱乐动态、文化现象等各个领域的信息。这样的信息获取方式既丰富了人们的知识储备，又拓宽了人们的视野，使社交平台成为人们生活中不可或缺的一部分。随着社交电商的迅速崛起，社交平台成为人们消费购物的重要渠道。消费者可以在社交平台上获取各类商品信息、进行价格比较、参与促销活动等，从而进一步提升消费体验，满足自己的个性化需求。在这个过程中，社交平台逐渐成为人们购物消费的重要场景，为人们的日常生活提供了更加便捷、多元的选择。

社交媒体的进化速度前所未有，正逐步向搜索引擎化方向发展。除在社交媒体平台上发表的内容被主流搜索引擎如百度等收录外，用户逐渐习惯将具备深度内容的社交媒体平台如微信、小红书、抖音和知乎等作为搜索引擎来检索特定内容。这一趋势带来了一个新现象，即短视频在当前的互联网环境中占据主流地位。对于品牌和个人而言，短视频内容制作成本相对较低，可以在短时间内获得广泛传播，因此尽管竞争激烈，但其独特的优势仍使其处于红利期。

社交媒体的电商化进程也在内容驱动下飞速发展。微信视频号等多个社交媒体平台正在积极加速商业化之路，直播这种近年来飞速发展的形式也如同井喷一般，为社交电商和兴趣电商的繁荣发展添砖加瓦。随着播客的兴起，曾经的小众领域逐渐走出了小圈子，越来越多的品牌争相入局播客，并结合不同社交媒体平台的特征将播客内容多次重复利用，转化为图文、长短视频等多种形式的内容形式，以便在更广阔的声量范围内传播，进而占领更多用户的心智，使其在"耳朵经济"中占据领先地位。

作为全域运营的关键流量入口，社交媒体正持续显现其强大的影响力。在不同类型的互联网垂直领域之间、社交媒体与其他线上或线下渠道之间，以及公域与私域之间的流量疏通，都为品牌构建以社交媒体为核心的全域全链路发展生态提供了支持。这种线上与线下边界的模糊趋势，进一步凸显了影响力营销与口碑营销的价值，使 KOL 和 KOC 的能力得以全面发挥。他们的专业能力和影响力，为品牌带来了更加强劲的"带货"表现和更高的用户转化率。

社交电商以创新的方式将社交平台与电商业务巧妙地结合在一起，此举打破了传统电商的界限，突破了传统电商的局限。通过社交化的购物方式，用户不仅能方便快捷地购买到各种商品，还可以在购物过程中实现愉快轻松的社交互动。同时，社交电商还采用了社交化的营销手段，比如用户之间的互动分享、团购等，极大地增强了购物的趣味性和互动性，进一步提升了用户的购物体验。

随着人工智能技术的不断发展和应用，社交平台将更多地采用人工智能技术。通过智能推荐技术，将用户可能感兴趣的商品及时推送给用户，提高用户的购物效率和满意度。此外，人工智能技术还能够实现对用户情感的智能识别，及时掌握用户的情感变化和需求，并提供个性化的服务和内容推荐，进一步提升用户的购物体验。同时，人工智能技术在内容审核方面也发挥了重要作用，能够有效地识别和过滤不良信息，保障内容的健康和高质量。通过应用人工智能技术，社交电商将能够更好地满足用户的需求，提供更加智能、便捷、高效的购物体验。

作为生物物种的一员，人类的本质是视觉感知的动物，他们始终坚信"眼见为实"的真理。从生物学角度来看，视觉感知为动物提供的信息量在五种感官中位居首位，这一观点在恒河猕猴的研究中得到了论证。该猕猴的大脑一半用于处理视觉信息，这已经被科学界广泛认可。此外，人类大脑内部的视觉处理中心所占比例远超其他动物，是大脑功能的重要组成部分。人类接收到的 83% 的信息来自视觉感知，这个比例在生物界是罕见的。有研究报告显示，人类获得信息的来源中，83% 来自视觉感知，11% 是听觉感知，嗅觉感知为 3.5%，触觉感知和味觉感知占比为 2.5%，从生理角度揭示了大脑对视觉信息的偏爱。

随着短视频在全球范围内的风靡，以长视频为载体的内容消费平台也逐渐受到用户的青睐，并且得到市场的广泛认可。在这种背景下，长视频平台也正在寻求内容创新和版权保护，以此提高平台的吸引力，扩大用户规模和商业价值。值得关注的是，区块链技术作为一种新兴技术，可以帮助社交平台实现去中心化、安全可信、信息不可篡改等特点。这些特点在去中心化的网络中可以增强数据的安全性和用户的信任度，为社交平台的可持续发展提供了技术支持。

三、电商

1.0 货架 C2C 模式：自 2006 年起，淘宝网这家中国最大的电商平台在国内 C2C 市场迅速崛起，其市场份额持续增加，直至 2008 年，淘宝网以其强大的用户基础和高度的用户黏性，将其市场份额提高至 86% 的巅峰。此时，C2C 电商市场的竞争格局已基本稳定，淘宝网成功地脱颖而出，一跃成为 C2C 市场无可争议的霸主。

2.0 货架 B2C 模式：2009 年是中国电商市场的一个分水岭，这一年，电子商务行业出现了前所未有的发展趋势，尤其是以商品垂直化为特点的 B2C 市场，出现了井喷式的爆发性增长。随着时间的推移，2015 年，B2C 电商平台的市场份额首次超过 C2C 平台，其中，天猫占据 B2C 市场约 57% 的市场份额，京东以约 23.4% 的市场份额紧随其后，形成了"双强"格局。

3.0 社交内容电商：近年来，社交电商模式的发展异常迅猛，随着移动互联网技术的进步和智能手机的普及，社交电商模式在 2019 年迎来了一个新的发展高峰，成为电商领域的一匹"黑马"。据统计，2019 年，社交电商交易额突破 20000 亿元，其中，拼多多的 GMV 更是高达 10000 亿元，占据社交电商约 48% 的市场份额。

4.0 直播电商：随着时间的推移，电商行业迎来了新的发展趋势，即直播电商模式的兴起。2021 年，直播电商规模突破 20000 亿元大关，成为电商行业最热门的话题之一。其中，抖音、快手、小红书等新兴兴趣内容电商平台的规模约为 10000 亿元，虽然这些平台已经取得了一定的市场份额，但仍在激烈对抗中，抖音凭借其丰富的内容和良好的用户体验，有望成为下一任电商行业的王者。

（一）货架电商

近年来，电商产业的发展呈现出立体化的竞争态势，从最初的垂直平台逐步发展为综合、社交、内容、电商直播融合于一体的多元化平台。这种竞争格局的变化为行业内的参与者提供了不断升级迭代的机遇和挑战。商品的宽度规模范围直接决定了用户基数和商品丰富度。以天猫和京东为代表的电商平台一直在寻求扩大用户覆盖，通过深入拓展二三线城市和农村市场来吸引更多消费者成为其忠实拥趸。他们在商品品类和服务上的不断丰富和完善，使整个平台呈现出更加繁荣和丰富的商品生态。这是他们将平台从单一属性平台升级为社交化、内容化、电商直播融合平台的关键所在，使用户能够在平台上实现更多元、更有趣的购物体验。

从一定程度上来说，平台的长度属性决定了用户的黏性。从单一属性的平台升级为具有社交、内容、电商直播融合属性的平台，这些属性的叠加使用户在平台上的停留时间更长，用户黏性更强。这样的平台能够更好地满足用户的需求，提供更丰富、更个性化的购物体验。同时，高度赋能也是决定平台吸附能力和变现能力的重要因素。电商平台在赋能方面，从单一的广告投放逐渐向提供直播渠道、供应链扶持等全方位的升级，使平台在吸引商家入驻、提高用户体验、提升平台价值方面具备了更强的竞争力。

中国的网购平台已经成功涵盖了几乎所有的消费品品类，从日常用品到奢侈品，从 3C 电子产品到美妆护肤等。随着科技的不断进步，直播电商的蓬勃发展以及消费升级等多种因素的综合作用，各类消费品线上销售将呈现出不同的增长潜力。标准化程度较高、线上成本优势明显且购买频次相对较高的消费品品类，如大家线上销售占比已经超过 50%，未来增长速度可能会逐步放缓。而标准化程度较高且购买频次也较高的品类，如快消品线上销售占比已经占据较大市场份额，约为 35%，虽然此类消费品目前在线上销售方面已经取得了显著成效，但随着生活服务平台的便利性不断增强，它们的增长速度可能也会逐步放缓。对于标准化程度较低但购买频次较高且便利性较强的消费品品类，如服装，其线上销售占比已经接近 35%。未来，随着人们对中高端服装的需求持续增长，中高端服装网购市场的爆发潜力仍然巨大。对于服务难度大或体验要求较强的品类，如生鲜、家具、汽车和健康等目前仍以线下消费为主。为了满足消费者对于这些品类的需求，天猫已经明确提出要将低渗透率的产业搬到线上。

对于家居产业来说，可以通过 3D 样板间等技术手段有效弥补线上购物体验的不足，同时可以通过与本地商家合作，将线上的消费者拉到线下以实现线上和线下融合的消费模式。对于规模高达 9 万亿元的生鲜产业，需要通过改善冷链和物流运输以及结合进场电商等方式才能让生鲜产品成功上网销售。未来，随着市场需求量的进一步爆发和服务能力的不断升级，这些产业将拥有巨大的发展空间。

（二）内容电商

自 2012 年起，内容电商这一新兴模式开始从雏形进入高速发展阶段。在这个过程中，社交平台与电商平台的融合趋势不断加强，推动了"内容 + 直播 + 电商"产业链的优化和完善。不少新锐品牌以及国产品牌利用内容电商的多样化内容运营和营销手段，在不断变化的营销环境中实现了业务突围。在内容电商这个充满活力的市场空间中，内容已经成为用户与商品、品牌之间的重要链接。在此基础上，各种图文、音频、视频、直播等多样化形式被巧妙地运用到商品信息的传播中，将多维度的商品信息融入到多元化的兴趣场景中。同时，元宇宙、虚拟直播等新兴技术的不断涌现，为内容电商注入了新的活力。

在这样一个充满机遇与挑战的场景中，品牌可以利用丰富的内容资源来建立和强化自身的品牌形象和认知，进而提升品牌知名度。此外，品牌可以利用内容直接促成转化成交，实现"品销合一"的理想。这意味着，品牌在进行营销推广的过程中，不仅要注重品牌建设，还要将重点放在提高销售转化率上，让品牌与销量双丰收，为企业的发展提供强大的动力。

在未来，内容电商将继续经历高速发展，同时将迎来前所未有的快速变化。这个充满变数的阶段，预示着"人找货"和"货找人"的链路已被双向打通，为消费者与品牌之间的互动提供了更加便捷的渠道，从而提升了电商交易的便捷性和效率。对于众多品牌而言，如何在这样一个充满挑战和机遇的时代，通过精准洞察消费者的兴趣所在，从而为其提供满意的产品和服务，是决定品牌未来发展的关键。只有深入研究消费者需求，准确把握消费者兴趣点，围绕用户兴趣进行内容创作和商品开发，才能确保品牌在内容电商新时代实现持续增长。

内容电商的定义较为严谨且丰富。简而言之，内容电商是指以消费者为核心，围绕各类具有影响力的 IP（如影视、动漫、游戏等）、KOL（意见领袖）、直播、热点事件等内容进行创作。这些内容创作旨在满足消费者个性化的需求，以提高消费者对品牌和产品的忠诚度。同时，利用各种销售转化机制，如短视频、图文、直播等，实现内容和商品的有效转化，以达到商品随内容同步流通与转换的目标，进一步提升电商营销效果。未来，随着 5G、人工智能、大数据等技术的发展，内容电商将在优化用户体验、提升品牌价值等方面发挥更大的作用，助力各大品牌在这个快速发展的领域中持续领跑。

内容电商自 2012 年起步，在各大平台涌现，如微博、今日头条、知乎、喜马拉雅、小红书和微信公众号等。初期以社交互动和打造使用场景为核心，以图文种草为主。2016~2018 年，内容电商进入成长期，喜马拉雅、抖音和快手等视频平台迅速崛起，自媒体大 V 打造个人品牌，探索直播带货等新模式。2019~2020 年，内容电商迎来爆发期，电商直播井喷，社交平台接入电商巨头，推动内容电商变现的发展。2021 年至今，内容电商进入高速发展期，社交平台与电商融合加深，直播带货成为品牌增长的驱动力，推动了内容电商的持续发展和壮大。并且，内容形式呈现出多元化融合并存的特点，内容产业不断升级。

内容电商通过构建独特内容抢占用户心理空间，借助多种内容形式营造沉浸式消费场景，将商品置入多元场景中，满足用户需求并提升购买体验。

内容是最先被消费的对象，吸引消费者关注和兴趣，以新颖、趣味方式呈现商品，创造沉浸式消费场景。与传统货架电商相比，内容电商以兴趣内容为核心，逐渐将兴趣转化为购买行为，实现基于内容的商品推荐。内容电商为传统电商模式注入新活力，提供了更丰富多样的购物体验。

内容电商有两种模式：内容电商化和电商内容化。内容电商化通过注入内容属性，为新兴的内容型平台开辟新的盈利途径。电商内容化通过电商平台本身的内容化运营，为传统电商平台贡献新的增长点。内容驱动型平台以 UGC、PGC、PUGC 等多元化内容积累粉丝，实现内容变现。这些流量经过专业运营和有效管理后，可以导入商品购买过程。行业玩家主要分布在各大社交平台，形成丰富的内容生态圈。这类平台重视内容质量和兴趣社区建设，借助用户自发的种草行为，实现用户在满足刚性需求外的兴趣消费的增量。它们不断创新和优化商业模式，构建发现、购买、分享的商业闭环，激发用户购买兴趣的同时，沉淀消费偏好数据，为创作者提供商业化空间，进而实现自身的商业价值。

（三）直播电商

自 2016 年淘宝、京东、拼多多、抖音、快手等平台上线直播功能以来，直播电商产业链开始全面搭建起来；2017~2018 年，这个产业链进入了快速拓展期，各平台的基础设施也在逐步完善；2019~2020 年，直播电商平台如雨后春笋般纷纷涌现，百花齐放，同时也加速构建起闭环式的交易路径，平台电商运营向着精细化方向发展；2021 年至今，直播电商迎来了爆发式增长，进入了全民直播的时代。得益于直播电商提供了更加丰富、立体的商品展现形式，以及更加即时的互动效果，消费者养成的直播间购物习惯被保留了下来。据估计，未来直播电商市场规模仍将保持双位数的高速增长，根据行业发展趋势，预计未来市场规模将逼近 5 万亿元。

直播电商作为连接供给平台、品牌、达人与用户的重要桥梁，承担着多元角色，承接与输出的过程中，不仅满足了三端用户的需求，同时为四方带来了价值。在这一过程中，直播电商起到了重要的连接作用，为各方提供了广阔的舞台。达人作为直播电商的核心元素之一，其供给平台、品牌、达人与用户四方价值的实现，离不开组货与投流的有效运营。达人需要通过组货与投流的方式，在各个环节中吸引用户，并通过其专业的能力和有趣的内容输出，赢得用户的信任与支持，从而实现流量的稳定增长。稳扎稳打是品牌长效经营策略的体现。品牌需要在直播电商的舞台上步步为营，通过精心策划和执行，实现品牌的持续发展。通过建立稳固的品牌形象和优质的产品体验，品牌可以在竞争激烈的市场中脱颖而出，获得更多的用户关注和支持。

直播电商在各个环节中均可撬动流量，实现公域流量到品牌粉丝的转变。在直播过程中，品牌可以通过精彩的内容输出、互动式的营销活动以及精准的受众定位，吸引更多的用户关注。通过不断地积累品牌粉丝，直播电商可以实现从公域流量到品牌粉丝的转变，进一步提升品牌的知名度及影响力。新势力温床成就了达人品牌。新势力温床为新入行的达人提供了丰富的资源和机会，帮助他们快速成长。通过在新势力温床上的努力，达人可以在直播电商领域迅速崛起，成为具有影响力的品牌，实现自己的价值。信任关系铸造电商壁垒。在直播电商的运营中，建立信任关系是至关重要的一环。通过与用户建立长期稳定的信任关系，品牌可以在激烈的竞争中建立坚实的壁垒，吸引更多的用户关注和支持。

在电商行业进入竞争存量时代的背景下，各大平台开始追求全域经营链路，包括从决策到交易再到复购的过程，而不仅仅关注眼前的成交量。这种变化的原因在于外部环境的不确定性，使消费者变得越来越谨慎，他们更加注重在交易前的决策过程，需要与商品相关的种草、购买指南等内容。同时，消费者越来越被知识化、娱乐性的内容所吸引。

为了适应这种变化，淘宝直播重新调整了流量分配机制，将内容和成交量共同作为衡量直播间优劣的重要指标。优秀的内容和高的转化率能够使直播间获得更多的公共流量。这些平台通过提供专业而有趣的内容来延长用户的停留时间和提高互动率，同时以最佳的商品搭配营销来考核交易额。不仅是淘宝直播，抖音平台也从兴趣电商逐步升级为全域兴趣电商模式，旨在提供更好的购物体验。

在这种模式下，抖音平台保留了消费者在内容推荐场景下的兴趣性冲动消费，同时提供了主动搜索场景，使得消费者逐渐习惯于在社交平台上完成有目的性的"人找货"的消费行为。总体而言，直播电商平台正致力于强化内容的价值、优化消费者的决策过程、建立信任、提升消费体验，以期实现从种草到消费的全链路覆盖和服务，从而留住现有用户、盘活域内流量，为商家打造稳定的增长曲线，成为他们经营长期全盘生意的主阵地。

第三节　个人品牌管理

一、个人品牌是什么?

在现实社会中，人们的生活场景复杂多变，需要应对各种不同任务。在完成任务的过程中，个人所展示出的独特能力与服务价值，构成了个人品牌定位的起点。文化圈层中，人们的生活方式、思想观念、所需产品与服务深受影响。文化圈层的兴趣体验对于个人品牌的塑造具有至关重要的影响，成为我们创造服务价值和个人品牌的出发点。为了追求生活的意义价值，人们会通过完成各种兴趣爱好，寻求产品和服务来满足需求。这构成了个人品牌表达自己的定位三层次，同时是建立个人品牌营销活动和商业结果的直接通路。

在有限的资源和预算下，我们需要使用最低的成本，与目标粉丝群体进行高效、精准且有目标性的沟通。为此，我们需要关注三个核心原则：首先，精准定位并找到最有潜力和成长空间的目标粉丝群体；其次，保持沟通的一致性和稳定性；最后，通过真诚的服务和价值传递，将真正的、真实的、有效的服务内容传递给用户。

个人品牌在信息和情感的传递中，创造了更多与粉丝的情感价值上的隐形连接，这些连接如同精神的纽带，让粉丝们感觉自己是一个集体。个人品牌观点迅速拉近了粉丝与个人之间的距离，打破了传统的沟通隔阂，使双方的交流更加直接、亲切、富有感情。

Simon Sinek 在 TED 演讲中提出了著名的"黄金圆环"理论，强调动机比方法更重要，策略比表现更重要。这个理论对于个人品牌的塑造以及与粉丝的沟通具有重要的指导作用。伟大的个人品牌能够从最核心的动机出发，找到最有效的策略，再创造出最好的表现。在进行个人品牌观点或价值观定位时，应遵循"领先粉丝一步"的原则，真诚地指导粉丝。

二、个人品牌、媒介与大众的关系

在品牌营销和传播过程中，个人品牌、媒介和大众之间形成了一种不可或缺的三角关系。这种交互关系在品牌营销策略制定和实施中扮演着重要角色。在这种关系中，个人品牌通过积极生产和传播优质内容，经过媒介的选择和有效传递，将信息准确地传达给广大受众。同时，受众对个人品牌的反馈犹如一面镜子，能够清晰地反映其优劣。这种反馈会以各种形式和渠道被个人接收，使个人能够了解自己的品牌在市场上的表现，从而制定出更为精准的品牌营销和传播策略。

对于营销来说，其并不仅仅是简单地花钱宣传，而需要个人充分发掘自身的特点和优势，根据目标受众的特点和喜好，选择相应的媒介平台，将信息投放到目标受众那里。因此，对于品牌营销和传播来说，个人品牌、媒介和大众之间的关系至关重要。通过深入理解三个核心要素，个人可以更好地掌握品牌营销与传播的技巧和方法，从而在激烈的市场竞争中获得成功。

对已知结果进行倍数放大，其关键在于记忆度，这涉及标签、差异化和传播度。品牌在传播和提升过程中，会积极借助各种媒介资源，这些媒介资源并不仅限于传统媒体，还可能包括中性介质。在这种介质上，特定内容会发生奇特变化，形成具有强烈传播效果的营销方案。在笔者进行个人品牌管理的过程中，始终遵循这一基本的逻辑。因此，有几个关键核心问题需要明确：首先，要选择哪种内容表达自己；其次，要选择哪种媒介投放自己的品牌信息；最后，要将传播对象锁定在哪些具有特定需求的人群。

在制定营销方案或品牌方案时，许多人都追求产生爆炸性、轰动性的效果。然而，许多营销活动虽然产生了轰动效应，但实际上并未实现预期的转化效果。原因在于，在投放对象的选择上存在问题，未能向目标人群提供合适的内容刺激，从而无法真正满足对方的需求，使得品牌的传播目标落空。因此，在品牌营销过程中，我们要始终关注自己的目标和利益，努力找到能够实现双赢的营销方式。

以"双11"为例，这个节日的诞生源于光棍节，许多单身男女在家无事可做，电商平台借此契机推出折扣促销，以刺激消费者购买。从表面上看，这种营销策略满足了消费者的需求以及单身男女的节日庆祝需求。然而，实际上，通过这种营销策略，天猫和整个阿里巴巴集团实现了它们的销售目标。有的人可能会质疑，消费者是否真的需要这种被创造出来的需求？他们为何要在家里购买折扣商品？这种需求实际上是一个营销过程的结果，是借力造势的体现。以"双11"为例，尽管所有电商平台在这一天都会推出促销活动，但并非所有平台都能创造出如天猫般的影响力。这是因为天猫最早策划了"双11"促销活动，通过提升自身价值，使得其他平台只能借助这种影响力提升自己的价值。因此，最早策划这个项目的天猫必定能获得最大的收益。然而，那些成功借势的人同样能从这个过程中获益。创造影响力和借力的过程实际上是营销手段的体现。这是一个最简单的营销思路，帮助我们理解影响力的价值。当个人品牌具备影响力后，人们可以通过借力和造势的手段来实现营销的目的。

在个人品牌的营销策略中，应采取精准定位和适度放大的方式，以最大化地展示自身的优点，缩小缺点。我们应选择能够展现自身特质的切面，并对其进行精准的定位和传播。对于缺点，应该以诚实和真实的态度来呈现自己，同时巧妙地缩小它们的影响。在放大优点方面，可以借助各种传播渠道和平台来提升自己擅长的表达能力，使其得到广泛的传播。对于讲课等公开演讲活动，我们应根据自身的性格、特长和需求来选择适合自己的方式和风格。有些人适合高调张扬的讲课方式，而有些人则更适合低调谦虚的风格。

在定位和放大个人品牌时，我们需要全面了解自己的特点和需求，并根据市场和目标受众的需求来选择合适的策略。我们不应试图完全掩盖自己的缺点，而要学会选择合适的方式放大优点，同时注意避免夸大缺点。

在个人品牌的营销中，我们需要根据自身的诉求来决定如何展示自己的个性。如果我们希望定位为小众或尖端的人物，那么我们需要精准地定位并放大自己的个性，以在这个领域内建立起自己的地位。如果希望拥有更广泛的知名度，那么我们需要模糊自己的个性，留足想象空间，以吸引更多的人关注。

在处理个体、媒介和大众之间的三角关系时，我们需要掌握精准营销的技巧，根据市场需求和目标受众的喜好来制定合适的营销策略。只有通过精准的营销，才能真正为个人品牌带来关注流量或转化。而单纯的炒作只能制造新闻，可能一时会引起关注，但无法带来真正的关注流量或转化。因此，只有通过精准营销，才能真正为个人品牌带来价值。

媒介选择是内容传播中至关重要的一环，涉及线上、线下以及传统三大类媒介。线上媒介包括抖音、微博和小红书等，它们具有各自的受众和内容属性，因此，在制作内容时，需要根据不同平台的属性而定制不同的内容，以提高传播效果。首先，需要考虑所选平台是否适合自己的品牌或业务。其次，需要了解平台的内容传播优缺点和方式，以便能够更好地针对性地定制内容。例如，张国伟在抖音上的火爆，是因为他的个人属性与抖音平台的匹配度高，有趣的内容能够更好地吸引抖音用户。因此，在选择平台时，需要结合平台属性和个人属性，以实现最大的流量效果。

以包先生为例，他在微信公众号上的阅读量惊人，但在小红书上的表现却不尽如人意。这可能需要对内容风格进行调整，以适应小红书的用户群体。此外，内容IP仅存在于特定的媒介语境空间，因此，在拓展新平台时，我们需要为新平台创造适合的内容。在新平台上推广内容，可能需要建立新的内容团队。这要求我们进行充分的市场调研和用户分析，以便能够更好地了解目标用户的需求和喜好，从而制定更加精准的内容策略。

大众指我们所有的普通人和有生命的生物群体，即人类社会中数量众多、占据主导地位的个体。在大众心理的塑造过程中，我们每个人都潜藏着从众心理，容易受到外界环境和社会信息传播的影响，从而在某种程度上表现出可被操控的特点。此外，大众心理的稳定性相对较差，容易受到各种内外因素的干扰，导致其不断变化和调整。同时，大众心理往往缺乏深思熟虑的智慧，容易受到情感因素的左右，最终影响我们的决策和处理问题的方式。

通过了解大众心理的这些特点，我们可以更好地把握大众的需求和喜好，从而制定出更加符合大众需求的策略和方案。同时，粉丝也应该警惕大众心理的负面影响，保持独立思考和判断的能力，避免盲目跟风和随大流，保持自己的理性和明智。

在娱乐圈中，有一种现象称为"喜恶同因"，即所谓的"粉黑一套图"。这意味着，无论个人表现如何出色，总会有人因为同样的原因对其产生好感，同时也会有人因为同样的原因产生反感。以欧阳某某为例，同一组图片，粉丝会认为她美丽动人，而黑粉则认为她难看无比。这揭示了大众心理的一个重要特点，即人们喜欢或讨厌一个人的原因可能因人而异，但也可能具有某种共性。

考虑到每个人对同一组图片的反馈可能大相径庭，而原因却可能千差万别，这意味着别人喜欢你的原因，恰恰可能是另一些人讨厌你的原因。因此，我们需要认识到并接受的是，不同的人会有不同的价值观和喜好。我们不能期望让所有喜欢你的人和讨厌你的人达成共识，这是不现实的。我们能做的，是做好自己，尽量让喜欢你的人更加欣赏你，同时尊重那些不喜欢你的人的感受。关键是保持自己的独立性，不被外界的声音所左右。只有在这样的前提下，我们才能在众说纷纭的环境中坚定地追求自己的目标。

在我们的日常交往中，一个值得留意的现象是刻板印象。我们易于在脑海中形成一些固定看法，如遇到一个身材肥胖的人，往往不假思索地会联想到他的健康状况可能不佳。然而，这种基于经验形成的观点，往往忽视了现实中的许多例外。例如，一些看似身材肥胖的人，实际上却拥有非常健康的身体和活力，如那些跳街舞的人。由于我们常常在没有充分信息的情况下，倾向于寻找那些直观、简单的因果关系，这容易导致我们对事物产生错误的判断，从而陷入刻板印象的误区。大众在面对有限的信息时，更易形成片面的印象。

在微博等社交平台上，我们可以观察到，不同的人在面对相同信息时，往往会解读出不同的联想和判断。这说明，人们在认知事物时，往往依赖于已知的信息和第一印象。因此，如何传递关键信息变得至关重要。若想改变大众对你的刻板印象或者让别人对你形成特定的印象，则需要依赖关键信息的传播。

大众往往不会深入探究，而是依赖本能做出最直观的判断。因此，你所传递出的最显著的关键词将对别人如何评价你产生决定性的影响。例如，长期以来，美女往往被认为缺乏独立性且容易被包养。若一个美丽的女孩想要颠覆这种刻板印象，展现出独立的个性，她就必须打破原有的关键词并创造一个新的、更有力量的关键词来取代。

我们必须认识到众口难调的事实。以豆瓣等平台的评分为例，一个显著的特点，即那评分高的项目往往受众数量非常稀少。相反，那些广受欢迎的作品评分往往不会特别高。这可能是因为高评分的冷门作品更受其核心粉丝的坚定支持，而低评分的热门作品则能吸引更广泛的受众群体。这个现象反映了一个基本事实，即不同的人往往有不同的审美和偏好，这种多样性无法通过单一的标准或模式满足。因此，很难满足所有人的需求和喜好，这也是众口难调的表现之一。

笔者曾观看过一档名为《奇遇人生》的腾讯视频综艺节目。该节目以其独特风格和内容吸引了广大观众的关注。在本季第一期节目中，节目组将豆瓣高分9分作为宣传点，让观众对于该综艺获得豆瓣9分感到惊讶。实际上，这个高分并非偶然，而是在对受众和导演的口碑进行严格控制后实现的。纪录片原本就是非常小众的产品，对其感兴趣的观众大部分都是真正热爱的人。此外，《奇遇人生》的导演赵琦可谓是中国知名且荣誉多的纪录片导演之一。他原本就拥有自己的粉丝和口碑，对纪录片有着独到的见解和喜爱。因此，当你能在第一时间很好地控制住他的受众时，便能形成一个非常好的口碑，然后用这个口碑去做推广。

在这个例子中，我们可以看到大众的口味很难被统一。当你想控制口碑时，它必然不会是大众产品。而当你希望更多人看到这个产品时，其评价很难被统一。除非是那些已经被大范围统一认知的东西，否则其他所有产品的评价都很难被统一。这也是为什么一些票房高、观看人数多、口碑高的作品间并不能完全对等，有时甚至存在一些重叠已经不错了。这是大众心理的一个普遍特质，也是很多创作者所面临的难题。

在进行产品或品牌的精准定位过程中，我们必须要有深刻的理解，对大众的特征做到洞察和了解。倘若我们计划全力打造一款定位小众的产品，同时要控制好产品的口碑，那么就需要在产品投放之前明确目标人群。这个过程中，我们不应忽视那些表面上优秀的产品因为被不恰当的人群使用或者展示而最终毁掉的事实。这些无法理解产品优势的人非但不能积极传播我们的产品，反而会产生负面的口碑效应。对于那些依靠口碑传播的小众产品来说，精准的营销策略至关重要。我们要让那些最有可能喜欢这个产品的人先去体验、试用，然后逐渐地将产品推广至大众市场。只有这样，我们才能在众口难调的市场环境中赢得一线生机。否则，在社会舆论难以形成统一声音的状况下，很难对公众舆论的方向产生影响。

让我们一同回溯大众心理的三大显著特征：喜恶同因的奇特规律、根深蒂固的刻板印象以及众口难调的无奈现状。面对这三个复杂而关键的主题，我们必须做出准确、深入且全面的理解与研究，只有这样，我们才不会因为在意他人的评价、否定或者在负面情绪中挣扎而心生困扰，我们要明白这些评价与负面情绪是无法避免的，也是大众心理的必然特点。

在我们充分了解大众心理的共性后，需要探索和实践如何打造最具有吸引力的内容和品牌营销策略，并通过精心设计与巧妙执行以期实现效益的最大化。在进行品牌营销时，我们不能忽视和逃避这些相关问题，而是要积极面对并制订可行的解决方案，以实现预期的最佳效果。

第四节　经纪人工作内容

一、内容管理

内容管理指专业团队对艺人形象和行为进行周密规划和精心设计，以呈现最完美、最符合市场需求形象的过程。这是一种有组织、有策划的宣传过程，通过创新形式展现艺人独特魅力和个性气质，满足不同受众群体的审美和娱乐需求。对于每个艺人，他们具有巨大的才华和潜能，但身为经纪人则需要根据自身特点和市场需求，选择最适合他们的发展方向，量身定制最合适的发展计划。因此，每个艺人需要认真思考未来的发展方向，选择最适合自己的方式来展现才能和价值，从而实现事业目标和人生理想。

当一个人具备多种能力和才华时，经纪人的作用显得尤为重要。在经纪人的协助和指导下，让每一个艺人找到最适合自己发展的道路和最为适当的输出窗口，以便让他们能够充分地发挥自己的优势和潜力，为观众呈现出更加精彩纷呈的表演作品。因此，对于每个艺人来说，如何在众多的选择中做出最为明智的决策，将直接关系到他们在演艺事业中的未来走向和发展前景。

二、时间管理

我们需要细致地规划并合理地分配时间，以宝贵且稀缺的时间为成本，来获取丰厚的价值回报。时间管理在繁忙且充满挑战的工作中具有举足轻重的地位，因为一切成果都源于勤奋而有效的工作时间。每当我们与合作伙伴签署一份新的合同时，我们都会明确规定广告代言的时间长度，以及多种不同工作方式的计费标准。因此，我们的工作时间管理对于企业的成本控制和利润增长起着至关重要的作用，并对每个个体产生重要影响。在做出任何决策前，我们需要准确地计算出预留的时间和现场需要投入的时间，以更好地判断这一决策是否会带来预期的价值回报。合理地规划和分配时间，实际上是以时间成本获取价值回报的高效计算公式。

我们需要从自身的出发点出发，明确自己的目标和方向，不断提升自己的内容管理能力和知识储备，以及丰富自己的内容输出手段和方式，才能在激烈的竞争中脱颖而出，从而实现自己的目标和价值。

三、情绪管理

为确保工作的正常开展及减少不必要的情绪干扰，我们需要具备清晰的认知，即把事务与情绪这两方面明确区分开来。如此，方能有效地防止我们在面临问题时因情绪影响而对问题作出不客观的判断和决策。对于艺人而言，由于其工作性质决定了他们需要在公众面前展示自己，因此他们的情绪容易受到公众评价的影响。当他们在工作中遭遇挫折或失败时，可能会感到沮丧。此时，我们应该给予他们鼓励和支持，让他们在困难面前有力量继续前行。艺人在工作中也会有成功和收获的时刻，如果让他们情绪过于高涨，可能会导致他们变得骄傲自满，难以看到自己的不足和需要改进的地方。当他们取得一些成绩时，我们应该采取适当的措施来保持他们的谦虚和冷静，例如，给予他们一些适度的打击，让他们认识到自己仍有需要改进和提高的地方。

关于个人情绪管理，如果个人难以分辨自己的情绪，可以寻求他人的帮助，以便厘清事情和情绪之间的关系。我们在工作中经常需要进行这样的交流，包括陪伴、分析和鼓励。在这个过程中，我们应该建立起信任度，并采用一种理性的工作方式，以便更好地处理个人情绪，为我们的工作和生活带来更多的积极影响。

四、危机管理

在危机公关工作中，最高效、最完美的处理方式往往是你无法察觉的，因为最妥善的解决方式是从根源上使危机根本不会发生。例如，公司在与客户及艺人签订合同前，都会进行长时间、全面而谨慎的人物资质的审查和评估，以有效避免与潜在风险较高的对象建立合作关系。我们始终坚信，与合适且资质良好的对象合作至关重要，因为这样的人员至少不会主动引发任何危机，即使有些风险是不可避免的，也能齐心协力共同面对。因此，最优秀的危机公关处理方案是在危机发生前就采取适当措施将其化解，而最核心的处事原则是与最适合的对象进行合作。

公关的三步骤：

（1）充分了解事情真相，进行全面沟通。在处理紧急且严重的危机公关问题时，获取全面、真实的情况并进行全面、深入的交流沟通是至关重要的第一步。通过与相关人员进行充分沟通，我们可以更好地了解事情的真相，避免误解和误判。这不仅有助于我们制定更为有效的应对策略，还能够为今后的工作提供宝贵的经验和教训。

（2）明确品牌形象和价值观，确定应对策略。在面对危机时，我们需要明确自己的品牌形象和价值观，以便制定出最佳的应对策略。是希望众人遵从自己的观点，还是坚持自己的独立判断，我们需要明确方向。同时，需要根据危机情况和所了解的信息制定出具体的应对策略。这可能包括道歉、赔偿、整改等措施，以达到化解危机、恢复形象的目的。

（3）关注舆论风向，了解国情民意。在处理危机公关问题的过程中，我们需要时刻关注社会舆论的动态，了解国情民意。这有助于我们更好地掌握事态的发展趋势，及时调整应对策略。同时，我们需要与相关部门和人员进行沟通和协调，确保的应对策略与国家政策和舆论导向保持一致。

在处理危机公关问题时，我们需要保持冷静、客观、全面地了解情况，制定出科学合理的应对策略。同时，要时刻关注社会舆论的动态，了解国情民意，确保我们的应对策略与时代的需求和发展趋势保持一致。只有这样，我们才能够在竞争激烈的市场环境中立于不败之地，从而为企业创造更大的价值。

（一）危机公关方案的五要素

（1）所有的危机都是一次机遇，关键是我们能否在困境中领悟机遇，洞悉自我的需求和追求。因此，明确自身的目标，如同在危机中找到了那座灯塔，引领着我们前行的方向。在这个探寻方向的过程中，我们不能忽视任何一丝可能的危险，而要通过我们的智慧和勇气，将危险成功地转化为安全，为我们的前行之路铺设更多的稳定和踏实。同时，我们要千方百计地发掘那些隐藏在危险背后的机遇，让其在我们的努力下，成为帮助我们渡过难关、迈向成功的重要筹码。因此，这是我们必须明确的目的，因为只有这样，我们才能在每一次危机中找到一线生机，让自己更加强大、更加优秀。

（2）需要强调的是，绝对不能对公众撒谎。这是笔者坚定不移的原则。然而，在某些情况下，我们可能会面临需要部分揭示事实真相的情况。我们所说的每一句话都必须是真实无误的，但这并不意味着要毫无保留地阐述所有真相。我们会审慎地选择透露那些认为具有公开价值的真实信息。我们始终坚守不撒谎的原则，因为撒谎需要用更多的谎言去弥补，而且现在所有的事情都是在一个无所不在、全方位渗透的环境中发生，你根本不知道究竟是谁会揭穿你的谎言。因此，笔者坚定地认为，最安全的策略是诚实，而是选择一个可以全面展现事实真相的角度来讲述。

（3）对自身与大众心理博弈中产生的情感共鸣的深入理解。在应对危机公关时，实际上是在面对和处理大众的情绪。必须深入了解大众对我们可能产生的反感、厌恶、排斥等负面情绪的来源。我们所从事的工作实质上就是在与这种情绪进行博弈，并寻求解决之道。在处理过程中，与大众产生情感共鸣至关重要。需要明确所采取某个行动的初衷和缘由，以及哪些人能够理解自己的决策。在最终的表达和沟通中，情感共鸣是至关重要的。

大部分人在涉及这个问题时都是处于迷茫、困惑的状态，比如在娱乐圈内，当明星艺人在遭遇重大危机，必须启动危机公关机制时，往往会随口说出一句话，叫做"明星也是普通人"，这样的话语虽然看似为明星自我辩护，但因为缺乏实际的解决方案，显得空洞无力，并不能有效解决问题。因为几乎没有人会真正相信明星艺人只是一个普通的人。在现实生活中，明星艺人也有七情六欲，也有真实的情感体验，但这些都不能作为解决危机的有效方式，因为他们已经在获得巨大的名誉和财富的同时，必须背负起相应的责任和压力。因此，当明星艺人在进行危机公关的时候，无论如何强调"我也是个普通人"，都不会得到理解和共鸣，因为大家都会觉得他们已经得到了很多，应该承担起相应的责任，而不会因为他们的一句话就轻易谅解。

在寻找情感共鸣点的过程中，我们不能局限于从自身的角度出发，而应寻求真正能够引发一部分人共情的关注点。所有的危机公关，其本质其实都是一种大众心理的智慧博弈。首先，我们必须清楚地认识到所面临的危机究竟是什么。有时候，品牌所面临的危机并不仅仅局限于某个孤立的事件，而是因为品牌自身对大众的信任产生了背叛。有时候，个人危机也可能源于对过去自身形象的彻底背离。其次，在处理这些危机公关问题时，我们必须永远不是简单地处理和应对表面现象，而是要深入地研究和把握大众的心理活动。如果我们在应对危机时判断失误，就应该勇敢地去承认自己的错误，而不是选择逃避，因为只有真诚的认错态度，才能够赢得大众的理解和宽恕。最后，只有在认清错误的基础上，我们才能进一步探讨有效的解决方案。解决方案的提出，是我们应对危机公关问题的核心，只有这样，我们的解决措施才能够真正具有实际意义，也才能从根本上解决问题，为我们的生活和工作带来积极的影响。

（4）收集有效反馈，并从中提炼论点和论据。笔者始终坚信，广大群众的智慧是无穷无尽的。因此，在这一过程中，收集有效反馈的重要性是不言而喻的。在事件发生后，笔者会投入大量的时间查阅所有的评论，以寻找可能被忽视的观点，从而更好地了解大众的看法和趋势。要留意哪些评论引发了其他人的跟评，以及这些跟评是否反映了事件本身的真实反馈。

在处理公关危机的过程中，收集有效反馈是至关重要的。它能够提供丰富的论点和论据，从而帮助我们更好地开展危机公关。因此，在应对公关危机时，需要组建一个专业的反应团队，负责收集有效反馈，以帮助我们寻找到形成论点和论据的关键内容。团队成员应具备敏锐的洞察力和严谨的分析能力，以便准确判断哪些反馈是有价值的，并从中提炼出有说服力的论点和论据。

（5）一锤定音或连续剧。当事件发生时，有人发表声明后，对方迅速做出回应，而这一方也应立即予以回应。这种做法会导致我们成为公众关注的焦点，因为我们在与对方展开攻击的过程中不断暴露自身的短板，不仅伤害他人，也会对自己造成伤害。因此，除非有连续曝光的需要，否则所有危机公关都应该采取一锤定音的策略。通过决定性的行为解释所有论点论据，并停止对此进行回复，这是常见的处理危机公关的方法。将事件变成连续剧是令人讨厌的。内容和视角非常重要，我们需要保证无可辩驳的论点。发声的角度也很重要，我们应该思考如何用不同的事情来逐渐递进这个内容，并用不同的视角来更好地讲述这一事情。因此，在处理危机公关时，我们需要明确是要采取一锤定音的策略还是连续剧的形式。

（二）成为自己的经纪人

在日常生活丰富多样的背景下，我们每个人都可能会在不经意间遭遇到诽谤、造谣、他人的误解或恶意攻击等负面因素。这些因素常常使我们感到委屈，深深地陷入痛苦之中，导致我们在情绪上产生类似于祥林嫂那样的抱怨。然而，过度的抱怨只会使我们深陷于负能量中，无法自拔，更难以解决实际问题。因为从内心深处，那些认为我们就是那样的人已经对我们形成了固定的印象，无论怎么解释，言辞再恳切也无法改变他们的看法。反而，那些相信我们的朋友，无论我们是否解释，他们都会一如既往地信任我们。因此，我们真正需要做的是，从这种被攻击的环境中迅速抽离出来，认真审视自己心理产生这种反应的原因，并挖掘其背后的动机。有些动机是可以随着我们的努力而被破坏的，而有些动机则需要我们去共情。只有保持理智和冷静，真正地抽离出来看问题的本质，才能有效地消除误会，化解危机，更好地守护自己的心灵。

经纪人主要负责内容、时间与情绪的管理，协助艺人塑造并维护个人品牌。每位艺人都代表着其自身的品牌，品牌的塑造与内容均由经纪公司与艺人共同实施。如果要深入探讨个人品牌管理，每个人都应主动扮演类似经纪人的角色，对自我进行内容、时间与情绪的管理。通过对这些管理的实施，我们可以更有效地塑造并展现个人品牌的独特魅力与价值。笔者特别强调的两点是：明确自己的目标以及了解自己。如果连自己的目标都不清楚，就无法做出正确的决策。自我认知与自我理解是每个人的必修课程。在成长过程中，遭遇危机实际上是一件好事，因为危机可以被视为一种碰撞，有助于我们理解自己在危机中的反应与回应，从而更全面地认识自己。建议大家尝试担任自己的经纪人，为自己设定品牌定位，提升品牌价值。这不仅能帮助我们成为有影响力的人，更是有助于理解自己的潜在价值，并让世界更好地认识我们自己。理解个人品牌的运作价值有助于我们更好地认识自己，发掘并运用自己的优势。

第三章　个人品牌 IP 生态构建

第一节　品牌 IP 定位

一、你眼中的品牌 IP 到底是什么，IP 认识的五重境界？

一重境界 IP 是个人能力，是知识产权，如图 3-1 所示。

图 3-1　知识产权

二重境界 IP 是人物形象，是品牌符号，如图 3-2 所示。

图 3-2　人物形象

三重境界 IP 是故事，是内容，如图 3-3 所示。
四重境界 IP 是价值理念，是人格，如图 3-4 所示。

图 3-3　故事　　　　　　　　　　图 3-4　人格

五重境界 IP 是民族文化，是哲学思想，如图 3-5 所示。

图 3-5　哲学思想

二、认识自己

我们是一个具有完整状态的人，不仅包括生理状态、心理状态和心灵状态的相互依存与融合，也涵盖了认知过程、情感过程和意志过程的协调、和谐地整合。这个过程需要经历从认知过程的认知和理解，到情感过程的接纳和协调，再到意志过程的坚持和坚定，最终形成一个独特和独立的人格。

在实践关系过程中，完整的人体现在主体的心理状态从依赖到独立意志，再到相互合作的过程。这个过程不仅仅是个体本身对于个人成长、发展、成就和幸福的认知和探索，也是主体对他人、对社会的责任和义务的认识和践行。在这个过程中，主体需要在不同的角色之间找到平衡点，既要关心自己的个人价值，也要为他人、为社会创造价值，最终达到个人价值和社会价值的平衡。

人生价值的完整性表现为个人价值和社会价值的平衡，这是个体在成长过程中不断探寻和实践的目标。个人价值指生命主体对自身的成长、发展、成就和幸福的贡献大小，社会价值则是生命主体对他人、对社会的发展做出的贡献大小。

三、个人品牌定位：建立从"粉丝兴趣爱好"到"商业结果"的通路

个人品牌是一种通过时间和空间的积累，在粉丝心智中建立的信任资产，有助于塑造个人的价值和形象，并在粉丝心智中形成一种无形的情感纽带。个人品牌的观点被视为与粉丝进行高效沟通的一种方式，能够迅速建立情感共鸣。

在真实的社会生活中，人们需要面对不同场景下的一系列任务，包括工作任务和生活琐事。在这些场景中，个人需要展示他们独特的能力和服务价值，这是个人品牌定位的起点。在社会各个阶层中，人们处于不同的文化圈层，这些圈层的兴趣群体社群会影响他们的思想观念、生活方式和所用的产品与服务。在这些文化圈层中，人们会看重哪些方面，并需要一种怎样的体验，这就是我们在创造服务价值和个人品牌时的出发点。

为了追求生活的意义价值，人们需要在生活中完成各种各样的兴趣爱好，而这些兴趣爱好通常需要产品和服务来满足。这构成了个人品牌表达自己的定位三层次，也是建立个人品牌营销活动和商业结果的直接通路。在这个过程中，我们需要弄清楚粉丝们的兴趣爱好，然后努力通过个人品牌营销活动建立从"粉丝兴趣爱好"到"商业结果"的通路。

个人品牌的建立需要从生活场景、生活方式和意义价值三个方面入手。通过了解粉丝的需求和兴趣爱好，我们可以更好地定位自己的个人品牌，并建立有效的营销活动和商业结果。

第二节　一重境界 IP 品牌构建，基于个人能力 兴趣和知识产权

一、个人能力兴趣

个人品牌定位是个人品牌的核心基石，这就像建造摩天大楼之前要打好坚实的地基一样。通俗地说，个人品牌定位意味着我们需要深入了解自己的优点和缺点，并且精准地把握和挖掘自己的特质。其中，一个人最容易被人们感知到的优点尤为重要，因为它可以在信息传播过程中迅速地被捕捉和辨识到，这是个人品牌取得成功的关键性因素之一。个人品牌定位不是空想出来的，而是从实际出发，根据自己已有的特质和特点进行深度挖掘和放大，进而在真实的自己的基础上构建出个性鲜明、特色突出的个人品牌形象。

通过深入了解自己的优点和缺点，我们可以更好地发挥自己的优势，避免自己的劣势，发现自己的不可替代性和独特价值，进而找到自己真正的竞争优势和核心竞争力。每个人身上都存在着独特的、不可替代的特质，这种特质才是一个人的真正竞争力。一个人的成就不仅仅取决于她的优点，也有可能是因为她的缺点而取得了成功。在自我认知的过程中，我们要清醒地认识到自己的优点和缺点，并且正确地面对和处理自己的缺点，将缺点转化为激励自己进步和发展的动力。

在我们深入了解并认知自我的过程中，深度挖掘自身的优点和缺点无疑是至关重要的。我们不应该害怕暴露缺点，反而应该以开放的心态看待自己的不足，并将缺点看作是激发自我成长的一种内在动力。一个人的成就并不仅仅取决于他的优点，甚至可能正是他的缺点引领他走向成功。例如，在广受好评的电影《波西米亚狂想曲》中，男主角有着深深的自卑感，但正是这种自卑感推动他在舞台上投入全部的热情和精力，最终成为世界闻名的巨星。因此，在个人品牌营销的过程中，需要敏锐地发掘自己的独特优势并精确地定位自我，这将有助于我们在竞争激烈的市场中脱颖而出，在人群中迅速树立起自己的品牌形象。同时，我们需要不断地迭代自我，善于发现并改正自己的缺点，努力发挥自己的优点，这样才能在充满挑战和机遇的竞争环境中始终保持不败之地。

关键标签是一种在短时间内简洁而精准地概括一个人独特特点和卓越能

力的标签。这样的标签能让人快速理解你的特性和能力，从而有效地提升自己的影响力和吸引力。在进行艺人个人分析时，通常会将他们的长处、中长处和短处分门别类地列出，并在充分考虑个人情况的基础上，将那些在长时间内基本保持不变的长处作为其核心动能内容予以重点展示和推广，以期在竞争激烈的娱乐圈中脱颖而出，获得更多的发展机会。

有些人的表演技巧非常卓越，他们的演技有极大的提升空间，但这并不意味着他们会丧失表演的能力，因此，他们的主要内容输出应该是出色的表演。而有些人的表达能力异乎寻常地出色，则应该让他们多参加一些能够充分发挥他们表达能力的节目或场合。因此，我们需要准确地认知自己的长处、中长处和短处，将短板掩藏起来，对中板进行调整并期待其转变为优势，同时，要尽可能地展现出自己的长处。这是一个看似简单的公式，但很多人并不会深化剖析它。笔者找到了一张陈欧老师的图片以及他在微博上的数据，这些数据表明他已经成功地塑造了个人品牌。他曾经说过一句非常知名的话："我为自己代言"，这表明了他对于自己品牌的信心和坚定的信仰。陈欧的形象在娱乐圈可能并不突出，但在企业家群体中却非常突出，这正是他的差异化表现。他能够吸引如此高的关注度和庞大的粉丝群体与他的年轻、卓越的表达能力良好的形象密不可分。准确地定位自己，将自己的长板和短板用在适当的地方，就能创造出独特的内容，从而塑造自己的个人品牌。

在数字化智能化时代，我们需要转变学习重心，从单纯学习知识向注重学习思维转变，提升思维素养。知识和思维属于两个不同范畴，传统学习模式偏重于知识，对思维训练投入较少，导致无法揭示隐藏的底层规律。思维是我们认识世界的工具和方法，能帮助我们洞悉事物本质，揭示内在运行机制。知识体系源自对世界的深入思考，思考的过程和结果形成可以传承和分享知识。

我们应该明确知识和思维的关系，这样能更好地审视自己和世界，避免迷失方向，坚定迈向成功。以高效、系统的技能学习为主线，通过引导和带领，能够带动知识全面且高效地学习，从而更好地塑造个人正确的价值观，形成良好的个人习惯。这种方法能够化繁为简、化难为易，让复杂的知识体系得以条理清晰地进行理解和掌握，在潜移默化中改变和提高我们的认知水平，能够极大地提高学习效率，必将引发一场人类对于认知的革命。

它也将推动我们学习范式的创新，将旧有的知识学习体系进行一番彻底的改造和更新，为我们展现一个全新的知识世界。通过经验、知识、技能、态度与价值观的综合应用，让我们逐步形成一种全新的能力素养，使我们在面对各种困难和挑战时，能够更加从容、更加自信。这种能力素养，不仅可以帮助我们更好地解决实际问题，也可以为我们的生活方式带来根本性的改变，从而为我们提供更多的可能性和选择的机会。

二、记录生活经验建立个人品牌

创作是心灵的映照，源自生活的积累，恰如水满则溢。在当下的生活中，我们随处都能捕捉到它璀璨的光芒，每个人都拥有值得分享的瞬间。热爱能够抵御岁月的悠长，只要持续向生活的水面投掷，生活将会反馈给我们波纹。通过新的媒介工具，我们能够将创意从脑海传递到云端，接触到更广阔的世界，领略到生活的竹影烟月，也能与他人共享和煦的阳光。从 2G 的文字，到 3G 的图像、音频，再到 4G 的视频和 5G 的智能，内容创作的形式也从二维向三维转变，从单向传播到多方互动，从专业输出到全民参与的转变。爱记录、爱分享、爱生活，每个人都可以成为创作者。图片、博文、音频、视频、动画，都能够展现生活的不同形式。教师、医生、学生，都有创作的灵感。在这个日新月异的时代，不变的是创作者对生活的热爱和前进的脚步。

从物质世界向精神世界的过渡，从内在的丰富到外在的发展，我们理解生活、热爱生活、创新生活的路径。在短视频中，各种华丽绚烂或独一无二的生活画面，承载着我们对生活的观察、体验、热爱的精神内涵。在当今每个人都是观众、每个人都是创作者的时代，每一种生活都值得被记录，每一部作品都寄予着对美好生活的憧憬。创作为我们展示了描绘美好生活的更多可能，赋予我们热爱生活的更多力量。

科技进步推动影像创作发展，带来如今的短视频时代。用户通过观看影像内容感知日常、理解世界。生产工具生态链成型，低门槛内容生产方式提升生产力。各垂直领域内容百花齐放，专业内容显现。视频平台连接创作者和行业，推动创作向"职业化"发展。一个个内容创作者背后，是短视频行业欣欣向荣的发展态势，体现内容产业的鲜活、蓬勃生命力。

（一）创作开启烟火生活"心"视角

年轮几转，生活之琐事也成诗。犹如春日赏花，秋夜望月，夏风拂面，冬雪落耳，或是老街小巷，青石板上，乡间村庄，炊烟袅袅。生活方式的千百种，皆为创作之灵感源泉。从温馨的日常生活中，新火煮新茶的炊烟徐升，寻常小事的创作，展现出对美好的热爱。无论是品尝人间美食，感受烟火气息，还是慵懒在家，畅快淋漓，都通过镜头，展现出创作者对烟火生活的感悟。

美食美景皆可收录，镜头捕捉每一丝人间烟火气。四方美食，不过一碗世俗的人生烟火。古老谚语提及，人们的生活必须以食物为本，美食已成为日常生活的重要组成部分，在艺术作品中，美食既是主角，也是创作的载体，它们以影像或图文形式，为食物赋予灵魂，拓展各自的故事与情感，形成独特的人间烟火气息和各地风俗人情。雪糕、煎饼馃子、柚子、白茶、栗子、红薯、糖葫芦……每一种美食都值得人们珍惜，通过镜头记录，我们见证了人们如何津津有味地品味生活，如何将日子过得充满色彩和生趣。

（二）@ 我是田姥姥

我们的可心，田姥姥的外孙，始终秉持着"自己快乐，也让他人快乐"的创作初心，积极倡导"孝老爱亲，让爱的陪伴永不缺席"的理念。由于工作繁忙，他无法时常陪伴家人，因此选择将创作短视频作为自己的工作方式，通过拍摄姥姥的日常生活来兼顾陪伴长辈与工作。同时，他希望将姥姥开朗乐观、积极向上的生活态度传递给更多的人。

田姥姥是一位童心未泯、活泼可爱的老人，她与外孙的互动充满了欢乐与趣味。这些有趣的点滴被网友们亲切地称为"国民姥姥""碎嘴姥姥和调皮外孙"。尽管在创作过程中会遭到一些质疑，但可心在网友们的鼓励和支持下坚定了信心，找回了创作的动力和灵感。

为了不断提升创作质量，可心非常重视采纳大家的建议，努力改进自身的不足之处，并持续创作更多高质量的作品，分享他和姥姥快乐的日常生活。他的作品传递着满满的正能量，展示了家人之间的深厚情感以及孝老爱亲的珍贵品质。

在生活的细微之处，我们倾注了满心的关怀，而对于远方的风貌，我们心中充满了向往。创作者们通过各种方式，如动态或静态的图片或文字创作，在那些无缘亲眼目睹的人们眼前，描绘出一幅幅活力四射的美景画卷。这些作品，让我们得以领略自然的美丽景色，探访著名的古迹，感受放松的闲暇时光，尽享宁静的享受。通过他们的镜头，我们得以一睹充满地方特色的农家小院、小城、小村庄，以及热闹都市的露营、野餐、夜景等景象。创作者们以这种方式，为我们勾勒出了乡土与城市的生活气息。

他们还记录了生活的点点滴滴，无论是安静的时刻还是运动瞬间。炉火熊熊噼噼啪啪作响，生活在这炊烟袅袅中缓缓流淌。家中的宁静氛围催生了幸福的枝芽。"能宅就宅，不愿走出家门"，这是所有喜欢宅家的朋友的共同心声。生活中的琐碎细节被简化，宅家的宁静得以感悟。从制冰到拆冰，一声清脆的叮当声响，晶莹剔透的色泽，治愈心灵的时刻就在这短暂的沉浸中；隔着屏幕，观赏沉浸式收纳，那些被整齐整理的抽屉和橱柜，在朴实的家务劳动中，心灵深处涌起一阵踏实的感觉。创作者们摒弃了宏大叙事与记录人生大事，专注于琐碎的生活与微妙的情绪，让我们深感生活中的小小幸福尤为真实和亲切。

我们还体验了健身体操、飞盘以及滑雪的乐趣，感受了呼吸新鲜空气与大汗淋漓所带来的愉悦体验。快乐其实可以如此简单。通过直播带练、医学科普、教程解说等多种类型创作作品，总有一款能够满足你的运动健身需求，让多巴胺通过镜头被释放出来。

三、兴趣技能建立个人品牌

一个充满魅力的灵魂，以其独特的魅力，抵挡着生活中的不确定性和困扰。在这个全民创作的时代，无数富有创意的灵魂以各种独特的视角，为人们带来了丰富的精神食粮。这些作品可能是一段娱乐内容，为人们带来轻松和愉悦，也可能是观赏创作的过程，与远方的知音共享云端的相聚时光。此外，对萌宠花草的欣赏也是生活中一种爱与陪伴的方式。无论表现形式如何，我们都能感受到创作对精神生活的激励，理解作品所传达的价值和关爱，我们寻找到热爱，回归精神自我。

这里是一个交流兴趣爱好的场所，充满了陪伴与温馨。秉烛夜话桑麻，灯光下尽诉平生。随着互联网和短视频的普及，人们通过网络互动打破了地域限制，将天南地北拥有共同爱好的人们汇集于"云端"。在短视频中，人们在寻找那些虽然细微但明确的爱好，以得到内心的平静。从插画、烹饪，到手工制作等各种修身养性的小爱好，丰富了我们的日常生活，也充实了我们的精神世界。

秉持着简约与质朴的生活观念，内心充满才华的人总是引人注目。借由阅读经典名著，我们汲取了丰富的知识。置身于书的海洋，我们尽情地感受着思想火花的激烈碰撞。通过一段简短的视频，我们发现了一本引人入胜的好书。当读书与短视频相遇，内容创作者以书籍为主题，借助短视频的传播平台，将读者聚集在一起，引导更多的人去发现一本本好书，并让文化消费与创作兴趣紧密相连。网络时代，大众对图书的消费热情持续增长。各类图书创作者乘势而上，加大创作投入，短视频创作成了推动阅读热潮和购书热潮的有力注解。

家庭的核心是人，但家的温馨与热闹也来自宠物。猫和狗等可爱的宠物如今成为许多家庭的新成员，它们作为情感的载体，传递着细腻温暖的联系。对于艺术家来说，这些宠物的每一个动作都是创作的灵感，通过镜头它们向我们展示生活的快乐瞬间，传递温暖的情感。在主流宠物用品内容创作中治愈，趣味、互动是其突破点。

四、专业知识建立品牌

在当前的短视频时代，知识已不再是局限于象牙塔内厚重的大部头书籍，而是化作了飞入寻常百姓家的美妙燕雀。这个时代，人们接触知识的方式不再仅仅依赖于被动的传授，而是能够主动地搜索与选择，甚至以不期而遇的方式与知识相遇。短视频平台凭借其快捷的传播和简便的制作，吸引了众多内容创作者优先进行创作。对于工作与生活的各类内容，它为渴望提升自我、探析职场环境与发展自身的职场人士，开启了一扇洞悉职场环境、探索自身发展的大门，助推其职业发展与终身学习之路。

在抖音生态环境下，直男财经团队创新性地推出了"财经＋脱口秀"的内容形式，旨在为广大用户提供通俗易懂的泛财经知识服务。在过去三年中，其内容质量始终位于财经赛道的前列。在 2022 年的世界杯期间，团队前往卡塔尔，实地探访了卡塔尔航空、世界杯比赛场馆、大熊猫等热门话题，以及中国光伏产业的相关情况。团队一直坚持"有用＋有趣"的内容原则，以故事为载体，将知识融入其中。在世界杯期间，直男财经共发布了 32 条相关视频，总播放量超过 5.4 亿次，点赞量超过 920 万次。这些卓越的数据表现吸引了众多领域的品牌前来合作，如 3C、汽车、食品等，实现了通过内容的力量将品牌与用户紧密连接。

为降低知识获取门槛，推动学习风尚，我们致力于创作让"冷"知识进行"热"传播的作品，帮助大众形成寻找知识、学习知识、尊重知识的知识风尚，激发用户的求知欲。短视频知识类创作作品让用户可以足不出户，以极低的时间、空间、经济成本学到不同类型的知识，各类海量知识内容广受用户欢迎。从生活小妙招到拓展新视野，知识创作者的类型越来越丰富，抖音上聚集着大量更加专业、更频繁产出，有更多影响力的知识达人、财经名人、生活知识达人、人文知识达人和高校师生。另外，科普、机械知识、科技产品相关领域的达人数量增长也较快。此外，抖音让千百万普通用户迈过了高校围墙，能够与各领域最顶尖的大师学习、沟通，从日常生活中进入到知识精神的海洋。

据统计，2022 年入驻抖音已认证的教授近 400 位，涵盖了包括法律、国际关系、医学、文学等多个领域，还有 45 位院士、4 位诺贝尔奖获得者在抖音分享前沿的科学理论和研究成果。除了懂常识、长知识，"能实用"也是抖音知识创作者们努力实现的目标，装修、育儿、办公、识字……能够通过自己的作品来帮助抖音用户解决实际问题，也是知识达人们最大的成就感来源，他们用每一条视频、每一次抖音直播耕耘灌溉，默默为那些平时不容易获得更好资源的用户传递知识。

五、文化态度建立品牌

创作是推动优秀文化传承的重要力量。通过短视频和直播等传播媒介，创作者们展示、传承优秀文化，让更多人理解和热爱。持续推动创新的文化表达方式，以增进优秀文化的普遍认知和广泛传播。艺术和文化与互联网创作的融合，激发了新颖的展现形式与传播创意，使艺术和文化更加生动、更加亲近、更加直观。用户互动共鸣进一步增强了艺术和文化的传播效果，优秀文化通过创作得到了更新的生命力与活力。

非物质文化遗产是昔日生活的烙印，也是传承昔日遗产的重要方式。为了使非物质文化遗产焕发生机，必须使其在感知、体验与互动中呈现。非物质文化遗产既要保持其固有之传统内涵，又要注入现代之活力，既要具有深厚之文化底蕴，又要能够真正贴近生活。短视频已成为传统文化创新的重要阵地，越来越多的创作者正积极投身于传统文化的传播中，他们通过短视频创作及直播等多样形式，为传统文化注入新活力。

瞻仰乔木，心中浮现故土之思；审阅文献，厚爱祖国旧日风貌；目睹非物质文化遗产，理解传统文化之深。传统文化创作者借助现代技术工具与传播渠道，让非物质文化遗产与大众紧密相连，赋予"陈旧"范式新的形式，使"冷僻"内容产生广泛传播。技艺精湛，匠心独运，对他们而言，创作不仅是一种力量，一种情怀，更是一种传承。通过创作，传统文化获得了更多被发现和欣赏的机会，让更多人见证并守护它的美好。避免非物质文化遗产传播的"后继无力"之虞，防止传承的"断代"之忧，这也是非物质文化遗产"活态传承"的关键所在。

在法国街头，我们偶遇一位女士，身着中国传统的汉服，秀发如瀑布般乌黑，手指在古筝的弦上跳跃，演奏出美妙的曲子，构成一幅美丽的画卷。她就是"95 后"的彭静旋，自 2018 年开始，她便身着汉服在法国街头进行古筝表演，并通过抖音进行现场直播，积累了近千万的粉丝。

彭静旋将传统乐器与经典和现代曲目相结合，并采用新的表演方式，使自己和古筝成功地走出圈外。例如，通过古筝 +rap、古筝 + 戏腔、古筝 + 昆曲的方式，将传统和现代的音乐元素融合在一起，让古筝的旋律更加多元，层次更加丰富。其中，古筝版的《刀剑如梦》(*Mojito*) 等最能引发年轻人的共鸣，而古筝版的《赛马》《上海滩》等最受外国观众的喜爱。

彭静旋以自己的方式向世界传达了古筝这一非物质文化遗产的魅力，她的表演让更多的年轻人爱上了古筝这一乐器。正如彭静旋所说："对传统文化的继承，是每一个民乐人的梦想。"她的行为不仅展示了中国文化的优美，也为中法文化交流注入了新的活力。

多元化内容的呈现，推动着公益与美好的诞生。从传统传播途径反映社会问题和表现社会现实，到全民公益和指尖公益的流行，公益传播随着创作生态的变迁展现出新的特征。一方面，通过公益视频创作、公益直播等多种形式，将善良的直观呈现和美好的扩散变得更加简便；另一方面，公益助学、关爱老年人、留守儿童的关怀等公益项目入驻线上平台，将短视频平台视为公益理念的宣传和公益资金募集的重要途径。

第三节　二重境界 IP 是人物形象，是品牌符号

个人形象的内涵可概括为三个方面：其一，在日常生活中的行为表现，以及他的职业、专业技能和工作业绩；其二，穿着打扮风格和独特的穿衣品位；其三，在公共场合的言谈举止是否得体，讲话内容和思想深度。

这三个方面的内容对于个人形象的塑造至关重要。它们不仅展现了个人内在的品质，更是这个人在日常生活和工作中行为习惯的直接体现。因此，对于一个人来说，这三个方面的内容不仅关乎其外在形象，更是每个人进行有效沟通的基础。

在塑造个人形象的过程中，需要对这三个方面进行精准的定位。通过发掘和利用这些方面的优势长板，以及发现和克服在这些方面的不足短板，可以创造独具特色的个人内容，从而建立起属于自己的独特个人品牌。当我们将这些内容展现在他人面前时，他人可以通过这些内容了解我们的能力、特长和价值观。这样，我们的个人品牌将在市场中树立起来，更好地实现个人价值，为自己创造更多的发展机会。

（一）做什么？

无论是你投入热情去做充满挑战的工作，还是用最舒适的衣物展现你的风格，或者是用恰当的言语表达你的思想，这些日常的细节都仿佛是你的名片，在无形中向他人传递出你的形象和个性，以及你希望塑造的个人品牌。在我们全力以赴去打造一个成功的品牌形象时，需要把这些环环相扣的环节设计得尽善尽美。

以王石为例，他不仅在业界拥有着深远的影响力，更是一个热爱探险的

人。因此，他被户外运动品牌看中，成为品牌代言人。这是因为他的影响力、他是真正的户外实践者，以及他的行为特质与这个品牌不谋而合。这个品牌准确地捕捉到了他的个人品牌特质，所以力邀他担任代言人。在过去的很多年里，王石始终坚持不懈地攀登高峰，他对登山的热爱如痴如醉。无论是接受任何形式的采访，除了谈论他一手创建的企业，可能更多地会谈到登山这个话题。这样的坚持和执着，使得他的个人品牌不断得到强化和传播。最终，他用自己的行动成功塑造了独特的个人品牌，并赢得了广大粉丝的敬仰和赞誉。

个人形象与多种产品的发展历程具有相同的规律，都需要不断进行优化和创新。然而，在迭代和创新的过程中，个人形象和产品的核心内容可能存在差异。有些产品在设计上可能每个季度都进行重大改进，但其核心品牌精神不会发生变化。相对于产品设计的变化，个人形象和事业发展的核心部分可能会因为两个关键原因而发生变化：个人认知的不断提升和对环境变化的深入理解。

"认知升级"意味着个人需要持续的自我审视，深入了解自身能力和局限，从而不断提高自己的专业水平，为事业发展提供强大动力。这种自我认识的提升，不仅有助于个人在知识层面上的深化，而且有助于个人在事业发展的过程中明确自己的优势和不足，从而在竞争激烈的环境中找到自己的立足之地。而"环境理解"指个人需要对所处的外部环境有敏锐的洞察力，能够紧跟行业发展趋势和社会变革，以便在变化中找到自己的不可替代性。通过观察外部环境的变化，个人可以把握市场动态，了解竞争对手的优势和不足，从而找到自己的竞争优势和差异化策略，并据此进行持续迭代。在个人形象和事业发展的过程中，认知升级和环境理解两个因素相互影响，共同推动个人形象和事业的不断发展与创新。

在充满波折和不确定性的职业生涯中，韩寒凭借其无与伦比的创造力和努力，创造了前所未有的崭新事业。作为著名的畅销书作家，他通过自己的笔触展现出他个人独特的文学才华，书中描绘的生活场景深深打动了读者的心灵；作为一位才华横溢的赛车手，他对速度的掌控和对竞争的敏锐洞察力令他在赛车界成为传奇人物；作为一位才华横溢的导演，他通过对故事情节和角色心理的深入研究为观众呈现了一场又一场精彩的视觉盛宴。

韩寒的人生历程激励着我们，让我们明白，每个人都有能力跨越职业生涯中的不连续性，勇敢地探索新领域，并创造出属于自己的独特成就。这种不连续性并不代表失败或挫折，反而可能成为我们个人品牌的一部分，为我们的生活增添更多的色彩。只要拥有坚定的信念和不懈的努力，我们也能够创造出属于自己的辉煌人生。

（二）穿什么？

艺人们的个人特征与她们的服装风格相得益彰，不仅成为她们在品牌定位中不可或缺的元素，更为重要的是，这些特点使得她们在演艺界独树一帜，具有极高的辨识度。对于艺人来说，拥有独特的个人特征和服装风格不仅能够更好地塑造个人形象，也能够更好地与观众产生共鸣和情感连接。艺人们需要不断发掘和提升自己的个人特征和服装风格，以更好地展示自己的魅力，增强自己在演艺界的竞争力。同时，演艺公司和品牌需要注重艺人的个人特征和服装风格的塑造和提升，以更好地满足观众的需求和市场的发展趋势，如图 3-6、图 3-7 所示。

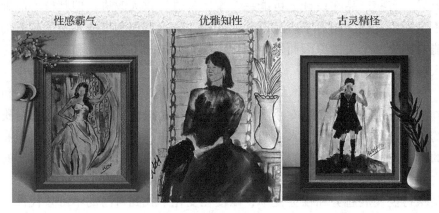

图 3-6　女性艺人（一）

图 3-7　女性艺人（二）

树立良好的公众形象是艺人职责之一，而外表是塑造形象的关键因素。

抛开艺人身份不谈，每个人都具有相同的特点，即通过选择适合自己的服饰和展示方式，能够快速塑造自己在公众面前的形象。以男艺人为例，尽管他们全部穿着西装，但观众仍然认为他们展现出帅气、阳光、高个、腿长的形象，没有差别。因此，外表对于塑造公众形象至关重要，如图 3-8 所示。

图 3-8 外在形象

在中国企业家领域，男性群体普遍对个人形象和穿着的重视程度相对较低，这些认知尚未被广大人群所熟知。有位知名投资人，穿着短袖衬衫，此举让人感到颇为惊讶。需要澄清的是，短袖衬衫实际上是一种假领子，不能独立穿着，仅在搭配西装时才具有领子的效果。因此，它无法与西装配套穿着，其本质是假领子。尽管许多人对此并不了解，但穿着短袖衬衫的现象在社会上仍然较为普遍。

我们并不要求所有人都必须保持一致的着装。但对于知名投资人来说，个人形象确实需要符合一定的要求。若其形象与投资人的形象要求不符，这将会对他的形象产生负面影响。因此，了解这些知识后，他的视觉输出将更符合其自我定位，这对他个人品牌塑造大有裨益。

视觉输出对于个人定位与形象的贴合性具有显著的影响。我们不应一味追求名牌或高价的服饰，而应注重选择合适、得体并有助于提升自身形象的着装。在此，要强调一点，那就是审美是人类永远追求的目标之一，在企业中，审美能力亦是一个关键要素，影响着产品定位及决策等诸多方面。审美概念是一个极为庞大的体系，因此在个人形象展示方面，第一时间能凸显出其审美品位。所以，在个人品牌塑造过程中，我们必须高度重视这个要素。

（三）说什么？

在确立个体品牌形象的过程中，外界如何看待我们对其形象具有显著影响。因此，我们需要明确个人目标和价值排序，深入思考他人看法对我们的影响程度，以及如何应对这些反馈。例如，在发布朋友圈或自拍照时，会受到别人的称赞或批评，我们需要判断这些反馈的价值，并据此调整自己的行为。

许多艺人价值的体现往往取决于他们所处评价体系的别人观点，他们需要不断努力以获得别人的认可。然而，将个人价值建立在他人之上是不稳定的，因为别人观点随时可能变化。因此，在个人品牌管理过程中，我们需要明确自身目标并列出自己的价值，理解哪些事情对自己更为重要。只有真正梳理明白这些事，才能构建自己的价值体系。当价值体系构建完成，就能清楚判断别人观点是否对自己有价值。

我们所说的话语是与这个世界最简单的交流方式。杨天真到欧洲、非洲和美洲旅行了一番，并在朋友圈里分享了照片；李善友明确地表示，他在社交圈中分享的内容主题均为混沌大学的推广。通过解读朋友圈，我们可以理解到李善友是一个对工作充满热情，对混沌大学有着执着追求的人；而有的朋友圈则展示了热衷于购物、旅行和自拍。对于朋友圈的认知和运用，每个人的理解各有不同，有些人利用它发布产品推广信息，有些人则借以抒发个人情感。

我们必须明确指出，各类元素构成了大众理解、沟通以及表述的关键参考。我们所记录的图片，包含我们个人的意见。我们的语音节奏、音调及内容选择，都反映了我们的独特个性特征。而呈现在我们面前的食物与美景的展示则各具特色。我们提及的话题，揭示了社会地位。而我们的微博，主要用于发布官方的信息。微博作为对外展示的主要渠道，需要综合考虑所处的环境以及投入的价值。微博以其简短的形式，提供了了解作者社会地位的有效途径。

在快手、抖音、小红书和微博等平台上观察到的用户个体，他们在各个平台的活跃方式各有不同，因此，每个平台对我们都会产生独特的印象。有些用户可能具有网红、意见领袖的身份，而其他用户则可能仅仅是普通的网络用户。因此，在选择合适的途径和平台时需要慎重，它将直接影响我们接触的信息内容和对平台的总体印象。

建立个人形象品牌的过程需要从内省和外察两个层面进行思考。内省即是深入理解个人的兴趣、能力及目标，外察则是关注外部环境的动态，包括市场需求、竞争情况等。通过持续优化并提升个人能力及价值主张，寻找合适的发展方向，从而塑造个人品牌。我们需要深入理解自身，精确定位核心地位，提炼关键词，并以简洁明了的方式向外界展示自己。为避免刻板印象，我们需要提供最精确的信息，让他人更准确地把握真实的自我。之后，在合适的渠道创造多样化的内容，确定最适合的传播渠道，亲近目标受众，扩大个人影响力。这是一项基础策略，有助于个人品牌的塑造与深化思考。

塑造个人品牌形象并非难事，然而许多人并未充分认识到其潜在价值，抑或在处理个人品牌形象的过程中情绪波动，过于关注发端，忽视了塑造个人品牌的实践与策略。因此，在深入了解个人品牌的内涵、自我认知以及其形成过程后，我们需寻觅能够借助于创造优势的策略，从而塑造个人的影响力。

第四节 三重境界 IP 是故事，是内容

一、故事，内容

在广袤璀璨的中国文化 IP 产业舞台上，尽管起步较晚，但近年来中国文化 IP 产业的发展速度迅猛，逐渐崭露头角。2015 年以前，与文学、文博、动漫、游戏等多维度的文化 IP 产业相比，中国文化 IP 产业显得相对匮乏和稚嫩。然而，2015~2020 年，正值中国文化 IP 产业迅速发展和塑造自主文化 IP 的关键时期。2021 年至今，中国文化 IP 产业已经迈入了构建文化 IP 生态的新阶段，这个生态涵盖文学、文博、动漫、游戏等多个方面。

在这个丰富多彩的文化 IP 产业 3.0 时代，各路文化 IP 圈层下的粉丝经济变现能力不断提升，变现方式也从原来的动画形象周边销售，逐步发展成如今多元化的文化 IP 生态。文化 IP 不再仅仅局限于作品和周边，而是能够在运营者的巧妙运作下，在更多的场景中实现一个文化 IP 多种产品的强大魅力。例如，《哪吒之魔童降世》动画，将中国传统传说"内核"与"二次元"圈层文化巧妙融合，为观众带来了视觉和心灵的双重震撼。

在现代营销模式中，首先，要树立起文化 IP 独特而鲜明的形象，将品牌的核心价值深深刻入消费者的脑海。为了更好地锁定目标消费群体的特点，必须全面而细致地研究他们的兴趣爱好、消费习惯以及他们对于文化 IP 的认知程度。其次，为了让文化 IP 的形象更加深入人心，还需要走进日常生活的方方面面，如在覆盖面广、人流密集的交通网络上投放广告，尽可能让文化 IP 的形象不断出现在人们的视线中，提高文化 IP 的曝光率，从而吸引更多消费者的关注和购买，带动消费。最后，在社交平台上打造各种话题、构建具有吸引力的社区环境也是推广文化 IP 的重要手段。不少文化 IP 为了更好

地吸引年轻消费群体，会采用多元化的运营方式，如实体线下场景布局，让粉丝在现场体验到与文化 IP 紧密相连的氛围，从而提升粉丝的忠诚度。例如，哈利·波特就曾在线下开设"快闪店"，让粉丝在沉浸式的场景中感受到文化 IP 的魅力。

跨界合作也是推广文化 IP 的常见方式，通过与其他品牌或产品的合作，将文化 IP 形象融入到合作方的产品中，从而提升文化 IP 的知名度和影响力。例如，乐高与著名的文化 IP 哈利·波特合作，推出了以哈利·波特为主题的乐高模型，成功吸引了大量哈利·波特的粉丝。随着文化 IP 的逐渐成熟和发展，它与新的消费形式和文创体系的结合也越来越紧密。通过这种方式，文化 IP 成功地打造出一种全新的生态商业模式，实现了经济和文化效应的不断积累，为社会和市场带来了更多的价值。

过去，平台围绕 IP 强化版权的运营缺乏主动权。网络文学发展和变现的传统渠道通常是三步走，数字阅读→实体书出版→作品漫画化或影视化，其中每一步的成功推进都需要相关行业的支持和认可。作为国内完全打通 IP 产业链上中下游的企业，阅文依托自身强硬的业务能力实现内容生产、价值转化及长期开发，在行业中已确立明确领先地位。阅文集团的"IP 生态"本质是实现 IP 发现与挖掘、IP 规划与孵化、IP 改编、IP 多载体变现、IP 授权、IP 品牌符号化等全产业链介入。

在 IP 运营产业链的中游，阅文集团持续在影视、动漫、游戏三方面综合发力，众多优质 IP 成功孵化，头部 IP 率先"破圈"，初步实现多载体变现，最大化挖掘单个 IP 商业价值。我们认为，阅文 IP 改编以漫画为起点，逐步向动画、影视、游戏领域进行视觉化、商业化衍生。

2020 年 10 月，腾讯影业、新丽传媒、阅文集团举办联合发布会，并以整体影视生产体系首次亮相，成为腾讯和阅文集团深度布局影视业务、强化数字内容业务耦合的"三驾马车"。我们看好阅文、新丽、腾讯达成"三驾马车"利益共同体，借力腾讯系成熟渠道，实现影视剧的高质量分发。一经联手，效果益然。2022 年 1 月，"时代旋律三部曲"之《人世间》定档 1 月 28 日，在央视一套、爱奇艺播出。据收视中国公众号，《人世间》总观众规模 3.71 亿人。其中，单集最高收视率达 3.38%，收视份额达 15.47%，创下 CCTV–1 黄金档电视剧近 8 年新高。爱奇艺站内热度值破 10000，成为 2022 开年首部内容热度破万的全民热点作品。同时，该剧也是第三部在爱奇艺站内内容热度破万的剧集。

在综合视频对新网民的吸引力下降的背景下，短视频对于整个网络视听行业起到的更多是拉新的作用。过去由于 IP 衍生影视剧成本高、周期长，头部网文 IP 是市场上主要的改编对象。但近年来随着短视频兴起，网文平台上的中长尾内容，因为其内容简洁灵活的特点高度契合短视频翻拍，其价值正在被快速挖掘。伴随短视频的普及，影视剧纷纷借力短视频营销。我们认为，爱奇艺将在抖音强带货能力＋庞大用户群加持下，利用二创进行宣发，内容优势有望得到充分放大。

二次元产业链以内容分发和内容衍生开发为主，商业模式核心在于 IP 内容孵化。二次元产业链主要分为内容创作、内容分发和内容衍生开发三个阶段。总体来看，当前中国二次元产业链仍不够成熟，内容分发和内容衍生开发是盈利能力相对较强的产业环节。未来随着产业链的不断发展与完善，内容衍生开发有望成为最大的盈利和收入增长环节。二次元产业商业模式的核心在于前端对优质 IP 内容的孵化，并采取覆盖全产业链的泛娱乐跨界形式运营。IP 来源于二次元内容，当发展得足够成熟时可进行 IP 改编和周边衍生开发，有效发挥广阔长尾市场的特点，提升 IP 热度并激发用户消费。

二、迪士尼 IP 内容生态案例

（一）迪士尼发展历程

1. 迪士尼公司的诞生与米老鼠的成功

迪士尼公司于 20 世纪二三十年代诞生，正值好莱坞的黄金时代。在众多电影厂商的竞争中，迪士尼另辟蹊径，创造了天真烂漫的米老鼠形象。1928 年，米老鼠动画《威利号汽船》成为第一部有声音的动画，一经问世立即引起轰动。米老鼠这个卡通形象为孩子甚至成人提供了一个远离现实社会的渠道。1929 年美国经济危机爆发，米老鼠被形容为"资本世界的最后一缕阳光"，随后成为全美乐观积极的象征。

2. 横向拓展 IP

进入 20 世纪三十年代后，迪士尼制作了以米老鼠和他的朋友们（唐老鸭、布鲁托和高飞）为主角的动画片。在加入了米妮带来的爱情线、唐老鸭、布鲁托和高飞带来的友情线之后，这一系列的影响力进一步扩大。1937 年，迪士尼发行了美国第一部获得广泛好评的动画长片《白雪公主》，这部影片成为史上最卖座的动画电影，也让迪士尼在好莱坞拥有了一张金光闪闪的名片。

3. 从儿童童话到成人童话

从 20 世纪 40 年代开始，迪士尼塑造了一个又一个卡通形象，将目光从儿童扩展到成人。《匹诺曹》（1940）、《幻想曲》（1940）、《小飞象》（1941）、《小鹿斑比》（1942）等一系列奇遇电影的试水，标志着迪士尼开始尝试将卡通人物从荧幕上走出到现实。第一家迪士尼主题公园也于 1955 年在美国加利福尼亚州开园，这是卡通人物第一次从荧幕上走出到现实。

4. 跳出童话世界，进军商业电影市场

20 世纪 80 年代以后，迪士尼再次拓展商业版图，不再仅仅制作童话电影，而是进军商业电影市场。1980 年初期，子公司试金石影业（Touchstone Pictures）成立，1993 年收购米拉麦克斯影业（Miramax）。此时的迪士尼策略也发生了改变：原迪士尼队伍专攻动画，并从皮克斯引进 CARS（计算机动画制作系统）来进行技术革新；新队伍试金石影业和米拉麦克斯主打真人电影。

5. 并购步伐加快，扩张 IP 版图

1996 年，迪士尼用 190 亿美元收购美国广播公司 ABC 及 ESPN 体育频道，完成传播渠道的全方位拓展和覆盖。2006 年以 74 亿美元的价格收购皮克斯动画工作室，2009 年用 42 亿美元收购漫威影业，制作了一系列发生在漫威电影宇宙（MCU）的共享世界的超级英雄大片。2012 年，迪士尼以 40.5 亿美元的价格收购卢卡斯影业，此次收购带来了星球大战系列。2018 年，迪士尼以 713 亿美元的价格收购福克斯。这也意味着星战系列、蜘蛛侠、钢铁侠、美国队长、死侍、X 战警、金刚狼等美国文化中英雄主义最强烈的角色纷纷被迪士尼纳入版图。至此，一方面，以米老鼠为代表的童话家族和漫蔚为代表的英雄家族壮大了内容储备，迪士尼基本实现了 IP 的垄断；另一方面，广播电视频道的收购和 2019 年 Disney+ 流媒体市场的进入，使迪士尼铺开了强有力的传播渠道。

（二）吃螃蟹的人——发现 IP 衍生市场的效益

从迪士尼的经验来看，动漫、影视孵化衍生品消费的路径具备高度可行性，且 IP 授权领域对单个内容企业发展而言几乎不存在上限。

1957 年，在华特·迪士尼提出的发展战略中，电影被视为核心资产，其他为主题公园、电视、音乐、出版、授权和商品零售等业务注入价值，并从这些相关娱乐资产中得到反哺。在整个 IP 上下游产业链中，迪士尼通过将文本（小说）和图像（漫画）动态化（形成影片），将虚拟人物（影片角色）真人化，并在场景中（主题公园）让观众体验虚拟人物的成长历程，从而在观众和虚拟人物之间建立起更加深刻的情感联系，为衍生品销售奠定坚实基础。

具体而言，首先，迪士尼通过高成本打造电影或动画，使其一上映就成为热门，通过票房收入和影片 DVD 母版复制获取第一轮收入。其次，影片的成功获得高额收入，这使迪士尼有充足资金开拓主题公园和度假村等业务，并将影片中出现的角色和人物造型在场景中进行再现或二次创造，这在一定程度上吸引了影片粉丝和更多游客，并扩大了 IP 影响力，此为第二轮收入。再次，通过建立遍布全球的迪士尼加盟连锁店，形成品牌效应，出售所有印有迪士尼品牌 LOGO 的产品，迪士尼仅仅通过授权产品的知识产权和品牌效应，即可坐享利润分红来获取第三轮收入。最后，影片的电视、广播等媒体有偿转让转播权，尤其是网络视频点播业务所产生的宣传效应、号召力和影响力，进而带来了品牌产品销售的增加，这些显性和隐性收入，最大化提取 IP 价值，这是第四轮收入。

从迪士尼 2020 年财报来看，其收入结构与华特当初的设想高度吻合。2020 年的四大业务板块中，媒体网络（有线电视和广播电视）收入高达 43%；乐园及度假区等占据 25%；消费品和互动媒体（即 IP 授权等衍生品）收入在 26% 左右，剩下的电影发行和 DVD 贡献 15%。这一数据进一步印证了迪士尼在 IP 授权领域的成功以及其在整个产业链上实现价值策略的有效性。

第五节　四重境界 IP 是价值理念，是人格

一、人格价值影响力

人格价值品牌不仅是企业在市场持续发展、赢得良好口碑的关键，也体现了企业的使命、愿景以及核心价值观。在企业发展过程中，团队秉持的经营理念和团队成员展现出的精神作风，以及团队在日常工作中应遵循的行为规范，都占据着举足轻重的地位。

外部激励包括物质奖励，如提供高薪、奖金、分红福利及各类优厚福利待遇，还包括肯定与赞赏，即来自上司、同事乃至社会的肯定和尊重。这种外在的奖励和肯定能够直接激发人们的积极性和工作热情，从而取得更好的工作效果。此外，成长的机会也是一种重要的激励手段，如提供各种培训和晋升的机会，这会让员工有更大的发展空间，也能增加他们的工作动力。然而，外部激励的作用往往是短暂的，员工在短时间内可能会因为丰厚的奖励和肯定而充满激情，但这种动力很难持久，并可能会在某种程度上减弱。因此，内在动机的挖掘和激发也是必不可少的。

内在的激励主要包括人格价值的实现，如使命感、价值感、责任感、创造性和挑战性等。当员工在工作中感受到这些内在的动机时，他们就能获得

持久的动力，也更有可能在工作中实现自我价值。

乔布斯是一位非常擅长挖掘和激发员工内在动机的领导者。他的管理风格以创新和自由著称，他鼓励员工发挥自己的创意，并在过程中及时给予奖励。这种激发员工内在动机的管理方式，不仅能提高员工的工作积极性，还有助于团队的创新能力，从而帮助公司取得更好的发展。

在电视剧《士兵突击》中，袁朗与成才的对话引出了一个重要的问题：你付出的努力是为了什么？获取幸福的方式既不是当下的即时享受，也不是未来的忙碌奔波，而是在自己的能力和挑战之间，保持耐心与平静，去寻找通往未来自己的天赋使命，这个使命就是去做自己应当做的事情，以最终获取幸福的人生。人格就如生命中的一种过程，而过程本身就是对你努力的奖赏。

具备强大人格魅力与深远影响力的三个核心要件：

首先，使命是崇高的信念，它在我们心中烙下了深深的印记，不断提醒我们存在的意义和生活的目标。它引导我们在漫长的人生道路上持续努力前行。我是谁？面对这个问题，我们不断向内心发问。是什么让我们的内心充满力量和勇气？这个答案可能包含了个性、才能、梦想、向往。我们为什么会存在？笔者对这个问题的回答，是自己的信仰和价值追求，它让我们感到我们与这个世界紧密相连，我们能为自己、为他人、为社会做出贡献。我们要做什么样的事业可以让自己慰藉平生？这是一项决定未来人生走向的重要选择。我们希望通过自己的努力，让人生更加有价值、更有意义。实现自己的人生价值，是我们心中始终坚守的信念，无论未来如何变化，我们都要向着这个目标不断前进。

其次，愿景对于未来的人生充满期待。希望在未来 5 年、10 年或生命终结的时候，我们能够实现自己的目标，成为一个出类拔萃的人。我们希望在未来的人生中，能够有一个清晰而美好的图景，并为之奋斗和努力。在这个过程中，我们追求一个理想的未来，这是人生中的一个重要目标。我们希望通过自己的努力去实现它，去创造一个更加美好的未来。

最后，核心价值观是在通往未来的道路上遵循的。明确什么是对的、什么是错的、什么在先、什么在后，并在自己的人生道路上坚定地前行。我们希望在人生道路上，能够有志同道合的同伴，共同努力、共同成长、共同实现我们的目标。在这个过程中，我们会以自己的价值观作为标准，明确方向、不断提升自己，让自己成为一个更好的人。

闪耀着希望与渴望的光辉，让人充满憧憬和追求的景象。内心充满坚定的信念和强大的意志，确实可以在一定程度上改变现实世界的运行轨迹。只要我们坚定不移地相信它，梦想就有可能照进现实，逐渐变成触手可及的现实。在潜意识的深处，愿景如同一面镜子，映射出真实的自我。境随心转，相由心生。以始为终，这个过程中我们努力克服现实世界中的各种阻碍和挑战，不断寻找新的创造性张力，从而让自己和周围的人和事物发生变革，实现我们的目标和愿景。

在回望过去的路程中，我们不禁会思考，我们是谁？我们从哪里出发，又如何一步一个脚印，走过曲折的道路，直至今天所取得的成就。面对当前的自我，我们应该保持清醒的头脑，明确我们的人生方向，为了实现未来的目标，付出怎样的努力？假设未来五年内我们的人生方向保持不变，那么在不久的将来，我们将会走向何处？在这个过程中，我们的使命和愿景又是什么？十年后，甚至在更远的未来，我们期望自己的人生会呈现怎样的光景？在这个过程中，我们必须深入思考我们的核心价值观，明确我们的行动计划，为了实现我们的长远目标和愿景，我们现在应该如何调整和改变自己？

将视野扩大到一生，如何确保我们在职业生涯中心境愉悦？又如何确保我们与配偶及家人的关系，能成为持续的欢乐源泉？环境瞬息万变，而价值却永恒不变。我们的人生得以持续，有赖于价值理念与能力。人类能够愉快地生活，前提是，我们的人生哲学必须进行变革。面向未来的整体抉择，往往并非基于现实，而是出于价值的考量。企业应塑造其自身的价值理念，如此，该价值理念才能指导一个人如何遵循价值的根本规律。环境或许变迁不定，但价值理念却将坚守如一。

使命的价值超越了利益。历史揭示了一个事实，真正达成宏大成就的人或团体，都是因为它们积极投入到了道义的行列，而非为利益所驱动。然而，仅仅以利益作为行动的基础，将无法走得长远。只有坚守道义的理想，事业才能取得持久的成功。康德曾有言：有两种事物，我们越是频繁地对其加以思考，就越能为我们的内心带来源源不断的新鲜感和敬畏之情，即头顶璀璨的星空和我们内心的道德法则。

在这个充满竞争的商业世界里，企业家的企业与企业的企业家是两种完全不同的存在。企业的企业家往往指那些真正拥有领导力的企业家，他们能够通过自己的人格魅力让员工心甘情愿地追随；而企业家的企业是那些拥有权力的人，他们的领导力更多地表现为一种强力。好的领导者和好的导师其实是同一面镜子，他们的人格魅力是无声的命令，能够感染到周围的人，在这种强大的气场之下，他们通常不会采用技巧和权谋来解决问题，而会选择直面问题坦诚沟通。在这种环境下，人们更容易被触动，从而更容易达成共识，而不是通过钩心斗角来达成目标。

二、人格价值 IP 品牌

企业不仅是创始人个人品格与价值观的延伸，同时，其内部还涵盖了价值观、战略、品牌以及文化等核心元素，这些元素共同构成了企业的丰富内涵和独特魅力。若想成为卓越的企业家，必须全方位地展现出其出色之处，而在这其中，首要的是确立独特且个性化的价值观。只有如此，企业才能在激烈的市场竞争中独树一帜，赢得广大消费者的青睐和信任。

价值观必须得到真正的贯彻和执行。这意味着企业要将价值观融入组织的每一个环节、每一个角落，包括每一个关键决策、每一次重要合作以及每一个微小的日常管理。这种贯穿始终的价值观需要体现到组织运营的每一个细节、每一个成员，从而真正实现企业的统一性和一致性。只有这样，企业才能在激烈的市场竞争中立于不败之地，获得长久的发展和繁荣。

在浩瀚广袤的宇宙中，万事万物在各自独特的价值观影响下，沿着各不相同的轨迹得以繁衍和传承。其中，个性化的价值观发挥了重要的作用。独立思考能力是塑造个性价值观的前提，它是保持独立人格的重要条件。个性价值观的外在显现，往往表现为一种与众不同的特质。而它的内在核心，是对价值立场的明确界定。价值立场决定了人们在面临人生选择时，应该追求什么，放弃什么。

在众多企业中，仅有少数几家拥有独立思考的能力，积极探索和尝试个性化价值创新之路。大多数企业往往基于自身所拥有的资源和能力来构建品牌，这种模式无法持续经营，因为它们缺乏内在的灵魂。在中国近现代史上，蔡元培以其自由之精神和独立之思想，成为北京大学的灵魂人物。他的人格魅力和学术素养，为北京大学注入了无尽的活力，使其成为中国现代教育事业的一颗璀璨明珠。

建立一种正确且深远的品牌价值观是每个企业都应该不断追求的目标。品牌不仅仅是企业在市场竞争中所取得的一种成果，更重要的是，它还是连接企业与消费者之间情感关系的重要纽带。在企业日常运营和市场推广中，产品的质量和性能固然是至关重要的一环，但消费者的主观感受和认知同样占据着举足轻重的地位。产品与企业密不可分，品牌是属于消费者的独特标志。在竞争激烈的市场环境中，得人心者才能在竞争中脱颖而出，得信任者才能在市场上占有一席之地，才能赢得稳定的市场份额。

品牌彰显着人格价值，是个性化的品牌，它融入了人格的力量，赋予品牌鲜活的生命力，展示出独特的价值和个性。作为无形资产的重要组成部分，人格价值个性化品牌具有不可忽视的作用，可为企业带来巨大的无形资产，奠定坚实基础，为企业的长远发展提供强大动力。

人格价值个性决定了你是一位领袖还是一位跟随者。品牌的个性在市场中占据着非常重要的地位，因为它们能够决定品牌在市场中的地位。杰出的人和品牌都拥有独特的人格价值个性，因为他们在各自的领域中脱颖而出，展现出与众不同的人格魅力，这是他们成功的关键所在。

在过去 30 年里，中国的品牌呈现出两种截然不同的发展路径：一种是基于丰富的资源优势进行的扩张；另一种是通过挖掘自身独特的价值优势实现的成长（如腾讯和华为等）。全球众多卓越的品牌，无一不是通过坚持价值成长的发展策略而孕育而出的。即使企业拥有极具创新的战略思路和商业模式，如果无法为客户提供持久的价值，也很难在激烈的竞争中持续生存。因此，企业应该始终把价值作为衡量自己发展的重要指标，特别是在当前这个注重个性化的时代，企业更应该思考自己的价值个性究竟在哪里，品牌立场、品牌核心价值、品牌主张以及个性表现等要素应成为塑造和体现企业品牌的关键组成部分。

品牌人格的构建必须精准地满足三个核心要素。首先，品牌必须在观念上明确自己在市场竞争环境中的独特位置和立场，这点是它与其他竞争对手区别开来的关键差异化。其次，品牌必须清晰地表达出自身的核心价值，强调自己与消费者之间的互动关系和产品特性，让消费者深切地感受到这种独特的价值带来的真实益处，为消费者提供更符合他们需求的实用解决方案，以此强化品牌的核心竞争力。最后，我们必须将品牌主张以清晰明了的方式传达给消费者，同时结合合理有效的营销策略，以号召更多的消费者积极响应品牌，拥护品牌，并成为品牌的忠实支持者和传播者。这样，我们才能不断扩大品牌的影响力和市场份额，为品牌的长期发展注入源源不断的生命力。

思考 1：为什么在同行里同仁堂能率先走向全球？

品牌立场：炮制虽繁，必不敢省人工，品味虽贵，必不敢减物力。

品牌价值：配方独特，选料上乘，工艺精湛，疗效显著。

品牌主张：炮制虽繁必不敢省人工，品味虽贵不敢减物力。

个性表现：电视剧大宅门。

思考 2：为什么在同行里华为能率先走向全球？

品牌立场：为了使华为成为世界一流的设备供应商，我们将永不进入信息服务。

品牌价值：以客户为中心，以奋斗者为本。

品牌主张：以行践言。

个性表现：削足适履，艰苦奋斗、轮值董事长。

在大机会时代，千万不要机会主义。

思考 3：为什么在同行里品牌文化能率先走向全球？

品牌立场：东方美食生活家。

品牌价值：新传统、慢生活、轻养生。

品牌主张：诗意田园的生活方式。

品牌远景：自给自足、无忧无虑、家人幸福。

个性表现："乡村古风生活""传统美食""传统文化""东方国风气质"。

观点是人们思考和决策的基础，源于立场；方案是针对具体问题具体分析的结果，基于人群，是我们为了解决问题而寻求的有效方法。在实际行动之前，进行思考和计划，以保证决策的合理性和有效性，这是非常重要的。笔者始终认为，决定一个人水平高低的因素，不是表面上的标签，如年龄、教育背景、职业背景等，而是背后的思考角度、思考深度与思考密度。

要做好知识内化，需要具备三种能力：一是结构化（思考角度），以庖丁解牛的方式，将知识体系进行条分缕析，形成清晰的框架和脉络；二是本质化（思考深度），以大道至简的精神，深入浅出地挖掘知识的本质，使知识的学习更加高效和容易理解；三是高频化（思考密度），以快速内化的方式，不断构建认知，提高知识的吸收效率，让知识的应用变得更加灵活和得心应手。在当今竞争激烈的环境中，只有快速完成进化，才能比别人更具竞争力。有时，速度就等于一种壁垒，比别人更快地发现问题、解决问题，就意味着比别人拥有更多的机会和优势。

在品牌制胜的理念中，我们始终坚持文化致远的原则，将文化元素与产业基础设施完美结合，相辅相成，共同推动产业发展，实现价值倍增。在产业基础设施日益完善之际，对优质内容的需求变得更加迫切。IP 的实质是人格化的品牌，它以独特的人格魅力，通过差异化定位和不可替代性的价值，将品牌价值传播到消费者心中。大多数时候，我们所定义的 IP，实际上是一种人格化的品牌。

超级 IP 作为一种成功的品牌塑造方式，具备三大特征：一是人格化定位与独特的价值主张；二是内容体系的构建（IP 簇），创造出具有吸引力和持久力的内容；三是借助传播力和营销策略，成功穿透各类产品，实现协同效应。为了打造超级 IP，需要遵循四个关键动作：一是运用差异化定位与人格化的价值主张；二是构建内容体系（IP 簇），创造出具有吸引力和持久力的内容；三是持续进行品牌传播，塑造和提升品牌势能；四是通透品类和协同营销，扩大品牌影响力，实现品牌价值的最大化。

超级 IP 赋能企业的五种方法：一是植入营销让品牌与内容有机结合产生共鸣；二是通过品牌授权给其他企业使用实现品牌的延伸和扩张；三是将具有竞争力的文化元素融入品牌提升品牌的价值和吸引力；四是将品牌与成功的 IP 形象相结合赋予品牌个性和活力；五是通过构建丰富多样的 IP 生态圈让品牌在其中持续发展形成良好的商业模式。

第六节　五重境界 IP 是民族文化，是哲学思想

在企业管理研究领域，本书构建了企业文化层次模型，这一模型利用丰富的理论与实践工具，帮助我们对企业文化的活力、对企业发展的重要价值、文化在企业内部的运行机制，以及文化管理中的冲突等诸多方面，产生了全新而深刻的认识，为企业文化建设提供了清晰而科学的指导。

该模型从内向外系统地开展企业文化建设，突出强调企业文化的精神层面，围绕精神价值理念，通过深度探究员工的精神世界，达到对精神层面的深入理解。制度层面关注企业宣传的口号、企业制度和组织架构的构建，将企业的制度层面展现得淋漓尽致。表象层面考察企业网站、员工行为、企业面貌等多元化的文化表现形式，以生动丰富的表象形式展现企业文化的面貌。这里，将深入探讨社会层面，先了解到企业的品牌、口碑、影响在社会上的传播，体现了企业文化的社会影响力和价值。在层次分明、内容丰富的模型中，我们全面地理解企业文化的力量，并通过实践将这种力量转化为企业发展的动力源泉。

文化品格，作为企业文化特征的视觉化表述，是企业文化模型的艺术化展示，也被形象地称为企业的文化图腾。它以一种鲜明的、独特的视觉符号作为企业的视觉象征，其出现起到了统领企业文化体系的核心作用，成为企业 VI（视觉识别系统）不可或缺的辅助标识，同时是企业吉祥物的形象来源，为企业的内外沟通带来更多生动、活泼的元素。

企业的使命是发展的核心动力，它为企业提供清晰的发展方向，促进企业实现自身价值的最大化。使命的标准和原则不仅包括企业所服务的对象、为社会提供的产品和服务，还涵盖了企业行业特征的考量。只有深入了解企业所在的行业，才能制定出适合行业发展的使命，从而为企业的发展提供强大动力。企业行业特征是影响企业使命的关键因素，包括企业所处的环境、竞争态势、市场需求等方面的情况。此外，美感也是企业使命的重要组成部分，强调企业在履行使命的过程中，不仅要追求经济利益，更要注重社会效

益和环境效益，以实现可持续发展的目标。

愿景是企业通过长期的艰苦努力，对未来十年里企业将如何发展壮大，以及最终会呈现什么样的风貌，具备了一种清晰且明确的定位。而支撑这个愿景得以实现的基础是企业对整个产业的发展脉络，特别是对产业战略的深入而又细致的理解和把握。事实上，愿景和企业战略目标往往是相互重叠、相辅相成的，愿景为企业战略提供了宏观的方向和指引，而战略目标为愿景的实现提供了具体的路径和方法。

价值观、精神、作风和氛围的准确区分，实际上是对特定事物的是非、善恶、对错以及重要性作出了客观公正的评价和优先级排序。在共同的精神面貌、内心态度、思想境界和理想追求的导向下，它们产生了一种非常明确的指向性和强度，这些指向性和强度是在长时间的工作实践活动中逐渐形成的。它们是一种稳定且持久的组织风气，可以通过工作方法和行为方式展现出组织成员一贯的态度和风格，这是他们在日常工作中所展现出的一种独特风格，即组织和成员们的行为做事风格。

在组织成员的相互交往、处理相互关系以及处理人与组织关系的过程中，他们会有所感触，这些感受可能源于和谐、愉快的气氛，也可能是紧张、压抑的气氛。这些气氛的形成，取决于不同的情境和个体。在这些情境中，组织成员能够感受到领导的决策力、制度的约束力，以及工作环境对成员的压力程度，同时能感受到成员之间的关系距离和凝聚力。此外，他们还能在工作成果获得认可和激励的程度上，以及在工作失误受到评价与惩罚的程度上，感知到这种氛围的重要性。

价值观、精神、作风和氛围等要素，对于塑造和影响组织成员具有重要意义。它们不仅仅代表一种文化和氛围，更代表一种能够引导组织成员前进的力量。这些要素的实施，对于实现文化实施的四大目标至关重要：管理团队之梦想统一、内部员工之精神焕发、合作伙伴之理念认同、消费群体之情感共鸣。

第四章　品牌增长与营销内容传播

第一节　营销进入了全面数字化阶段

营销云作为一款具备强大扩展性和灵活订阅功能的创新型营销工具，是企业针对营销过程中遇到的各种问题，对工具运用方式作出的深度调整。通过不断优化的营销策略，企业可以使原有运营体系更加高效、稳定地运转，从而为企业的长期发展提供坚实支持。营销云的核心思想在于，在当前媒介、渠道等诸多元素相互交织、深度融合的复杂市场环境下，面对日益复杂且难以预测的消费者旅程，企业需要借助技术手段，大幅拉近营销工具与技术之间的距离，以实现营销效果的最大化。

在这个过程中，营销者需要充分利用自身的数字化营销工具，将企业营销活动深入渗透到数字化的市场环境中，并结合具体的营销目标，将多种触点、媒介、内容以及数据等资源进行有机整合。通过与消费者的持续互动，营销者可以实现业务的持续增长。为了提高企业整体的营销竞争力，营销者需要结合企业自身的实际情况，不断优化营销策略。在确保营销效果的前提下，实现企业营销资源的合理配置。

一、营销理念：与营销技术创新同频共振

市场营销是自20世纪初期就崭露头角的独立学科，经历了长达一个多世纪的发展和演变。在这个过程中，市场营销不断调整自身的营销理念，以适应市场环境的变化无常。我们从众多的关键理念中挑选出了一部分内容，对营销目标的设定、营销行为的导向、营销方法的实施以及运营策略的弹性等重要元素进行了深入的剖析。这一过程中，我们不仅可以窥探到营销理念在应对市场环境变迁时所展现出的敏锐与适应能力，也能从中洞察到当下营销理念与数字化的紧密互动和互相影响。

在营销1.0的4P时代，随着商品经济的蓬勃发展，营销的目标主要聚

焦于品牌形象的塑造，强调品牌视角下的市场地位，充分展示品牌个性和内涵。在这个阶段，企业的营销策略侧重于产品导向，对产品的关注超过了对客户需求的关注，强调产品的功能、性能和品质，通过产品本身吸引客户。此外，企业在管理上注重生产环节的控制，致力于提高生产效率，降低生产成本，以满足市场的需求。在这个时期，营销流程链路相对较短，企业间的竞争较为有限，同时由于管理方式和技术手段的限制，营销的运营弹性相对较低，难以应对市场变化带来的挑战。

进入营销 2.0 的 4C 时代，以满足消费者需求为导向的营销时代，企业所追求的营销目标开始发生重大转变。企业的目标不仅仅是满足消费者的需求，而是要从消费者的视角出发，全方位地满足他们多元化、个性化的需求。在此营销目标的引导下，企业在管理上也更加重视市场细分、目标设定和定位等重要环节，力求达到更为精准的营销效果。在这个阶段，消费者需求的多样化对企业的营销活动提出了更高的要求。企业需要更加精细化地对市场进行细分，更加精准地确定我们的目标客户，更加准确地把握消费者的需求和偏好，才能使营销活动更加有效地满足消费者的需求，从而达到营销目标。

在营销 3.0 的 4R 时代，其核心目标在于构建品牌与消费者之间深入且持久的联系。这种联系着重强调品牌与消费者之间的默契和紧密合作，共同创造有价值且受欢迎的产品或服务。在管理层面，重视的是精准选择传播触点和有效运用，以及精心策划和创新呈现营销内容，以满足消费者个性化和多元化的需求。此外，体验营销也是该阶段的一个重点，通过线上线下的有机结合，让消费者能够全面、深入地体验品牌的产品或服务，从而加深与品牌的情感纽带。此阶段的营销流程链路较长且复杂，需要企业在快速变化的市场环境中具备高度的运营弹性，灵活调整营销策略以适应不断变化的市场环境。

身处营销 4.0 的 4D 时代，营销目标明显转向以比特化的消费者作为品牌的重要资产。这些消费者不仅是品牌的消费者，也是品牌价值观的传播者，更是品牌的重要合作伙伴。为了实现与消费者价值观的契合，在此营销阶段，我们需要进行全面的数字化转型，从产品、传播、渠道和消费者等运营的各个环节着手，通过数字化转型和技术支持的赋能来提升效率。在这个过程中，不仅注重短期的盈利目标，更要追求长期和终身价值的维系。因此，其运营上会追求动态优化和高弹性，以便在面临复杂多变的市场环境时，能够迅速调整策略，更好地满足消费者需求。

从上述积极变革的营销理念可以看出两个显著的特点：首先，从企业为核心主体的理念转向以消费者为核心主体的理念，这个变化的具体体现是营销的导向从产品导向迅速转换为消费者导向，强调企业与消费者之间的紧密关系的构建和维护；其次，营销活动更加注重数字化转型带来的长期和动态化能力的提升，这个变革强调了精准识别和满足消费者需求，以及高质量优化消费者体验的同时，对企业和消费者品牌资产的高弹性和长效运营给予了重视。

二、营销链路：以消费者为中心的链路复杂化、动态化

营销链路是一种综合性的科学方法，它涵盖了营销目标、各类渠道、场景、触点以及内容元素等多个方面，旨在构建一个相互关联的连接网络，以实现高效的营销推广。这种链路的实现与消费者行为路径密切相关，对于理解并预测消费者的购买决策具有重要价值。在数字社会不断发展和日益成熟的背景下，消费者以多元化的方式接触网络、获取信息，并逐渐将线下活动转移到线上。消费者的日常生活轨迹、决策流程以及场景需求发生了快速变化，从而导致了微小生活角落的快速渗透和融合。尽管这些变化初看时并不显著，但深入观察后会发现，它们已经形成了一个复杂而具有挑战性的消费系统。消费者们的行为习惯、信息获取方式以及购物方式等都在不断变化，因此，要理解和满足消费者的需求，营销链路必须随着消费者行为的变化而不断进行调整和优化。

尽管从传统营销的角度来看，消费者旅程各个阶段的基本属性并没有发生根本上的改变，仍然遵循着从初次接触一个品牌的陌生人，到被品牌信息深深吸引并对品牌产生浓厚的兴趣，再到因为一个契机而采取实际行动购买某个产品，以及从尝试该品牌到成为其忠诚的消费者这样一个循序渐进的过程。然而，在外部经济、文化、传播和科技环境日新月异的变革交织在一起的背景下，消费者旅程的链路已经受到深刻影响，对于不同品类和圈层的消费者来说，他们在参与和体验品牌的过程中所形成的链路和路径已经出现了深刻的差异。因此，面对这样复杂多变的市场环境，品牌需要采取新的营销理念和运营方式以应对市场的变化和消费者的新需求，从而更好地满足目标消费者的心理和情感需求，为品牌赢得更广阔的市场份额。

一方面，数字化赋权效应的驱动下，消费者在接触并认知产品的过程中，信息获取和交互触点增多，主导权已经转移到消费者手中，他们积极主动地深入询问和谨慎决策，并在此过程中完成购买。另一方面，消费者所处环境中的媒介、渠道和场景呈现出碎片化趋势，彼此融合且更迭速度快，导致消费者决策周期缩短，甚至可能在短时间内完成购买。此外，为满足消费

者在复杂多变市场环境中的需求，需将不同产品的行业特性引入消费者旅程，这无疑增加了消费者旅程的复杂性。因此，如何在消费者漫长、混沌的决策过程中引导他们靠近并停留在"品牌"周围，已成为各方关注的焦点。

我们观察到国内外媒体平台、营销技术公司等，都在强调围绕用户链路部署资源的重要性，运用各种工具和技术，实现对消费者整个旅程的"规划"和"响应"。典型理论包括阿里巴巴推出的 AIPL 模型、抖音平台的 5A 理论和谷歌提出的 Messy Middle 理论等。这些现象提醒我们，尊重消费者旅程的基本逻辑并根据外部环境变化把握关键因素至关重要。同时，必须将消费者置于营销运营的核心地位，理解他们可能的媒介使用并围绕其旅程进行运营，推动初次购买、复购与忠诚等关键步骤的实现。在这一理念的指引下，营销转化为了一个与消费者协同、共同运营消费者的螺旋式上升过程，不再是简单地过滤消费者的单向过程，而是一个全新的、双方共同参与的互动过程。

三、营销技术：从广告技术到营销技术的升级

随着数字化营销趋势的深入发展，各种先进的技术解决方案逐渐渗透到大型营销体系的应用中。这一进程表现为企业的关注重点从单一且侧重广告技术（AdTech），转向多元且全方位的营销技术（MarTech），使得企业的数字化营销进程更加完善和成熟。

近年来，各类媒体形式的传播力度迅速增长，尤其是社交媒体、短视频等新兴媒体形式的出现，吸引了海量的用户群体。这使得广告匹配与投放效果的问题在日益增长的用户数量面前变得越发突出。在这样的环境下，技术与策略的结合成为解决这一问题的有效方式。因此，AdTech 应运而生。AdTech 是一种专注于提供广告的投放、定向和评估技术解决方案的新兴产业，其核心理念在于帮助广告主在广告执行层面进行技术优化。AdTech 的应用主要集中于广告创意管理、投放交易以及广告投放效果的跟踪评估等流程的自动控制，从而帮助广告主提高广告投放的效率，并在一定程度上提升广告投放的精准度。

随着互联网用户数量达到增长极限，原先作为企业营收驱动力的流量红利正在迅速消退。同时，消费者的需求正在变得越发难以满足和预测，消费市场的增长开始呈现出明显的放缓趋势。在这一背景下，传统的供应链、传播、渠道和销售等环节间的距离不断缩短，彼此间的交叉和融合正在变得越发明显。为了能够更好地适应这一公域 + 私域相结合的营销运营趋势，越来越多的企业开始对能够实现全场景、全链路覆盖的 MarTech 产生强烈的

需求。

MarTech 是一种运用大数据、云计算、人工智能等技术手段，对营销过程中所涉及的数据、营销活动、广告投放等方面进行管理和优化的解决方案。通过使用 MarTech，企业能够实现对全场景、全链路的营销数据的收集、分析和利用，从而更加精准地进行营销决策，提升营销效果。MarTech 作为营销技术的缩写，是 Scott Brinker 在 2011 年首次提出的一个概念。Scott Brinker 选用了制作营销技术全景图的方式，以此定义、记录和梳理行业中为品牌提供 MarTech 服务的供应商及其擅长的服务领域。可以这样理解 MarTech，它是一种通过技术手段对营销全域和全流程进行赋能的手段，帮助营销人员借助技术工具执行营销业务，借助自动或半自动的营销工具完成数据洞察、创意优化、传播调控、销售线索管理、客户联系、渠道分析等工作。根据 Scott Brinker 对 MarTech 从业机构行业版图的划分，提供 MarTech 服务的供应商主要包括广告和促销、内容和体验、社交和关系、商务和销售、数据与管理这六大功能模块，每个模块下都有数千家厂商。从这六大功能模块中可以看出，MarTech 涵盖了从广告传播到销售达成的闭环，强调贯穿商品与消费者关系建立的全流程，为企业提供一种更为高效、精准的营销策略和解决方案。

四、数字化营销工具：提升营销洞察、策略制定、执行优化的效率

起初，工具仅是工作现场所使用的器具，作用于具体的实践活动，让人们在实操中熟练运用技巧和策略。后来，工具的词义得到了进一步的延伸，它不仅指代工作的器具，而是升级为实现目标、完成特定任务或促进某一事件的重要手段。正因为如此，工具在人类的生活和工作中扮演着越来越重要的角色，成为人类强大的辅助，使得许多复杂而庞大的任务变得轻而易举。

面对全球商业和技术环境所带来的剧烈变革与挑战，数字化营销工具已经成为现代企业的核心要素。在激烈的市场竞争中，现代企业如何利用数字化营销工具实现其核心竞争力的提升，已经成为许多企业所关心的问题。因此，掌握和运用数字化营销工具已经成为营销人员的基本能力和必要素质，这将直接影响到企业的运营效率和未来的发展前景。

数字化营销工具，人们常称其为 DSP，在数据的采集、储存和分析的深厚基础之上，这个工具可以广泛应用在市场营销的多个领域，使得营销活动的洞察力分析、策略制定、执行过程与优化策略等任务得到有效的支持。它的功能强大，能够实现营销活动的智能化管理、数据分析的自动化处理、决

策模型的精确解读等重要功能，从而更好地发挥数据资源的潜力，实现营销策略的智能化执行。

在企业积极推进数字化转型这一充满挑战的进程中，企业先后采用了三类具有重大价值和深远意义的工具，这些工具在企业信息化进程中发挥了不可或缺的关键作用。第一类工具我们称之为 ERP，这是一款被广泛采用的资源计划工具。它将计算机技术应用到企业的供需链管理中，帮助企业在信息时代迅速建立起一套数字化、信息化的管理平台，在此平台上实现了物流、信息流、资金流的完美融合，大幅提升了企业的管理效能，为企业提供了全方位的服务。在这一领域，著名的代表性供应商有国外的甲骨文和 SAP，它们在信息化建设上做出了杰出的贡献；在国内，用友和金蝶也同样是 ERP 领域的佼佼者，为中国的企业信息化建设贡献着强大的力量。

第二类重要的工具是客户关系管理工具，通常简称为 CRM。该工具以各种新颖和创新的途径，精准地收集和感知客户的信息，有效识别每个独特的客户群体，并根据客户的具体情况，实时地调整销售策略和服务方案。通过这些精细的调整和个性化的服务策略，CRM 系统助力企业构建更加完善、精准和专业的市场营销、客户服务和销售管理体系，以便在客户市场中赢得更高的竞争优势。许多在这一领域中具有重要影响力的公司，如国外的 Salesforce 以及国内的销售易等公司，都从 CRM 的角度出发，为客户提供各种类型和层次的 CRM 产品和服务，为客户提供全方位的业务支持。

第三类是提供全方位消费者体验管理的工具，通常简称为 CEM。在消费者触点日益碎片化、大量信息如潮水般涌现的今天，企业越来越注重与消费者之间的互动和关系构建与维系，逐渐聚焦于消费者的体验，在提供产品和服务的过程中注重提升消费者的感受。企业致力于建立有效的互动体验场域，以带给消费者愉悦的体验和满意度，从而进一步提升其忠诚度。CEM 工具强调战略性地管理消费者对产品或公司服务的全面体验过程，旨在提高整体的消费者体验。这个体验过程覆盖了消费者从接触到产品或公司服务的每一个环节，各种触点和渠道都被 CEM 工具所关注。在这个过程中，有目的地、无缝隙地传递目标信息是关键所在。通过有效把握和管理消费者体验旅程，CEM 工具不仅能够提高消费者对公司和产品的满意度，还能够提升其忠诚度，最终推动企业价值的持续提升。

ERP、CRM、CEM 这三类企业级数字化管理工具在企业数字化转型趋势下各自发挥着重要作用。ERP 系统主要负责企业的生产与供应链管理，实现企业内部运营流程的数字化、流程化；CRM 系统侧重于客户关系管理，致力于提高企业的销售管理能力；CEM 工具则专注于客户体验管理，旨在帮助企业更好地提升客户满意度和忠诚度。这三类工具协同运作，共同推动了企业内部运营管理的工具化进程以及企业在数字营销领域的工具化能力提升，有效提升了企业在数字化时代的竞争力。同时，这种工具赋能的实践也为企业的数字化营销工具进一步升级创造了条件，为企业的数字化转型不断演进提供了丰富的实操土壤。因此，我们可以认为，数字化营销工具不仅是企业整体数字化转型过程中的关键要素之一，也是企业数字化转型不断演进的阶段性成果。

五、营销云：成为营销数字化、工具化的新业态

从历史演进的视角审视，我们可以清晰地看到，随着数字营销环境（如媒介、渠道等）的不断演变，企业对数字化营销的探索也在持续深化。这个探索过程可分为以下几个阶段：首先，企业在数字媒体上开展营销传播活动；其次，企业开始重视数据积累，并采购营销数据分析服务，以更好地了解和分析消费者行为；最后，它们利用公共云上的通用工具，如人工智能、大数据分析等，以数字化营销工具为核心，实现营销的数字化。

在这个过程中，企业首先要适应不断变化的数字营销环境，然后不断提高自身的数据能力。最终，它们将数据、技术与动态的营销环境相结合，从而实现自我赋能，提高竞争力。值得注意的是，随着企业自身数字化转型的不断探索，它们对数字化营销的理解和认识在不断加深。这种深化不仅体现在品牌对外传播信息的方式和质量上，同时体现在营销过程的数字化以及品牌内部营销业务流程、组织结构的重塑上。此外，底层各类相关数据流、信息流的整合和统一也是数字化营销的重要组成部分，有助于企业实现更高效的决策和运营。

国内主要媒体平台纷纷推出了各自的营销云产品：

字节跳动巨量引擎旗下有多款产品，包括巨量引擎广告平台、巨量创意、飞鱼 CRM、大数据平台云图和智能建站等，这些产品在市场上具有很高的竞争力。火山引擎增长营销套件包括增长分析、A/B 测试、客户数据平台和增长营销平台，这些产品能够帮助企业更好地进行数字化营销。

百度营销中心也拥有观星盘（人群包相关）、基木鱼（电商建站）、创意中心和爱番番（线索获客管理，不含内容管理、数据中心功能）等多款产品，这些产品在市场上受到了广泛的关注和认可。

腾讯广告以腾讯广告资源投放为核心的程序化广告平台，具有数据洞察、人群定向、创意中心等功能，而腾讯营销云则包含客户管理平台、自动化营销平台、内容管理平台、社群管理平台、广告投放平台等功能，这些功

能帮助企业更好地进行数字化营销。此外，腾讯云的腾讯企点营销（基于腾讯社交媒体资源的 B2B 推广及客户管理工具）、商机魔方（以腾讯云数据为基础的线索推荐及管理）、试驾营销与管理套件、汽车精准获客服务等也受到了许多企业的青睐。

阿里巴巴的阿里妈妈旗下有多款产品，包括万相台（站内一站式广告投放）、淘宝联盟（联盟内资源投放）、UniDesk（数据分析与洞察）、达摩盘（人群数据应用平台）、创意中心（创意资产管理）、品牌数据银行等。阿里云的数智化营销解决方案则包括智能增长、移动运营、会员拉新、广告投放等功能，以及智能营销引擎（公测中，一站式 DSP），这些产品的推出，标志着国内主要媒体平台在数字化转型方面取得了重要进展。

整合服务商的代表性产品：

（1）Convertlab——AD Hub（智能广告平台）、Data Hub（客户数据平台）、AI Hub（智能引擎）、DM Hub（营销自动化平台）。

（2）JINGdigital——市场部获客工具、潜客孵化平台、销售赋能工具、客户数据中台。

（3）纷享销客——营销管理（营销自动化平台）、销售管理（线索、商机、报价、订单等交易闭环管理）、服务管理（服务受理、派单、评价与分析等）。

（4）致趣百川——一站式营销云解决方案，含内容管理系统（CMS）、会议管理系统（EMS）、社交营销（SCRM）、客户数据平台（CDP）、营销自动化（MA）功能。

（5）悠易科技——LinkFlow 客户数据管理平台（多源客户数据的整合与管理）、EngageX 智能营销平台（基于企业微信的私域运营）、OneDesk 智能广告平台（全渠道广告管理与程序化投放）。

（6）火眼云——ABM 营销云（服务于 B2B 企业的营销自动化平台）、客户数据平台、广告云（全域广告投放与效果管理平台）、数据云（DMP）、情报云（B2B 情报分析）。

（7）销售易——销售云、伙伴云（渠道管理）、电商云、易店（智慧门店管理）、营销云（含智能广告投放、客户数据平台、营销自动化、会员忠诚度管理功能）、服务云、智能分析云等。

（8）明略秒针系统——含秒针分析、智能广告平台 Serving、营销数据中台 DMP、智能广告投放整合平台 BTD、SocialX）、明智销售、明奇慧服（含智慧门店、智慧电商一体化管理平台、单店营销和运营工具）、微伴 SCRM。

（9）赛诺贝斯 MIP——一体化营销创新平台（含营销云、CRM、CDP、流量云、智能云等工具平台）。

垂类营销技术服务商：

（1）筷子科技是一家专注于视频智能裂变、图片智能裂变、创意智能决策和创意资产协作管理的技术公司。它们致力于为客户提供高效的营销解决方案，帮助它们在激烈的市场竞争中获得优势。

（2）特赞创意供给平台是另一个优秀的营销技术产品，它集成了私域内容中心、内容智能生成、创意素材管理、产品信息管理、内容营销洞察、内容工作流、品牌模板中心和品牌合规监测等功能。这个平台可以为客户提供全方位的创意供给服务，帮助它们在营销活动中保持领先地位。

（3）米雅科技则专注于数字支付解决方案和泛会员营销平台。它们的产品可以帮助客户实现快速、安全、便捷的支付体验，同时能提供全面的会员管理服务，帮助客户更好地管理它们的会员。

（4）神策数据是一家专注于用户行为分析和洞察的技术公司，它们的神策分析云可以帮助客户深入了解用户行为，为产品优化和营销策略制定提供有力支持。神策营销云则基于 App 的智能运营与推广，帮助客户实现精准的用户增长。此外，神策数据根基平台可以为客户提供数据采集、治理、存储与分析的一体化解决方案。

（5）商助科技是一家专注于电商领域的科技公司，它们的产品包括用户分析系统（SiteApp）、电商数据版（SiteFlow）、商品推荐系统（SiteReco）、小程序数据分析系统（SiteMina）、多渠道分析（SiteChannel）、用户洞察系统和用户触达系统等。这些产品可以帮助电商客户更好地了解用户需求，提高销售业绩。

第二节　品牌增长的大渗透与小渗透

一、大渗透

"大渗透"指 HBG 大渗透品牌增长理论，该理论起源于 *How Brands Grow* 一书。在定位理论提出后，"大渗透"成功揭示了品牌增长的核心内涵——品牌增长并非偶然，而是由深入到各个消费者群体，提高产品和服务的渗透率所主导的。"大渗透"理论认为，品牌增长的关键在于将产品或服务渗透到更多的消费者群体中，并在市场中占据更大的份额。这种渗透不仅包括消费者群体的渗透，还包括消费者心智的渗透。通过深入了解消费者需求和行为，企业可以制定更加精准的营销策略，提高产品和服务的渗透率，从而实现品牌的快速增长。

"大渗透"理论还强调了品牌与消费者之间的互动关系。在品牌增长的过程中，企业需要与消费者建立紧密的联系，了解他们的需求和期望，并根据这些反馈来不断改进产品和服务。通过与消费者的互动，企业可以更好地了解市场动态和消费者反馈，从而更好地调整营销策略，提高产品和服务的渗透率，实现品牌的快速增长。

为了在竞争激烈的市场环境中实现品牌的持续增长，我们必须进行大规模且精准的营销渗透及渠道渗透，并不断在消费者视线中留下深刻印象。通过生动、详尽的描述，使消费者在闲暇之余能轻松回想起我们的品牌，以及其独特的价值观和品牌精神。在未来的消费决策中，将我们的品牌列入购物清单，从而实现实际购买行为。为实现这一目标，需同时满足两大关键条件：一是品牌需具备独特的资产；二是品牌在未来数年里需保持稳定且持续的投入。此类品牌通常以传统形式存在，如同一种特殊的文化符号，其驱动力主要来自供应链中的丰富资源、渠道中的强大掌控力，以及物流领域的独特优势。同时，品牌的定位和设计理念更加聚焦于产品功能领域，以满足消费者多元化的需求，为用户带来更优质的购物体验。

作为引人注目的"大渗透"生动典范，伊利凭借独特的增长飞轮，以超乎寻常的优势赢得社会广泛关注。此模式的成功关键在于巧妙利用更具竞争力的价格策略及更高市场曝光率，在关键渠道建设方面取得巨大突破。通过这种方式，公司逐步建立强大的经销商网络，进一步增强其渠道渗透能力和优势。同时，伊利成功实现成本的优化和降低，得益于规模效益的充分发挥，公司得以将节省的大量资源投入营销领域的深度渗透，或采取降价策略以攻击竞争对手，从而在市场上获得更高的竞争优势（见图4-1）。

品牌增长 = 渗透率（大品牌）× 想得起（大媒体）× 买得到（大渠道）

在深度渗透增长飞轮的启示下，我们深入观察并研究发现，该商业模式本身已存在若干具有挑战性的要素。这些要素包括但不限于：一是尽管分销渠道规模庞大，但其扩展能力并非无穷无尽，因此如何形成有效的覆盖面和影响力仍是一大挑战；二是产品单位成本虽然可以降低，但降低程度并非无止境，因此在成本控制方面仍需面对相当大的挑战。

实现深度渗透效应，不仅需要克服自身的局限性，而且要应对外部环境变化带来的影响。在传统的 TVC 时代，由于信息传播渠道稀少且形式单一，品牌只需关注提高消费者的触达率。在此背景下，品牌所定义的触达多数情况下指消费者在广告或产品使用过程中能被观察到。通过实战经验，人们总

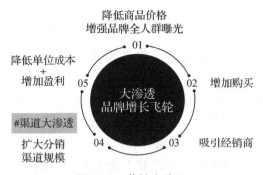

图 4-1 营销大渗透

资料来源：增长黑盒＆赞意.2022内容增长战略白皮书［EB/OL］.http://www.sohu.com/a/553824749_121406416.

结出了"N+reach"的计算公式，用以衡量品牌的触达范围和效果。这个公式的关键在于，无论是市场研究还是品牌建设，都需关注消费者的实际需求和体验，从而提高触达的有效性和满意度。

广告触达 N 次后，目标消费者数量与广告覆盖总人数的比例通过公式进行反映。以某广告公司在 B 市发布的广告为例，触达 2 次及以上的目标用户数量为 10 万人，而 B 市总人口为 1000 万人，那么这次广告触达的 2+Reach=10 万/1000 万人=1%。当前，随着媒介技术的不断发展，媒体赋予受众的互动权限日益增强，消费转化和裂变环节已经不再是过去的单一触达即下单模式，而是增加了"用户活跃"和"用户留存"等新的传播环节。由此可见，我们正进入注意力经济时代。

在营销策略方面，"大渗透"策略在严峻的内外部环境中存在着一定程度的缺陷与不足，因此需要将该策略进行快速的发展和迭代。将"大渗透"看作是决定营销增长的核心，那么"小渗透"策略则是在各个方向上持续不断进行深入探索与拓展的关键分支。

在当前这个以多元化渠道和全媒介大发展为主导的复杂环境下，为了更好地适应日新月异的市场竞争，品牌需要不断创新，其中，小渗透增长模式正是基于业已成熟的大渗透增长模式，通过不断地探究和尝试，蜕变而来的创新模式。相较于大渗透，小渗透主要围绕着新生品牌的生命周期进行精细运作，这也是小渗透的显著优势。然而，我们不能将小渗透局限于那些由新锐品牌所组成的新生力量，实际上，对于那些有着丰富行业经验，并致力于孵化全新子品牌的传统企业来说，小渗透同样是它们发展的重要途径。

二、小渗透

在品牌发展过程中，企业注重渗透增长，即将宝贵资源投入到媒介领域，提升品牌的社会影响力，使其在市场上崭露头角。同时，在产品方面，企业注重提升产品的附加价值，让消费者体验到超乎寻常的品质，进一步强化产品的竞争力。在营销环节，企业深度运营用户的心智，致力于与用户建立紧密的联系，让用户更加了解品牌和产品。通过这样的不懈努力，企业不仅可以实现品牌目标的构建，还能够以此为导向，向特定的人群进行渗透，实现品牌的扩张和渗透。

品牌增长 =DTC 率（主动购买）× 被吸引（内容营销）× 认同（圈层品牌）。在市场竞争日益激烈的大背景下，品牌要想持续稳定地发展壮大，在实施大渗透策略的过程中，不仅要有灵活的战略布局，更需要积极合理地利用小渗透策略，让消费者在主动的意愿下，保持积极的心态，去探索和购买品牌产品。为了在这个过程中取得成功，我们曾多次强调，大渗透的实现，需要综合考虑供应链、销售渠道和物流等多种因素的制约和影响，而品牌的定位，也必须要紧密围绕产品的功能特性来进行精心策划。与之相反，小渗透策略往往从单一的渠道中滋生，因此，对于品牌来说，打造出层次丰富、类别多样的产品陈列显得尤为重要，与此同时，需要不断提高产品的曝光度和知名度，这样才能更好地吸引消费者的注意，从而进一步提高品牌的影响力和市场竞争力。

针对初创品牌或新锐品牌在从零到一、由一到十的成长过程中，常常面临营销资源匮乏的困境。由于资源支持的缺乏，这些品牌在市场上的竞争力显著下降，同时制约了其快速发展。此外，这些品牌高度依赖单一的营销渠道，这种不均衡的资源配置使其发展空间受到极大限制。对于希望拓展新锐子品牌的传统品牌而言，它们同样面临着与新一代消费者沟通不畅的问题。传统品牌在年轻人中的品牌认知度并不高，加之沟通方式的单一，使得它们难以理解年轻人的消费习惯和消费观念。此外，由于过分依赖传统营销手段，使得这些品牌在面对新一代消费者时，缺乏有效的市场拓展策略，这是它们难以继续实现市场增长的重要原因之一。

经过深入研究和分析，我们发现精心设计并实施一系列策略，不断提升针对不同圈层人群的营销渗透程度，能够有效帮助势单力薄、缺乏足够营销资源和渠道支持的新锐品牌化解困境，打破营销壁垒，从而实现稳健发展。同时，这种策略同样能够帮助那些在与消费者沟通和互动方面存在不足的传统品牌，更加紧密地与消费者建立联系，让双方的沟通变得更加直接、更加清晰，以此提升品牌在消费者心中的形象和影响力。基于以上洞察，我们创新性地提出了一种名为"小渗透模式"的全新增长飞轮。这一模式旨在为广大新锐品牌和传统品牌提供一种科学有效、切实可行的营销解决方案。通过针对性的策略设计和实施，我们将助力广大品牌在竞争激烈的市场环境中实现持续增长和突破（见图4-2）。

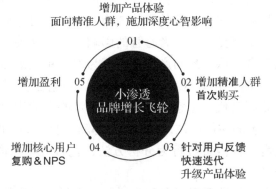

图4-2 小渗透品牌增长飞轮

资料来源：增长黑盒＆赞意 . 2022内容增长战略白皮书［EB/OL］. http：//www. sohu.com/a/553824749_121406416.

从微观的增长飞轮视角来解析该模式，我们发现其展现出三个重要的推动力：

（1）供需关系的调整。在新一代消费者面前，传统的供需关系模式已经不再是核心驱动力。低廉的价格已不再是他们唯一的关注焦点，他们更加注重商品的品质、品牌的影响力以及消费体验等因素。

（2）资源制约。在激烈的市场竞争环境下，新物种（如新品牌、新产品）在营销资源和渠道资源等方面面临着严峻的制约。如何在有限的资源中快速脱颖而出并打造品牌影响力成为其核心挑战。

（3）技术红利。在互联网技术日新月异的发展背景下，碎片化的互联网媒介和集中式的电商平台为新物种带来了巨大的技术红利。如何充分利用和挖掘这些红利成为其核心竞争力之一。

此外，小渗透性指标包括DTC率，即Direct to Consumer，这里指品牌直接面向消费者、与消费者建立直接联系的商业模式。这种模式对于品牌来说，是与消费者保持紧密联系的关键方式。在渠道端的细致分析表明，DTC率的高低是衡量小渗透性模式渠道环节的核心特征之一。其中，DTC率的高低直接反映出了品牌与消费者间的联系紧密度。对于那些新锐品牌来说，由于他们在初始资源方面的限制，初始阶段的 DTC 率往往较高。这意味着新锐品牌需要积极地与消费者建立直接的联系。当新锐品牌积累了一定的品牌知名度和销售业绩之后，为了扩大品牌的影响力，它们会逐渐地扩展其他渠道。尽管在这个过程中 DTC 率可能会略有下滑，但总体上品牌的 DTC 率呈现出一种平稳发展的趋势。

观察新锐品牌的发展走向，我们发现它们正在转变策略，从过去单纯追求营销曝光，开始注重塑造独特的品牌能力，以吸引目标消费群体，激发他们的浓厚兴趣。由此可见，消费者心智的影响成为品牌关注的重点。在互联网的推动下，消费者获取信息与产生消费行为的差距逐渐加大，单纯曝光可能已无法满足品牌的转化效果。因此，我们认同电通公司提出的 AISAS 模型，它强调在互联网时代，搜索和分享在营销策略中的重要性。同时，我们应尊重并重视消费者的主体地位，提升互动体验，打造共赢的合作模式。

AISAS 模型是一种消费者行为分析方法，包含五个阶段：注意、兴趣、搜索、行动和分享。

（1）注意阶段，品牌需通过各种渠道如公众号、自媒体、短视频等内容媒体以及信息流、竞价、DSP 等效果广告吸引消费者注意。

（2）兴趣阶段，传统方式一般使用精制的彩色目录、有关商品的新闻简报来吸引消费者的兴趣。在互联网时代，可以通过效果广告挖掘出满足用户需求的内容，从而让用户对其感兴趣。

（3）搜索阶段，消费者会通过互联网搜索产品的口碑和评价以便进一步的对比。因此，企业需要提供准确、详细的产品信息，以便消费者能做出更明智的购买决定。

（4）行动阶段，消费者在收集足够的信息后会对满意的产品做出购买决定。在互联网时代，消费者不仅可以通过传统的实体店购买产品，还可以通过各种电商平台进行购买。

（5）分享阶段，消费者购买后通常会在互联网上进行分享，向朋友推荐产品，以便达到口碑传播效果。这种分享行为有助于提高产品的知名度和声誉，吸引更多潜在客户。

天猫曾对 2020 年全网 GMV 排名前 300 的品牌进行了一项深入的研究，这项研究主要关注用户的注意力与品牌转化率、产品复购率之间的联系。研究结果显示，品牌自身和广告的吸引力越大，就越能有效地推动营销消费的转化，这是一个不容忽视的现象。这一发现意味着，品牌可以通过提高吸引力，提升品牌营销的效果和竞争力，从而在新的互联网时代实现有效的营销转化。因此，在当前的社会环境下，品牌若想在有限的触达次数内实现最大的营销转化率，则必须借助品牌自身和广告所具备的吸引力，在信息过载的社会环境中脱颖而出，为消费者提供更有价值的信息和服务，以满足他们的需求和期望。这一观点具有重要意义，对于品牌营销的实践者和研究者来说，必须充分认识和利用品牌自身和广告的吸引力，以提高营销效果和竞争力。

坚守产品叙事核心的原则，故事生活，我们的营销模式充满了独特的魅力。在传统的营销模式中，品牌通常在产品设计基本成型且销售渠道稳定扩展至一定阶段后，才开始规划品牌故事。通过这种方式，品牌故事被以最具感染力的广告形式传递给每位消费者。然而，这种模式下品牌与消费者之间的互动几乎为零，我们将其称为讲故事。相比之下，我们的营销模式更加注重品牌与消费者之间的互动。我们相信，通过与消费者的互动，品牌可以更好地了解消费者的需求和反馈，从而提供更符合市场需求的产品和服务。这种互动式的营销模式不仅可以增强品牌的感染力，还可以提高消费者的参与度和忠诚度。因此，我们将继续坚守产品叙事核心的原则，不断探索和创新营销模式，为品牌和消费者创造更多的价值。

传统营销模式注重产品加渠道，强调提炼品牌价值，并构建品牌故事；而新型营销模式则注重品牌理念、宗旨和故事，并将这些元素具象化为产品。

在现代信息时代快速发展的背景下，产品的丰富程度得到显著提升，为消费者提供了更多选择。消费者能够根据自己的需求挑选适合自己的产品，而非被动适应市场上的商品。此外，获取信息的门槛降低，使消费者更愿意主动表达需求，而非盲目追求产品更新换代。在此过程中，生产技术不断更新升级，为产品研发提供更多便利，降低了研发难度，使原本显性的生产门槛逐渐转型为隐性的"品牌认知门槛"。简单来说，品牌的存在使产品增值，而品牌不仅仅体现产品的价值。因此，投入大量时间和资金构建完美的品牌以满足消费者对品牌的认知需求并不划算。相对而言，我们应寻求与消费者的双向互动，让消费者参与到品牌建设中来。通过这种互动方式，我们可以共同打造出消费者认同且需要的产品。

故事生活是通过围绕企业、产品服务和消费者的感染力和吸引力故事，激发和引导消费者的情感及态度，并建立与消费者的亲密深入的情感联系。进而，在潜移默化中使消费者对相关产品和服务产生浓厚兴趣和好感，并推动他们采取购买行动，实现营销的真正目标。因此，故事生活不仅是一种创新的营销思维，还是一种实用且效果显著的营销手段。

新锐乳制品品牌"认养一头牛"的发展进化过程，让我们看到了从过去的故事叙述向今日的故事生活转变的魅力。这个转变并非一蹴而就，而是通过精心策划的市场营销策略逐步实现的。传统营销方式在乳品行业中存在着一些问题。对于"优质产品"的理解主要依赖于四个方面：营养成分、产品口感、乳源地以及高新设备。然而，新品牌在面对强大品牌如蒙牛伊利等所构建的强大供应链及 IP 组合优势时，往往缺乏竞争力。同质化竞争策略的企业无法找到长远的发展前景。

"认养一头牛"采取了一种全新的营销方式，运用人性化的叙事手法，将牧场的高端饲养环境与目标受众的日常生活情境相融合。通过生动具体的"每日膳食费用约 80 元"，让人们更直观地感受到"认养一头牛"产品的品质和价值。同时，通过温暖而形象的"保孕院"和"高档社区"，描绘出生产所运用的高科技设备，使消费者更容易理解和接受。"认养一头牛"还通过让消费者融入故事中的方式，打造了"认养一头牛新牧场"的小程序，让用户在游戏中虚拟地照顾奶牛、挤奶，体验饲养的乐趣。这种"云养牛、真喝奶"的方式为企业提供了一种新的营销手段。

在企业内部，"认养一头牛"也共同打造了品牌故事。除了与消费者互动，品牌内部还会开展"牛人故事"的活动，由 HR 部门和市场部门牵头，在内部挖掘"牛人故事"，鼓励员工分享自己与牧场牛牛们的温馨故事。从最初的创业初心的故事发展至今，"认养一头牛"已经形成了一套完整的故事矩阵，并且还在不断补充、不断扩大。品牌方用"故事链"构建起了数字化时代新的品牌逻辑。新锐乳制品品牌"认养一头牛"通过独特的营销策略和深入人心的故事叙述，成功地打造出了一款备受消费者喜爱的产品。这种从过去的故事叙述向今日的故事生活转变的进化过程，为新品牌在市场竞争中提供了新的发展方向和思路。

小渗透抓手：营销内容。在实施故事生活策略的过程中，首先，从企业的创新能力、产品和服务的卓越品质，以及领先的技术实力等多个角度，深度挖掘隐藏在背后的生动、感人的故事锚点。其次，需要确立明确的目标受众群体，精准定位并确定引人入胜的主题，巧妙设计跌宕起伏的故事情节，以构造一个曲折动人、引人入胜的故事。最后，需要根据故事本身的独特特性，挑选出最合适、最恰当的呈现形式和传播渠道，以推送并传播我们精心打造的精彩故事。因此，在执行故事生活策略的整个过程中，最关键、最重要的环节就是精心打造的、引人入胜的营销内容。

为了实现有效的小型渗透策略，我们必须要保证所呈现的营销内容具备一致性和可扩展性。一致性指所有品牌营销素材在响应品牌目标、传达一致的品牌意义时，应当竭尽全力，避免因为主题的差异性而导致品牌意义的理解陷入困境，从而使目标用户难以捉摸到品牌的核心调性。同时，仅仅实现一致性可能会使营销内容显得单调乏味、缺乏新意，因此品牌意义的可扩展性同样关键。这样营销内容能够围绕主题进行丰富多元的创作，既不偏离品牌核心意义的表达，又能保持创意的激荡，不会失去目标用户的关注。

在此需要提醒大家，故事生活的营销理念可能会产生双重影响。品牌在选择故事时务必要保持审慎的态度。一旦确定了故事的基调和主题，便要始终如一地坚守这一点，毫不动摇。否则，可能会在追求卓越的过程中迷失方向、忘记初心，甚至错失唾手可得的成功。

三、用户洞察

（一）用户标签体系

用户标签体系作为企业深度挖掘和深度分析用户数据的坚实基础，为企业提供了针对用户数据的全面解决方案。在这个强大的基础上，企业可以轻松地进行精准营销效果分析，其分析结果能够充分体现实际的业务逻辑和特定场景的需求。

在营销云产品的建设中，用户标签体系的构建主要涵盖了自定义标签设置、自动化标签生成以及行业通用标签库的建设。这些标签库在营销云中可以实现统一的管理，并且可以实时更新和调整。

在自定义标签设置过程中，具有创新意识和敏锐洞察力的营销人员能够自主设置标签体系。他们根据用户的基本属性、接触媒体的情况以及消费行为等多元化的数据，进行全面而精准的采集、筛选、整理。通过这一细致入微的工作流程，营销人员能够成功地为相关用户找出与之相匹配的精准标签。这一过程主要源于企业对自身丰富的业务经验的深刻总结和独到的理解，以及对于丰富数据的全面且精准的整体掌控。

自动化标签生成是一种先进的技术，营销云利用这种技术提供的专门工具，为营销人员提供了极大的便利。他们可以轻易设置标签生成的规则，而无须投入大量的时间和精力。在这个过程中，技术的应用将充分发挥出其神奇的力量，它结合了 AI 能力，自动为那些符合预设规则的用户打上相应的标签。不仅如此，这种标签的生成是动态的，用户的行为数据会被实时收集并分析，从而得出最新的用户标签，实现了标签的实时更新，使得标签的准确性得到了显著提高。

行业通用标签库是一种先进的营销工具，它能够根据某行业的整体业务特征，为各类企业提供高度适用、功能全面的通用标签库，帮助企业迅速描绘出该行业下用户群体的整体特征。除了支持企业将第三方标签库导入营销云，我们也会尽力为企业提供更多个性化标签和拓展功能，以满足企业在不同业务场景下的个性化需求。值得注意的是，通用标签库的颗粒度目前尚不能完全满足企业在精细化运营方面的深度需求，对此我们会持续努力优化，以提高标签库的精准度和实用性。

通常，高效的营销云系统应具备对三个关键渠道和方法的全面支持，帮助企业营销人员构建全面的标签体系。营销人员可根据实际需求和独特的数据见解，手动自定义设置，灵活调整和优化自动化标签。同时，他们还可以在通用标签库的基础上进行精细化设计，创造出更符合企业个性化需求的标签。在选择最适合自己的使用方式时，营销人员需充分考虑其对数据的深入理解、出色的标签设计能力以及高效的数据应用能力。

用户标签体是在人工智能技术的基础上，可有效帮助企业建立精细、全面的用户画像，从而全面、针对性地支持企业针对单个用户或某一类特定用户群体进行画像构建，实现画像建设过程的快速高效，实时生成画像。用户画像从多维度、多角度概括和描述了典型的用户群体，包括但不限于用户的自然属性、行为特征、消费特征以及内容偏好等多个方面，使企业更深入理解目标用户需求，明确营销目标人群的形象特征，提高企业在营销策略制定和市场推广过程中的精准性及效率。

建立和完善用户标签体系并非易事，因为用户始终处于动态变化过程中，企业的营销场景和需求也在不断演变和发展，数据情况也在持续变化。因此，我们的标签体系需要紧密结合营销人员的实际操作经验，并根据用户的反馈和数据反馈进行不断的打磨及调整，以确保我们的标签体系能够准确、实时地反映用户的需求和行为。

用户分组与圈选的具体实施策略，源自企业目标消费者群体并非固定的单一群体，而是通过多种不同标签的交叉重叠，从而形成一种多元的群体特质。在具体营销活动的运作过程中，企业常常会根据不同的细分市场和群体特征，针对性地展开策略化的操作部署，而非满足于一味追求"千人一面"的现象。在打造出一整套完善的标签体系基础上，专业的营销云系统能够为企业提供强大的用户分组和圈选服务。在用户分组和圈选的操作流程顺利完成后，企业能够进行更为深入、更加聚焦的特定群体分析，以及更为精准的营销动作设计。

精确深入的用户行为分析。用户行为分析是一种对原始用户行为数据进行深入理解和洞察的重要方式，它是企业在营销过程中不可或缺的重要环节。在企业的市场营销工作中，精确的需求洞察与满足用户的需求是建立用户行为分析体系的基石，而营销云的用户行为分析是这一体系中的重要组成部分。营销云的用户行为分析系统通过对多源数据的高效整合与深入分析，以直观明了的可视化界面、便捷易用的交互形式，结合多种精密的分析维度和丰富的指标数据，对用户行为展开全面细致的分析，并为企业的营销流程提供了有力的决策参考。

具体来看，在全面营销的云产品中，企业可以通过便捷易操作的拖曳式数据分析平台，对全渠道用户的行为数据进行多维度深度分析，分析内容包括分布状态的深入剖析、用户路径的全面解读、网页热度的精确追踪、App的点击情况详细分析、交叉关联的创新洞察，以及显著性的对比和差异化的分析等。根据详尽的分析结果，企业能够快速灵活地选择并提取关键数据，充分组合出富有洞见的结论，从而在营销运营的每个环节提供高效精准的决策支持。

媒介与投放型工具。百度爱番番潜客定投线索管家是一种非常实用的工具，它能够统一客户身份和行为档案，从而有效管理各种私域潜客数据，形成统一的数据资产。这个工具的功能强大，可以大大提高企业在管理潜客数据方面的效率和精度。通过使用火山引擎的客户数据平台，企业可以享受到标签体系、用户分群、人群拓展、群体洞察、生命周期分析等功能，从而更好地了解和分析客户群体，提高营销效果。阿里妈妈达摩盘是一个综合性的数据管理平台，主要包含六大功能模块：首页、大促、营销策略中心、标签、人群运营中心、报表。这些功能模块覆盖了企业在营销策略、标签管理、人群运营等方面的需求，让企业可以更加方便地进行数据管理和分析。

在用户管理型工具方面，Convertlab 的 Data Hub（CDP 平台）是一种非常强大的工具，它通过数据清洗、数据链接、数据整合及数据洞察等功能，应用于用户画像、精准营销、DMP 人群包等方面。这个工具可以帮助企业更好地了解和分析用户群体，从而制定更加精准的营销策略，提高用户转化率和变现效果。同时，Data Hub 还可以提供各种数据分析和洞察功能，让企业更好地了解用户需求和行为，从而优化产品和服务，提高用户体验和忠诚度。

（二）消费者旅程管理

消费者旅程管理是企业在市场竞争中获得和维护消费者关系的关键环节。这一过程通过收集动态信息并实现与消费者的互动，推动消费者从初步了解品牌和产品，发展到深入认知，直至转化为忠诚用户。这一系列关键的消费者行为转变构成了"消费者旅程"。在日新月异的新营销理念的推动下，消费者旅程管理的重要性日益凸显。

作为现代企业，应积极参与到消费者旅程的各个阶段，充分运用多样化的手段，对各阶段消费者的特征进行全面分析，从而提供适当的刺激，引发消费者进一步的积极行动。营销云作为一种先进的企业级软件工具，通过提供一系列实用的工具和详尽的分析模型，为企业明确每个阶段消费者的特征。同时，营销云通过各阶段转化率的实时反馈，能够及时发现整个营销流程中可能存在的问题。此外，它还能为企业提供针对性的解决方案和优化建议，助力企业提升消费者旅程管理的水平，从而在激烈的市场竞争中脱颖而出。

准确而全面地预测消费者生命周期价值将为企业提供更加科学的发展策略。只有通过不断的客户运营和关系维护，企业才能保持稳定的发展趋势。这个价值的大小，不仅取决于消费者自身的消费能力和消费倾向等特性，也依赖于企业在深入研究消费者"潜力"的基础上，所采取的营销运营策略。同时，准确把握消费者的消费能力和消费倾向等特性，有助于企业更好地满足消费者的需求，增强企业的市场竞争力。在这个过程中，对消费者的"潜力"进行深入分析，能够为企业提供更加全面的参考依据，为企业提供更加科学的营销策略。

在消费者生命周期价值预测领域，我们通过引入数据挖掘技术，集成各种先进的 AI 算法，并创建一种结构化、逻辑化的生命价值模型，全面而深度地挖掘了用户在全生命周期中可能产生的价值。通过这种方式，企业可以精确地预测到不同类型的"潜力"客户，这些客户具有巨大的价值创造空间，并将成为推动企业长期稳定发展的重要力量。企业可以对这些"潜力"客户进行更精确的分类，然后制定有针对性的营销策略，通过持续的连接和深入的了解，进一步挖掘他们的价值，从而建立起一种长期稳定的利益连接，进而推动企业的持续发展。

第三节　当我们追求品牌增长时搭建内容创作

一、内容动态化管理

在竞争激烈的营销活动中，内容作为人、货、场三大要素的关键连接器，为企业与消费者间的有效沟通提供了至关重要的支持。在多元化、快节奏的营销环境下，企业必须持续地运用各种富有创意的营销内容，与广泛的消费者群体保持动态、灵活且有趣的沟通与互动。这一充满活力的运营过程包含着多个相互衔接的环节，如内容素材的精心研发、持续优化、跨部门协同工作，以及内容的灵活调整与管理等。同时，企业还需密切关注内容、用户以及各类接触点等方面的数据，通过专业的分析与解读，及时调整运营策略，以更好地满足消费者的需求。

营销云产品，也就是我们所熟知的内容管理系统（CMS），能够有条不紊地为企业调度各个生产环节的力量，实现全面的动态分发与管理。在这个过程中，营销云产品发挥着至关重要的作用，为企业提供了一系列轻量化的内容生产、内容生产协同、创意内容连接、内容管理与优化等全方位的优质服务。

轻量化内容生产主要包括大规模、多样化、快速迭代的内容，以适应多元、动态的传播与互动需求。内容素材的拆分，即对大规模、轻量化生产的内容素材进行多维度拆分，是实现大规模、轻量化生产的基础。通过按照类型、元素、风格、应用场景等多方面对内容素材进行拆分，企业可以方便地快速制作出符合营销需求的内容物料，提高工作效率。

营销云产品提供了大量的内容模板，并按照使用场景和营销需求进行归类，以支持企业快速查找和修改内容模板，进行高效的内容发布。此外，基于全渠道的用户数据监测和洞察，营销云产品能够根据设定的内容模型和模板，结合实时的用户数据洞察，生成个性化的内容物料，从而显著提高用户的内容体验，进一步提升品牌影响力。

海量、复杂的内容生产协同过程中，诸如音频、视频、落地页等多元、多变的内容物料需要涵盖创作、编辑、发布等多个环节，因此，对协同者的要求也是多元化和多样化的。而在营销领域中，内容的快速迭代、不同类型和定位的内容之间的整合、筛选和优化等工作，同样需要团队成员之间的协作与配合。因此，许多优秀的营销云产品都提供了全面的内容生产协同工具和流程管理功能，以保证内容的安全性，并提高内容生产的协作效率。内容生产流程管理工具已经嵌入到内容生产的各个流程环节中，能够极大地提高各类人员之间的协同效率。例如，知名的企业级内容创意服务提供商火山引擎，它们所推出的智能创作云产品也支持类似功能，受到了许多行业人士的热烈欢迎。

内容管理与优化是以高度精细化的 CMS（内容管理系统）为基础，针对内容物料的多个维度进行细致的分类和存储，实现实时存取，使得内容管理变得更加科学化和便捷化。内容动态优化是利用 AB 测试或多变量测试等专业工具，对内容物料的尺寸、颜色、风格、排版等创意元素进行动态调整，以优化内容呈现的整体效果，同时预测和判断用户的内容偏好，从而提供更加精准的内容服务。

火山引擎智能创作云代表了内容动态化管理的先进技术服务商的产品应用，致力于提供轻量化的内容生产以及内容生产协同。该平台提供各类创作工具、正版素材和创作内容管理，能够显著提升企业内容创作效率和质量。其功能涵盖智能工具箱、资源中心、云编辑器、创作内容管理等多个方面，形成了完善的内容生产与管理解决方案。火山引擎智能创作云平台的优势在于其强大的内容动态化管理能力。通过智能工具箱，用户可以快速获取各种创作工具，包括文本编辑、图片处理、视频剪辑等，从而大大提高创作效率和质量。同时，资源中心提供了丰富的正版素材，包括图片、音频、视频等，让用户在创作过程中无须担心版权问题。云编辑器是火山引擎智能创作云平台的另一大特色。它提供了一个在线编辑环境，用户可以在其中进行内容创作和管理。云编辑器支持多种格式的文档导入和导出，方便用户进行文档管理和协作。同时，它还具有实时保存功能，确保用户在编辑过程中的数据安全。

火山引擎内容管理平台以内容管理与优化为核心，为企业提供一站式运营管理平台。该平台支持从内容引入、内容质检、内容理解、内容加工到内容分发、算法推荐、数据分析等环节的全面管理，确保企业内容的准确传播和有效利用。

火山引擎内容管理平台的优势在于其全面而高效的内容管理功能。通过该平台，企业可以轻松实现内容的引入、质检、理解、加工和分发等环节的全面管理。同时，该平台还支持算法推荐和数据分析，帮助企业更好地了解用户需求和市场趋势，从而制定更加精准的营销策略。

阿里妈妈推出了创意中心，该中心提供从图文到视频再到落地页的素材级智能化创意支持，帮助商家进行创意资产管理。这一功能将有效提升商家的营销效果，推动其品牌形象的塑造与传播。阿里妈妈创意中心的优势在于其智能化和全方位的创意支持。商家通过创意中心进行从图文到视频再到落地页的素材级智能化创意支持，从而更好地管理和利用自己的创意资产。同时，创意中心可以帮助商家进行品牌形象的塑造与传播，提高商家的营销效果和市场竞争力。

二、搭建内容创作

我们已全面且深入地阐述了营销模式的演进历程，从初始的"大规模渗透"这一基础性观点衍生出了更具灵活性的"小型渗透"概念，清楚地揭示了"小型渗透"的战术价值及重要性。为推进这一战略，我们需要紧密围绕故事叙述策略这一高效工具进行。在深度探索这一策略的过程中，我们进一步阐述了如何巧妙地将故事叙述策略运用于内容构建的实际操作中，以实现全面、深入、细致的品牌内容创作的构建。

　　接下来，我们将重点探讨如何深入地分析并解决如何为品牌建立一种专属的、高效的、高品质的、低成本的内容创作。考虑到在新时代的环境和背景下，构建一种高品质、低成本、高效的内容创作是一个严肃而重要的课题。依据相关内容，我们认识到，在新的时代背景下，构建一种高品质、低成本、高效的内容创作，主要需要通过三个步骤实现：首先是增强营销内容的吸引力，其次是进一步提升其生产效能，最后是不断改善其分发效率。

（一）增加内容吸引力

　　为构建一套精细且具科学性的内容创作体系，我们经过深入的调研与探讨，创建了一个全面的营销内容吸引力三维模型。该模型对人们的关注、参与和共鸣等复杂的情绪体验进行了系统化的分类，体现了我们长期实践经验和深入研究的结晶。

　　这个三维模型包含三个相互关联、相互影响的维度，每个维度都是一个独立的领域，但又紧密相连。第一个维度代表感觉刺激吸引力，强调通过强烈的视觉、听觉或其他感觉刺激来吸引用户的关注。第二个维度代表交互吸引力，侧重于通过与用户的互动交流来促进用户参与理解的过程，鼓励用户产生自我思考。第三个维度代表意义赋予吸引力，注重通过内容的核心价值和意义来激发用户内心的共鸣。每个维度都可以进一步细分为若干个关键要素，这些要素将在后续的内容创作中发挥关键性的作用。这一模型为我们提供了一个全面的框架，可帮助我们更好地理解并创造出具有吸引力的营销内容。

　　品牌营销策略对产品开发和设计的关注点应基于对消费者需求和行为的深入了解。如果品牌的营销策略仅依赖短暂的感官刺激来吸引消费者，可能会在潜意识里误导广告和品牌营销走向空洞的、与伦理道德背道而驰的，甚至低俗的方向，对品牌形象的持续发展造成不可弥补的损害。相反，如果感官刺激与品牌故事形成了积极的互动，但在这一过程中未能充分体现价值和意义，那么这种现象可能导致品牌营销沦为尼尔·波兹曼所说的"娱乐的奴役"，对品牌的发展产生消极影响。另外，如果品牌故事过于关注意义的赋予，而对于感官刺激和互动吸引力的关注不足，那么品牌的价值观念也难以得到有效、清晰的传达。因此，可以肯定地说，只有当一场品牌营销活动同时具备以上三个维度的吸引力时，才能被称作是一个完整而充满活力的品牌故事。

1. 初阶：感官刺激吸引力

　　感官吸引力是指品牌通过多元化、全方位的信息传播方式，包括精美的图片、生动的文字描述、悦耳的声音、引人入胜的视频等丰富多样的视觉、听觉元素，成功激发消费者对品牌的关注和兴趣。在繁多的营销活动中，感官吸引力的强大与否，直接关联到消费者主动接收营销信息的意愿。

协调性作为衡量营销内容美感的重要标准，主要关注品牌与产品的展示是否自然而协调，赏心悦目。准确性是营销内容能否让消费者准确理解品牌与产品，它关系到消费者能否认可并信任品牌。相关性用于衡量营销内容是否与产品特性以及品牌定位紧密相关，其作用是在同类竞品中脱颖而出，以彰显品牌的独特优势。

感官营销专家马丁·林斯特龙曾指出，感官刺激吸引力综合了视觉、听觉、嗅觉、味觉、触觉这五大感官体验。然而，由于传播媒介的限制，我们目前仅关注在营销活动中视觉和听觉的感官吸引力。

视觉吸引力：尽管视觉元素已被广泛用于吸引大众的注意力，并作为一种基本的宣传手段，但品牌方仍能以此为契机，开展更具创新性的营销活动。

以伊利金典 2021 年 4 月推出的《从自然中来，到自然中去》整合营销为例，该营销活动旨在强调品牌的有机生活理念，通过小程序设计的同步升级，成功地将这一理念融入了整个营销活动（见图 4-3）。在小程序设计过程中，设计团队充分运用了绿色作为主要色调，既与品牌主打的"自然"风格保持一致，也与金典的品牌色调保持协调。此外，小程序的排版处理以及产品图标设计都采用了扁平化设计风格，兼顾了美感和简洁性，使小程序在视觉效果上更加吸引人。在文字描述方面，设计师们采用了生动且引人入胜的语言，将金典的"自然"品牌故事巧妙地融入营销活动中。这种将故事与营销活动紧密结合的方式，成功地将营销活动与品牌故事相融合，生动地实践了故事生活的理念，使金典的品牌形象更加鲜明，也更容易被广大消费者所接受。

视觉刺激虽然在直观性和快速传递信息方面具有显著优势，但在现代社会，视觉信息过量的环境使得人们应接不暇。因此，选择使用听觉吸引策略对于品牌营销活动的有效开展变得至关重要。以北欧知名婴童品牌 Stokke 在 2021 年儿童节举办的营销活动为例，我们可以看到听觉吸引策略如何在品牌营销中发挥重要作用。

为了有效提升品牌形象和认知度，Stokke 成功制作了一部颇具创意的电视广告。在这部广告中，Stokke 将品牌产品儿童成长椅融入经典音乐剧《音乐之声》的故事情节中，强调了品牌的创新和艺术性。广告以七个坐在长椅上的宝宝为灵感，他们代表着七个音符，与品牌口号"为成长每一阶而

图 4-3　从自然中来，到自然中去

资料来源：增长黑盒 & 赞意. 2022 内容增长战略白皮书［EB/OL］. http：//www.sohu.com/a/553824749_121406416.

备"完美融合。在这个过程中，婴儿与成长椅共同成长的画面展示了品牌对于儿童健康成长的关注和重视，同时也为广告增色不少，传递出品牌的温暖关怀。

广告的创意设计颇具新意，将品牌的产品与经典音乐剧相结合，通过音乐的力量展现出品牌的理念和风格。同时，广告中的宝宝们也成为重要的元素，他们代表着品牌的核心价值——关注儿童的健康成长。此外，广告中的温暖关怀和音乐教育理念也赢得了业界和观众的一致好评。品牌代言人赵又廷在广告中扮演一位负责的"音乐老师"角色，他耐心地教导七个萌娃，共同演绎了《TTTTTTT》这首歌曲。这种创意的设计不仅传达了品牌的风格和理念，同时也为品牌赢得了广泛的关注和良好的口碑。

Stokke 在这次儿童节营销活动中成功地运用了听觉吸引策略，通过创意的广告设计和精准的品牌定位，提升了品牌形象和认知度。这种策略的运用不仅展示了品牌对于儿童健康成长的关注和重视，同时传递出品牌的温暖关怀和音乐教育理念。这为其他品牌在开展营销活动时提供了有益的借鉴和启示。

2. 进阶：互动吸引力

"兴趣"是一种宝贵而独特的社交价值，它体现在个体与个体之间对于某一类事物的热情与分享的渴望，基于这种渴望，自发形成的拥有共同兴趣的群体被称为"圈层"。当圈层逐渐形成，用户对于产品的忠诚度有望得到显著提升，对于品牌而言，这是一种极高的投资回报，因为忠诚度的提高意味着用户消费黏性的增强，这无疑对品牌的长远发展产生积极影响。同时，庞大的粉丝群体所形成的声音将对"圈外"的消费者产生不可忽视的影响。这种影响力并不仅限于品牌本身，更多的是对于潜在消费者的辐射范围的拓展。所谓"圈外"的消费者，指未加入某个兴趣圈层中，对于产品及品牌所传达出的理念和价值观尚未产生共鸣的消费者。他们具有对新鲜事物的好奇心，这份好奇心促使他们产生对某个粉丝群体的围观效应，而这种效应的产生不仅能为品牌增加话题性，更为品牌的渗透力起到反哺作用（见图 4-4）。

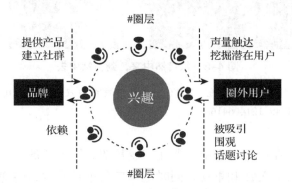

图 4-4　文化兴趣圈层

资料来源：增长黑盒＆赞意. 2022 内容增长战略白皮书［EB/OL］. http：//www. sohu.com/a/553824749_121406416.

品牌的运营策略应紧紧围绕消费者的兴趣及其社交圈层来构建，促使自身成为他们日常热议的焦点话题，从而成功引导他们参与品牌所举办的各类活动。这种方式能够在无形中引发内容的"裂变"效应。这种效应在人际传播中将品牌的影响力迅速扩散至更广泛的公众群体，为品牌发掘更多的新客户，并推动品牌实现新客户的转化。为调动用户的参与热情，品牌应持续提升营销内容的互动性，具体的操作方法涵盖五种：一是创建具有互动性的社群，鼓励用户在社群中分享心得体会、发表意见；二是设计游戏化的营销内容，使用户在参与游戏的过程中体验到挑战与成就的乐趣；三是推出实用性强、趣味性浓的测试活动，让用户通过测试活动了解自身的兴趣和需求；四是举办产品体验活动，让用户亲自体验产品的操作，从而深化对产品的了解；五是组织展览活动，让用户在欣赏展览的同时感受到艺术与科技相结合的全新体验。以上各种形式的营销内容都能够为用户带来独特而有趣的体验，如社交性、趣味性、挑战性、参与感等，从而有效激发用户参与品牌活动的热情，甚至在他们的带动下引发内容的"裂变"效应，让营销活动向外扩散，不断吸引更多新用户的关注和参与，为品牌创造更多的价值。

在对海量的营销实例进行精密深入的研究与分析后，我们惊讶地发现，几乎所有具有丰富创意和参与度的互动形式都紧紧围绕着强烈的社交性、有趣而又引人深思的趣味性、充满挑战却又让人跃跃欲试的挑战性以及令人深有感触的参与感这一核心元素。它们之间相互配合，形成了一种独特而富有吸引力的互动体验。

小米公司秉持着"为发烧而生"的坚定理念，以近乎狂热的热情和不懈的努力，打造出了一个充满热情、积极活跃的米粉社群。这个社群充满活力，让米粉们感受到了参与其中的乐趣，激发了他们持续参与的热情，不断向小米提供宝贵的产品反馈。米粉们的积极参与不仅让小米的产品在不断改进中变得更加完美，还为其提供了大量的品牌内容。这些丰富的品牌内容在人们口中流传开来，形成了经久不衰的口碑效应，使得小米的"破圈"策略得以成功实现。这种成功的"破圈"策略不仅拓宽了小米的市场份额，还使得小米在用户群体中树立了良好的品牌形象，为其未来的发展打下了坚实的基础。

乐高的粉丝群体庞大而广泛，覆盖了全球各地，而且从幼儿到成年人的各个年龄段都有其忠实的拥趸。乐高线下交流社区遍布 347 个地区，这个分布广泛的社区平台为粉丝们提供了一个广泛接触和交流的环境，让乐高的魅力得以进一步传播。在这个社区中，粉丝们可以相互交流心得，分享乐趣，结识志趣相投的朋友。在线上，乐高还拥有一个庞大的社区平台，拥有 106 个粉丝群，他们同样为全球各地的乐高粉丝提供了一个互动交流的空间。这样一个规模庞大、种类齐全的粉丝交流平台，让每一个乐高粉丝都有机会参与其中，一起构建和分享乐高的乐趣，从而让乐高品牌的魅力得以持续发扬光大。

"认养一头牛"云牧场小程序游戏，精心设计了一系列极富趣味性的环节，包括热情洋溢的牧场管理、科学的养牛过程以及欢乐无穷的牛奶收集，旨在吸引广大用户积极参与并沉浸其中，通过这种方式成功激发了用户深度体验的热情，将虚拟奶瓶中的奶水兑换成真正的奶卡，从而使用户与产品之间的联系变得更加紧密，用户对产品的依赖度极大增强，使得用户对产品的黏性大幅度提升，充分展现了"认养一头牛"品牌的产品魅力。

增长黑盒巧妙运用新颖独特的增长天王排位赛，精细地测度和度量用户对"增长"知识的理解。在每次实时答题分数和排名的呈现中，增长黑盒成功地引发了用户之间强烈的竞争心理，使得大家对"增长"知识的理解和掌握程度得到了较为充分的展示和较量，也在一定程度上推进了用户对知识的消化和吸收。进一步地，增长黑盒还辅以"分享可再来一局"的激励措施，这种激励措施具有实效性和积极性，能够激发用户自发地进行传播，使其品牌知名度在短时间内迅速提升，从而在一定范围内打造出良好的品牌口碑和品牌形象。

安慕希则别出心裁地采用"红绿灯"新品测试，将水果颜色与"红绿灯"巧妙结合，并诚挚邀请前交警百大 UP 主谭乔试吃并进行推广，构建出独特的话题，助力品牌出圈。随后开发的摘果竞速小游戏，设计了极具吸引力的话题和丰富的福利程序，以及周边产品，充分调动了用户的兴趣，给予用户购买的动力，有效推动销售。在活动后期，通过百分百中奖的问卷鼓励已购买用户积极反馈，为后期新品决策提供关键数据，实现"人人都是品鉴官"的品牌共创理念，进一步提升用户的忠诚度。

"安利一方植遇艺术展"是一场集结各种珍贵绿植元素的盛大展览。在这个艺术展中，观众不仅能领略到绿植与美的完美融合，而且能感受到品牌所倡导的健康生活理念。此次艺术展的主题是"一方植遇"，它所传达的健康主张深入人心，让人们在欣赏美景的同时，也能深切地认识到绿色植物对生活的重要意义。通过在展览中融合绿植元素，让绿植成为艺术创作的素材，讲述每一位作者背后的故事，给每个人留下深刻的印象，引发人们对生活和自然的思考。在展览期间，日均人流量激增 500%，线上话题阅读量更是达到惊人的 3090 万次，总互动数也达到了令人惊叹的 11 万次。这不仅显示了艺术展的影响力，也进一步增强了品牌的知名度和影响力，为人们带来了一场场视觉盛宴。

网易云音乐近期推出了一款备受瞩目的"人格主导色"性格测试小游戏，该游戏采用了创新模式，让用户在欣赏优美音乐的同时，通过回答一系列相关问题，旨在深入剖析用户的性格特点。这款看似简单的小游戏一经推出，便迅速风靡全网，成为当前社交平台上流量最高的 H5。其 0 成本的宣传方式，在短短几天内成功刷屏了六大社交平台，充分发挥了其传播价值。不仅在微博上取得了热搜第二名的佳绩，更在知乎热榜上占据了三条席位。此外，该游戏在微信指数上的表现尤为亮眼，上涨指数高达 2400%，充分展示了其强大的影响力。

3. 高阶：品牌意义吸引力

在我们的日常生活中，品牌是由消费者和企业共同创造、精心打造的富有生命力的存在。在这个过程中，品牌不断发展并深化，成为消费者心中独特的情感寄托和认知体验，更是品牌独特性的核心要素。为了更深入地探讨品牌价值的吸引力，我们可以将其划分为三大板块，分别是情感价值、生活哲学和社会责任。

以钟薛高瓦片形状雪糕营销为例，具体阐述情感价值。在这场独特的营销活动中，钟薛高品牌以自身独特的瓦片形状为传播载体，为消费者提供了一种新颖且富有情感的体验。瓦片形状的雪糕象征着时间与土地的紧密相连，让消费者在品尝雪糕的过程中仿佛打开了一扇通向温暖与普通人生活的窗户。瓦片作为家的基本单位，承载着与家人共度美好时光和中国人内心深处的执着信念。钟薛高品牌通过这场营销，向消费者传递出品牌与消费者间深厚的情感纽带。它将品牌的故事与我们的土地和人的生活紧密结合，让消费者在品尝雪糕的过程中，不仅能品味到美味，还能感受到品牌所传递的情感力量（见图4-5）。

图4-5　钟薛高瓦片形状雪糕

资料来源：增长黑盒&赞意．2022内容增长战略白皮书［EB/OL］．http://www.sohu.com/a/553824749_121406416.

这场营销活动成功地展示了钟薛高品牌与消费者之间深厚的情感纽带。通过将品牌故事与我们的土地和人们的生活紧密结合，钟薛高成功地让消费者感受到品牌所传递的情感力量。

情感营销这一理念，源自美国著名传播学家罗伯特·霍夫兰的丰富研究领域，自其初始的理论萌芽状态起，便在全球商业营销实践中得到广泛应用。在品牌营销的各种方法和策略中，品牌方可以通过多元化、新颖、富有创意的各种营销手段和技巧，营造出符合品牌定位和受众心理需求的恰当氛围，从而有效地引导消费者更深入地走进品牌故事的情境，由此引发消费者与品牌故事间的情感共鸣，使得消费者在心理上更愿意主动地与品牌和品牌理念以及品牌产品进行连接，产生深度的情感联系。情感连接的观念或手段并非最近才出现，但它作为一种富有创新性的营销手段，在众多商业营销领域中始终具备着持久的生命力和广泛的适用性，充分展现了其独特的营销价值和魅力，同时获得了越来越多的品牌方和消费者们的高度认同和热情响应。

生活哲学在我们的日常生活中扮演着重要的角色，它涵盖了我们对世界的独特认知和理解方式，以及我们对待生活的态度和与世界相处的方式。它不仅描绘了我们理想中的生活方式，还体现了我们对生活、世界和未来的深度思考和探索。对于品牌而言，要想获得广大消费者的共鸣，持续创造并分享具有价值和影响力的用户内容至关重要。明确品牌价值观，紧跟社会发展潮流，与时代保持同步，积极融入并引领社会，是激发消费者对品牌关注的关键所在。品牌与消费者的紧密联系，除产品本身的功能性，还体现在品牌所倡导的价值观念和生活态度上。每一次消费行为，都是消费者对品牌态度的一次选择和评价，同时也是他们通过消费行为赋予品牌新的意义和价值的过程。

品牌秉持社会责任理念，将其融入品牌建设，借力品牌意义和理念，贯穿社会责任精神，能够获得公众认可和好评，推动品牌营销的扩大和深化。品牌社会责任的塑造需要建立在产品品质和质量上，如果产品品质未满足消费者需求和期待，品牌社会责任的强调反而可能导致消费者反感和抵触，甚至引发风险和危机。因此，品牌在履行社会责任时，必须将产品品质作为核心要素，提升品牌产品的竞争力和吸引力，确保品牌社会责任的有效实施和贯彻。品牌的定位和发展向更大社会范围、更广泛受众群体靠近，便具有更深刻的社会意义和价值，被赋予特殊的精神内涵和品牌魅力。商业的本质是供需交换，品牌通过其形象和理念展示社会责任时，具有解决社会痛点的能力，满足社会公众的某种需求，因此更容易获得社会公众的认可和信赖，推动品牌营销的扩大和深化。

（二）提高内容生产效率

1. 品牌自生产内容

当前媒介环境下的信息爆炸，使得用户注意力被大量碎片化内容所分散，导致对同一内容的关注时间大大缩短，连续性和稳定性在快速流动的信息洪流中逐渐消失。据 2019~2020 年的全行业视频广告数据分析，发现全行业的视频广告生命周期较上年锐减了 50.63%，这意味着营销的艺术特性逐渐让位于消费品特性，用户对于新鲜感与多样性的内容追求越发显著，单调重复的策略在这种背景下失去了实际效果。因此，品牌必须提升自身的内容产能，以满足用户对丰富多样内容的需求。为此，我们建议品牌根据自身的实际需求，建立一套属于自己的内容生产体系，从而能够利用各种不同的生产方式，源源不断地向这一体系输送新的内容和活力。

在强大且全面的品牌内部营销部门的鼎力支持下，品牌已然能够独立地创作和制造出各式各样的营销内容，并享有充分的独立性和自主权。然而，在这个富媒体大行其道的时代背景下，对营销内容的需求正以前所未有的速度不断增长，为了在激烈的市场竞争中吸引并保持用户的眼球，品牌可以考虑采用更加新颖、时尚、有趣的营销策略。因此，品牌迫切需要建立一支年轻化的团队，积极激发团队成员的创新热情，赋予他们更大的自主权，使团队成员能够与作为市场消费主力的年轻群体进行有效的互动与沟通。

2023 年，魔方严选品牌在微博这一重要社交媒体平台上发布了一条别开生面的"招聘启示"信息。实际上，这是一则充满神秘的抽奖公告。在这条信息中，魔方严选以真诚、直接的方式向公众展示了"1 个月 5000 元工资，工作轻松，金额不高"等引人注目的内容，引发了广大网友对工资待遇和"躺着也能赚钱"等议题的热烈讨论。这条微博虽然只有六段文字，并未借助于明星效应或视觉辅助宣传手段，却显得简洁而有力。然而，就是这样一条看似简单的微博，却取得了非凡的业绩。据统计，该微博在短短一个月内就获得了超过 220 万次的转发、点赞和评论，其受欢迎程度令人惊叹（见图 4-6）。

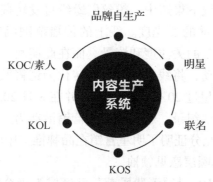

图 4-6 内容自生产系统

资料来源：增长黑盒 & 赞意 . 2022 内容增长战略白皮书 [EB/OL] . http://www. sohu.com/a/553824749_121406416.

明星营销策略是一种有效的推广方式，借助明星的知名度和影响力，可以快速提升品牌知名度和影响力，同时促进购买行为的实现。这种方法经过实践验证，具有显著的效果和实用性。通过强化粉丝的互动和参与度，明星营销不仅能够推动品牌快速扩大知名度，还能够深化品牌影响力，使品牌形象和口碑得以持续深入人心。明星营销策略已经成为提升品牌知名度、促成购买行为和深化品牌影响力的重要手段，备受企业和品牌的青睐。在流量和热门话题的背景下，借助明星的知名度和影响力，品牌可以吸引大量人群关注，粉丝购买力强劲，明星甚至拥有自己的"私域"，品牌可以充分利用这一优势，实现快速的粉丝购买转化。此外，明星的粉丝具有高度的自主性和创造力，能够将一次营销活动进行二次传播，从而扩大品牌曝光度。

在策划和执行明星营销活动时，我们必须确保明星的个性特质与品牌的特色和调性达到高度的契合。例如，在2021年的开学季，全球知名的日化公司宝洁公司与八位艺人签订了深度合作协议，以保持宝洁全明星学院主题IP的新鲜度和热度。在此期间，宝洁公司在其官方微博上发布了一系列预告短片，这些短片以学长学姐展示录取通知书的方式呈现宝洁主品牌和子品牌的全新系列产品。这些学长学姐艺人不仅以明星的身份参与到活动中，更是从一个品牌忠实粉丝的视角，向粉丝们展示宝洁的各条产品线。

在社交媒体上，八大明星艺人化身学长学姐，各自拍摄了宣传短片，并在短片的结尾处预告了即将到来的活动优惠和具体的时间安排。这一环节极大地激发了粉丝和广大消费者的参与热情，为即将开启的明星学院活动营造了热烈的氛围。在抖音和B站这些短视频平台上，宝洁官方账号发布了与微博相同的物料内容，旨在通过更多元化的传播渠道，将活动信息传递给更多潜在的消费者。

在品牌的线上和线下渠道中，粉丝们纷纷自发转载和二次创作这些宣传视频，大大提高了活动的曝光度。线上的传播范围涵盖了各大社交媒体平台，为活动带来了更多的关注度和流量。而在此期间，宝洁公司更是精心策划了一场天猫直播活动，将线上流量成功转化为销售额。在直播当天，宝洁公司在全渠道获得了超过20亿次的曝光，并在8月20日成功打破了天猫个护家清行业店播的日销纪录。这一成功的营销活动为宝洁公司在明星营销领域树立了新的标杆，充分证明了明星营销在品牌推广中的重要性。

2. KOL兴趣文化圈层意见领袖

或许可以说，"KOL引领消费风潮"已经成为当今数字时代的醒目标识之一，这主要得益于媒体去中心化的发展。在这样的背景下，KOL们已经在品牌营销策略中发挥着举足轻重的作用，成为核心创作者。这些KOL具备一些基础特质，如独立创作优质内容、引领特定领域发展、拥有一定规模的忠实拥趸。他们以信息流、广告位等形式产出营销素材，触达粉丝群体，并向品牌方收取推广费用。然而，推广内容并非 KOL 内容创作的核心环节，而是他们所运用的一种营销工具。与 KOL 合作，对于企业来说，有助于推出独具个性、满足千人千面受众需求的营销内容。

随着海量 KOL 的涌现，品牌筛选合作伙伴的难度也在增加。因为在网络的海洋中找到能为品牌贡献销售转化的 KOL 并非易事。因此，企业想要高效运用 KOL 产出内容，需要根据目标受众群体选择合适的平台，筛选出与品牌形象相匹配的 KOL，创建品牌达人库，并进行多点投放。这样的策略可以帮助企业更有效地实现其商业目标，提升品牌知名度，并通过 KOL 的影响力实现销售增长。

在完美日记四周年庆典的盛大营销活动中，品牌方展现出了独具慧眼和高瞻远瞩的战略眼光。此次活动联手国内六位知名且具有强大影响力的头部 KOL，这些 KOL 的粉丝群体庞大，每个人都拥有数百万至数千万的粉丝。通过联合发声，将"# 快慢人生 #"的主题表达得淋漓尽致。借助这些 KOL 的传播，完美日记成功地将周迅等明星的故事与品牌产品巧妙结合起来，实现了完美的故事衔接。

在盛大发布会上，六位知名 KOL 和周迅共同拍摄了广告宣传片。通过精致的拍摄和后期制作，将完美日记的产品与周迅的个人故事融为一体，为观众带来了一次极具冲击力的视觉体验。在后续的互联网营销内容传播阶段，借助这些美妆时尚领域头部 KOL 的庞大粉丝群，成功地将完美日记的品牌理念深深植入了目标消费群体的心中，从而为品牌赢得了广泛的赞誉和认同。

KOS 主播，即关键意见领袖销售者，是近年来兴起的一种以销售产品为核心目标的直播形式。他们在产品销售过程中发挥着重要的推动和引导作用。与 KOL 相比，KOS 在内容创作方面更具针对性和专业性，他们的内容具有明确的销售引导性，引导消费者完成购物行为并按照一定比例获得 GMV 的佣金，为品牌带来了显著的销售提升。

2021 年，抖音与雅诗兰黛集团旗下的知名彩妆品牌 MAC 联手举办了一场名为"KOS101"的柜哥柜姐出道活动，这是 KOS 概念的首次亮相，引起了业内和消费者的广泛关注和讨论。此次活动展示了 KOS 在品牌销售中的巨大潜力。

KOS 可以分为两类：一类是由品牌自主培养的明星柜哥柜姐，他们通过在线平台直接引导消费者购买产品，与消费者进行实时沟通，为消费者提供专业的购物建议和引导，增强消费者的购买信心。另一类是由专业的 MCN

机构培训的电商主播，他们具备导购性质，通过直播等方式向消费者推荐产品，通过专业的解说和讲解，提高消费者的购买转化率。

无论是品牌自主培养的明星柜哥柜姐，还是专业的 MCN 机构培养的电商主播，KOS 的专业性和高粉丝信任度都让他们成为品牌销售的重要力量，为品牌带来了显著的销售提升。对于新品牌来说，KOS 可以迅速提升品牌知名度。然而，当前电商直播行业的红利已经达到了顶峰，KOS 的影响力略有减弱。品牌仍需将 KOS 与其他营销内容的生产方式有机结合起来，以达到最好的推广效果。对于成熟品牌来说，KOS 被视为有效的销售渠道。在选择 KOS 进行合作评估时，品牌需要根据自身的品牌心智以及产品品类来选择最适合的 KOS，同时不断调整投放周期，确保 KOS 的投放和整合营销环节可以实现完美的协同增效。

在互联网科技飞速发展的今天，互联网社交媒体的演变日新月异，其发展趋势持续向上，速度之快令人瞩目。每个人平均拥有约 15 分钟的时间，获得公众的关注和讨论的机会。为了满足这一日益增长的市场需求，关键意见消费者（KOC）应运而生，并成为品牌营销策略的核心组成部分。

KOC 所输出的内容，具有一种自然且真实的触感。他们以普通人和普通消费者的视角自发进行创作，不掺杂任何厚重的商业气息。这有效地缩短了与其他消费者的心理距离，赢得了信任和赞赏。如今，KOC 在素人种草平台如小红书、抖音、大众点评等如鱼得水，脱颖而出。越来越多的消费者自发前往这些平台寻找推荐内容和相关产品评价，以帮助自己做出明智的购买决定。KOC 的孵化也是私域运营的核心环节。然而孵化过程漫长，通过 KOC 内容实现其他消费者购买转化的成效不甚明显。因此，品牌需要具备足够的耐心和良好的运营能力。

以高通骁龙为代表的硬核科技品牌，在 2020 年末，正值中国 5G 业务突飞猛进的关键时刻，推出了最新一代的骁龙旗舰处理器。这一具有战略意义的产品，对高通传统的营销策略提出了全新的要求：从面向企业的 toB 营销，转向面向大众的 toC 战略，以充分利用 5G 的潜力。此次营销活动取得了破天荒的巨大成功，发布会第二天，骁龙相关话题便轻松跃入微博热搜榜前十名，引起了全社会的广泛关注和热议。

在微博平台，高通充分利用合作伙伴的品牌营销资源，与多家中国手机品牌同步展开微博发布会倒计时活动。这些品牌的支持是由高通高端芯片的技术优势所背书的，经过品牌蓝 V 和业内大佬 KOL 的双重推动，发布会第二天，骁龙相关话题便荣登微博热搜榜前十，引发了无数网友的热烈讨论和畅谈。

在私域阵地，高通通过提供高质量的内容，构建了技术与娱乐相结合的双圈层，培养了数千名硬核 KOC。具体的链路包括：①邀请 B 站百大 UP 主影视飓风，进行与品牌产品相关的影响力专题直播；②创建知识答题专栏，吸引用户加入校友会；③举办线下游戏技术分享会，为私域用户争取 ChinaJoy 活动特权；④邀请关键用户参加骁龙技术峰会年度盛会，并参与"定制游"活动。

该活动从拉新、裂变、孵化、留存各个环节层层递进，使普通用户逐渐形成了两个类似双星系统的垂直圈层：第一个是以前沿技术分享和智能设备测评为导向的技术圈层；第二个是以智能游戏、智能生活相关的兴趣圈层。同时，高通建立了颇具吸引力的用户等级成长体系，从入门级到核心级、专家级、大师级，每个等级都有对应的福利和特权，鼓励用户通过自己的努力，实现从新手到专家的蜕变，享受更优质的科技产品和服务。

此次营销活动充分展示了高通在 5G 领域的领先地位和创新能力，进一步巩固了其在科技领域的市场地位。同时，通过与合作伙伴的紧密合作和 KOC 的深度参与，实现了从产品发布到用户互动的全流程覆盖，形成了具有强大影响力的品牌效应。

（三）提高内容分发效率

1. 挖掘媒介认知差

传统的电视广告形式已经逐渐被具有创新性的社交媒体所取代。从平台的私域流量，如知乎、豆瓣，到品牌的官方网站，这些都被归类为媒介的一种形式。随着科技的不断发展，人们的注意力被各类媒介所吸引，使得媒介的定义和范围正在不断拓宽。现在，任何一个用户在浏览信息、观看内容时，他们的注意力停留的地方都可以被视为媒介，无论是传统的电视屏幕，还是新兴的手机、平板电脑。因此，在这个时代，媒介的定义已经发生了翻天覆地的变化，它们不再仅仅是传统观念中的信息传播渠道，而被赋予了更多的功能和内涵，成为人们日常生活中不可或缺的一部分。

媒介认知不仅涉及多学科的专精技巧，如融合传播、零售和媒体等，更是一项需要精心构思、策划并完整阐述媒介定位、特性、福利以及相应的响应策略的繁重任务。由于篇幅所限，我们无法在这里详细叙述每一个环节和细节。因此，本书特别选取了"私域""社媒"和"线下"三个具有代表性的媒介为切入点，旨在用简洁明了的文字，以深入浅出的方式，为读者揭示如何系统地认知和开发媒介红利，从而掌握获取更多商业机会的实用方法。

私域领域作为我们当前的重中之重，其核心理念聚焦于内容建设，而非短期的转化效果。对于传统的私域运营，我们的实施方案主要包括充分利用公域流量的引入，同时在私域内部保持持续的高品质服务接触，以期在精心打造的私域环境中实现用户的转化。面对新型的私域运营模式，我们的关键策略有两点：一是充分发挥品牌营销资源的复用性，整合各类营销活动，成功吸引私域生态中的原生流量，将其纳入我们的私域流量阵营；二是运用深度内容运营策略，不断丰富用户在私域中的数据信息，以此增加单个用户数据的丰富度，从而实现媒介端的双向交流与沟通。

以伊利安慕希为例，该品牌在小程序中采取了一系列创新主题活动，如"端午开店做掌柜 X 陶陶居""明星运动竞技会 X 跑男""十年回忆杀答题 PK X 好声音"等，充分运用品牌方已有的丰富营销资源，结合异业合作、多点触达等策略，成功实现了两项战略目标：

（1）通过迅速积累千万级别的初始用户池，高效吸引和聚集了新的流量，为品牌的长期发展奠定了坚实的基础。

（2）通过增加用户数据的深度，深化对用户的理解，提高了对用户行为的洞察力，并以此为依据，为用户提供更加精准和个性化的产品和服务。

其中，以 2021 年跑男为灵感策划的小程序成为社交裂变和二次传播的典范，甚至实现了"破圈"的效果，为品牌赢得了金投赏。该活动名为"奔跑吧，新员工"，用户邀请好友来为自己贴标签，并解锁隐藏彩蛋——猜 Angelababy 为自己贴的标签。通过积累用户标签，为后续推送投放定制化内容创造了坚实的数据基础。

社交媒体平台：内容创作引领潮流。抖音，这款短视频平台，以其独特且富有魔力的内容和形式，成功吸引了广大新生代用户的目光。随着平台内容的逐步完善和丰富，其电商属性也得到了充分挖掘，使得品牌方可将其视为一个能全面提升品牌效益的"评估基准"和"助推器"。在抖音平台上投放和传播内容，对于品牌方而言，不仅能吸引更多目标用户群体，还能通过围绕目标用户群体营造沉浸式场景体验，增强"种草"效果，即通过感染力和说服力的内容，让用户深入了解品牌并产生好感，进而激发强烈的购买欲望和行动力。

作为 2019 年诞生的男士理容界的全新力量，我们以新兴品牌"亲爱男友"为代表，揭示这一行业的佼佼者。在抖音平台，我们设定了一个明确且实际的营销目标：在传播品牌理念的同时，通过有效的投放策略，实现盈利。

我们采用了独特且富有前瞻性的营销策略，将"飞行员香水"作为主要的推广产品，这是一款充满魅力、又极具潮流气息的爆款产品。我们精心挑选了一系列与潮流趋势、产品测评、剧情演绎、恋爱主题等息息相关的抖音达人账号，利用这些账号原生的生活场景和娱乐场景，以及富有创意的"小心机"元素，使得我们的"飞行员香水"产品在各种场景中脱颖而出，轻松吸引用户的眼球。

自从"亲爱男友"品牌入驻抖音以来，品牌曝光量已经超过50亿次，不仅成功传递了品牌理念，还吸引了抖音生态的原生圈层粉丝。在实现这一目标的同时，带货效果也令人瞩目，凭借出色的营销表现，两款产品在男士香水爆款榜中稳居前三，整体投放ROI高达1.7，实现了利润与品牌知名度的双重提升。

在当今信息化如潮的时代，媒介的性质已发生了明显的改变，并仍在不断强化。传统的线下路径，比如实体店铺等，更注重于销售量的提升。他们通过创造新颖独特、充满创新思维的设计，以及具有极强视觉冲击力的环境，吸引用户的注意力。然而，新型的线下路径则主导媒介，精心打造与品牌理念相辅相成、相互呼应的线下场景，同时注重环境与产品的和谐统一。新型线下路径已不再将销售视为首要目标，而是推广品牌所倡导的生活方式和情感连接理念。相比之下，传统的线下路径往往需要投入大量的宣传费用，以获得较高的曝光度和知名度。而新型线下路径在某些特定场景下，如特别活动或重要节日庆典，其曝光成本相对较低，有时甚至是以产品交换、线上营销资源交换等形式实现的。

【例证】在我们所探讨的这个案例中，以好望水（望山楂）的线下合作为具体背景，这是一个以高端民宿为具体实施平台的合作项目。这个项目旨在为好望水的品牌塑造增加新的维度和活力，充分发挥线下合作的优势，进一步提升品牌的影响力。为了专注于开拓线下特殊渠道合作，我们在好望水的公司架构中特意设置了体验营销组（见图4-7）。

杭州·十里芳菲　　　莫干山·大乐之野　　　莫干山·西坡

图4-7　好望水（望山楂）

资料来源：增长黑盒&赞意.2022内容增长战略白皮书［EB/OL］.http://www.sohu.com/a/553824749_121406416.

体验营销组的主要职责包括积极与各个特殊渠道（如酒吧、咖啡店、民宿、文创书店、网红餐饮、米其林餐厅等）进行合作，从而扩大好望水产品在消费者群体中的影响力。具体而言，体验营销组的工作涵盖了向高端民宿提供免费产品的服务，好望水因此得以获得一个更加宽敞、舒适的展示空间，进一步凸显产品的品质感和独特性。

借助雅致民宿的环境布置，我们将产品巧妙地融入其中，营造出一种高端、自然的品牌格调。此次与高端民宿的线下合作旨在创造一个独特的体验环境，为消费者带来耳目一新的体验。通过这种合作，好望水进一步塑造其品牌形象，吸引更多的潜在消费者，从而提高产品的市场份额。在这个案例中，我们可以看到以线下合作的方式推动品牌发展是一种创新且高效的商业策略。

2. 数据赋能内容分发

我们通过广泛收集和分析用户的行为数据，以更有效地赋能我们的内容素材进行全面的测试与优化。在此过程中，我们持续地优化各个推广渠道，数据分析也在不断深入推进着我们日常运营的不断升级与迭代。如何精准定位并评估自己精心制定的营销内容以及推广策略是否符合大众的口味和需求，以确保这些策略能够在市场上取得良好的反响呢？通过精确而小规模的内容分发测试与激烈的"赛马"机制，我们能够迅速获取真实有效的反馈，从而得到所期待的答案。

我们将以严谨的态度把测试反馈与北极星指标相融合，进行细致量化分析，旨在深入了解何种内容组合更贴近本次投放的实际需求和预期目标。测试考核元素越全面越详尽，越能在优化和调整过程中充分体现出其优势和价值，从而有效提升整体投放内容的实际效果，让最终呈现的传播内容在众多竞争者中脱颖而出。

裂变机制测试是此次调查研究的重要环节，我们特别关注用户在流程的哪些环节接触并实现内容的触达，以及用户在哪些环节成功完成了消费转化。在测试过程中，我们需要关注触达与转化的效果，分析每个节点的用户流失情况以及流失原因。在用户运行整个营销SOP的基础上，我们收集到的数据结论将比闭门造车式的构想更具有参考价值。

近期我们再次以全球知名乳制品品牌伊利旗下的安慕希产品为例，对其私域营销素材进行了全面的测试与优化。为了确保品牌私域营销方法论的准确性和严谨性，我们对投放的内容素材和裂变机制进行了反复、细致、全面的测试与优化，以制定出最符合市场需求和消费者喜好的推广策略。

在内容投放测试环节，我们明确展示了安慕希产品的特性及其赠品信息，并巧妙地营造出一种限量购买的紧张氛围。这样的策略能够激发消费者的好奇心和购买欲望，提高产品的转化率和市场占有率。针对粉丝人群，我们在投放素材中采用了明星 PR 照片和新品设计，实现了完美融合。这种结合不仅提升了品牌形象的知名度和美誉度，同时将优惠权益最大化，有效引导用户产生购买行为。

在裂变机制测试项目中，经过深度研究，我们发现采取单个用户在每轮邀请中发起并成功邀请 3~4 人的策略，能够实现最优的拉新效果。在邀请人数的条件上，如果继续提高门槛，会导致拉新效率逐渐以大约 20%/ 人的速率下降，使裂变效率面临危机。为提高拉新效果，我们已经对社媒营销传播数据进行了优化，并调整了内容分发策略。此举旨在通过系统化、规范化的传播效果监测，不断提升品牌的营销传播效果，为内容分发赋能。

从广播电视媒体时期到互联网媒体时期，再到现如今如火如荼的移动互联网时期，内容分发策略的优化经历了三个阶段。而我们监测传播效果时所使用的监测指标也在与时俱进，不断更新，以更精准、更高效地监测到营销传播效果，为我们的品牌传播提供更有价值的数据支持。

品牌声浪（Brand Voice）。这一概念涵盖了特定时间内品牌关键词在各种媒体渠道中出现的累计次数，其中，千人投放成本 CPM 等相关度量指标也在其中。通过衡量品牌声浪，品牌方可更精确地评估自身营销内容在社会上的传播广度和传播效率，以及对传播效果的影响。这将为品牌方进一步优化内容分发平台与媒体选择提供有力的定量参考，同时能提升传播的精准度。

声浪份额（Share of Voice）。这一指标反映了品牌在行业内的地位，以及它与竞争对手的相对差异。通过精确衡量声浪份额，品牌方可清晰地了解自身品牌在公众心目中的认知度，并依据行业整体的舆情分布以及竞争对手的声浪占有率，制定出精准的营销内容分发策略，从而更高效地提升传播力和影响力。

互动量（Engagement）。这一指标直观反映了受众群体对品牌内容的兴趣度和关注度，涵盖了用户主动转发、评论、点赞以及收藏等各种具体动作的数据。互动量越高，越有助于有价值内容的广泛传播和高效实现用户对内容的消费转化。通过对互动量进行实时的追踪与监测，品牌方可掌握具体的用户参与情况，从而准确地调整和明确当前的内容传播与定位策略，进一步提升品牌营销的效果。

互动量份额（Share of Engagement）。这一指标指互动量在某一特定行业或市场中所占有的份额，以及在行业中的影响力。仅仅分析自身的互动量已无法全面了解行业或市场的实际情况。因此，为了全面了解市场情况，品牌方通常会通过互动量份额分析来了解竞争对手及所属行业的整体情况，然后根据分析结果有针对性地调整自己的传播策略，甚至模仿或压制竞争对手的传播内容。这样做可以在竞争激烈的市场中为品牌赢得更多关注和支持，从而获得更多的市场份额和竞争优势。

第四节 媒介传播管理与运营

在当今庞大且竞争激烈的市场营销领域中，传播的价值和功能无疑扮演着至关重要的角色。为了实现信息的有效传递，企业需要借助多种媒介渠道实现。然而，当前媒介环境日益复杂，传统的营销策略与执行面临着前所未有的严峻挑战。这意味着，企业在面对不同的媒介传播形式时，需要对各种复杂的媒介产品与受众行为进行精准的适配与管理。

另外，随着用户对多个媒介的频繁切换，为了实现有效的整合传播，企业需要在各媒介间进行串联和整合。在这个背景下，营销云中的媒介传播管理与运营产品应运而生，该产品从提升效率和优化流程的角度出发，在技术上表现卓越。为了让用户更好地理解其产品功能，我们将该产品从不同的视角进行了分类，主要包括五大板块：广告传播、社交媒体传播、社群传播、营销活动传播和客户旅程编排。

广告传播、社交媒体传播、社群传播和营销活动传播主要侧重于针对各类特定媒介传播形态和不同传播目标进行精细化运营，从而实现最大化的传播效果。而客户旅程编排更强调媒介传播的整合化管理，旨在帮助企业在复杂多变的媒介环境下，实现对各类媒介资源的高效整合与利用，以提高营销效果和客户满意度。

一、广告传播

在市场竞争日益激烈的广告营销领域中，专为企业主设计的营销云产品不仅可以实现智能、精确、有效地推动企业在各个媒介渠道上实现广告的精准投放，而且借助人工智能技术，能够实现智能投放的全方位托管，自动化地完成广告投放流程，进一步提高企业的广告投放效率。营销云在功能强大的统一平台上，不仅能够有效地管理跨媒介渠道的广告投放，而且支持多种广告投放方式，如媒体直投（MKT API）、程序化投放（PDB、PD、RTB）以及实时接口（RTA）等，并与主流的第三方广告投放平台紧密对接，实现对投放计划、广告素材、定向人群等多个方面的统一管理。通过接收并整合来自第三方平台回传的数据，营销云能够对广告效果进行深度分析和优化，有效评估各大广告平台的投放效果，从而全面掌握各个平台的投放情况。企业可以更加灵活、高效地组合和优化广告投放渠道，持续地优化整体投放效果，为企业创造更多的商业价值和竞争优势。

例如，Convertlab 旗下的 Ad Hub 能够与国内主流的广告媒体平台实现对接，包括巨量引擎、腾讯广告、百度营销、阿里汇川等，实现在不同平台的广告投放并查看广告投放数据。再如 Hypers 的广告投放管理平台支持企业将私域人群数据与广告事件进行交叉圈选，并引入第三方数据，通过 Lookalike 根据人群特征进行人群包扩展。此外，悠易科技的 OneDesk 智能广告平台为企业提供自动化执行、运营、分析和监测复杂投放项目的服务，并提供多种批量快捷工具，如一键下发多平台操作，实时更新报表数据等。这些工具都能够帮助企业更好地进行广告投放和优化。

百度通过数据驱动用户全链经营，实现品牌确定性增长。百度 AI 智能构建了品牌资产增长全链循环飞轮，包括机会人群、认知人群、兴趣人群、互动人群和行动人群。通过全域全链 / 人群运营 / 稳定增长，百度"AIA"价值度量旨在科学衡量营销投入对品牌资产增长的驱动作用，为商业成长提供确定性的赋能。2023 年百度"品·心·效·销"全链经营策略主张，围绕"AIA"全链路人群分层体系，进行精细化用户运营，高效驱动增长。百度 AI 创新技术加持多维场景，包括种草、内容、搜索和转化等环节。通过 AI 智能数据提升用户触达、深度影响用户、突破内容边界和高效转化等手段，助力品牌资产沉淀（见图 4-8）。

二、社交媒体传播

广受欢迎的社交媒体平台被公认是企业高效执行营销传播、有效推动用户积极参与互动的重要领域。企业面临着各种类型和功能各异的社交媒体平台，企业需要综合权衡各种社交媒体平台的不同沟通功能，以实现有效而准确地利用。这就意味着，企业必须具备针对单一社交媒体平台进行精细化的账号矩阵运营能力，同时，还得在不同社交媒体平台上进行多账号整合运营的能力。

先进的营销云产品，为企业主提供了丰富的跨社交平台的内容分发、账号管理以及效果优化等功能，使企业能够充分满足在多平台运营或者多品牌运营方面对社交媒体传播管理的需求。企业主可以通过营销云平台，对多个平台的社交媒体账号进行统一的管理和运营，完成跨平台的社交倾听和获取反馈的工作。同时，他们还可以在多个平台上同步完成动态的运营，包括设

图 4-8　百度数据驱动用户全链经营

资料来源：2023 百度营销通案［EB/OL］.百度营销中心公众号，2023.

置企业对外的主页形象、发布有关内容的排列组合以及设计和组织各种营销话题等任务。

在用户交互活跃的场景中，如社交媒体、短视频平台以及微信公众号等，企业面临着巨大的挑战。他们需要对在多个平台上开展的社交倾听和获取反馈的工作进行统一的管理和运营，同时在多个平台上同步完成动态的运营。这包括设置企业对外的主页形象、发布有关内容的排列组合以及设计和组织各种营销话题等任务。通过使用先进的营销云产品，企业能够更好地满足这些需求，提高社交媒体运营的效率和效果。

在海外市场，如 Salesforce 的 Social Studio，可实现对企业各大社交媒体平台账号的统一设置、内容排期和自动发布，以确保企业对外发声的一致性。在国内市场，也有许多专注于该领域的专业厂商，如蚁小儿、融媒宝等，它们支持国内 60 多家社交媒体或自媒体平台，帮助企业统一管理上百个内容账号，实现一键发布内容，自动匹配平台内容要求，支持包括图文、短视频、音频等多种内容形式，并提供从平台、员工、账号、内容等维度的数据分析和优化服务。

抖音电商方法论：从 FACT（内容场）到 FACT+（中心场营销场）。

在新的兴趣电商模式下，内容场域作为连接用户与商品及服务的中枢，通过消费内容实现对商家商品和服务的消费，同时商家也在此链路中完成了品牌营销和转化成交。这是抖音电商的特色与优势。2021 年 4 月，抖音电商提出了内容场域的 FACT 经营方法论，包括阵地自营（F）、达人矩阵（A）、主题活动（C）和头部大 V（T）。经过一年的实践与练兵，随着用户购物心智的逐渐成熟，消费场景开始变得更加多元化。为了帮助商家把握增长机遇，抖音电商以生意长效增长为核心命题，对 FACT 经营方法论进行了全面的升级。2022 年，从 FACT 进入到 FACT+，进入到 FACT+ 的全域经营体系。其中，以两个新升级点为中心场（抖音商城及搜索）和营销场，与内容场一起协同，为商家拓展经营阵地，实现消费者的完整覆盖。

在 FACT+ 的经营策略下，商家需要把握好内容、商品、服务三个关键点，通过优质的内容、好商品和好服务来为用户创造价值，带来美好生活，同时实现生意的长效发展。此外，商家还需要拥抱内容时代的决策力、拥抱变化的敏捷力和长期投入的战略定力，以助力抖音电商的品牌与商家突围。在全域经营策略中，抖音电商将内容场作为基本盘，FACT 矩阵作为商家内容供给阵地。场域策略以内容经营为核心，通过 FACT 四大内容经营矩阵为商家保障优质的内容供给，实现深度种草与高效成交。同时，抖音商城与搜索组成中心场，延伸转化场域，提升转化效率；营销场则通过付费流量与自然流量的协同经营，拓宽流量开口、提升流量效率。

在货品策略方面，提供供给优价好物是长期经营的基础；多样化的运营手段、丰富的营销玩法为货品的成长提供了更多的机会。商家还可以通过内容趋势洞察来发现新机会、指引新品开发，实现更大的生意增长。围绕"5A 人群策略"，商家可以进行用户价值的量化诊断。丰富的内容浏览行为和商品选购行为能够为商家提供充分的人群洞察，帮助商家了解用户需求、设定人群经营目标、制定人群运营策略，覆盖从种草到复购的完整消费路径。

FACT+ 模型。关注 GPM，同时关注中心场（抖音商城与搜索）、营销场（流量协同）。Field 是商家经营抖音电商的必备阵地，短视频帮助种草、引流、转化，打通货找人消费链路。直播即承接流量实现高效转化的交易场，短视频与直播间密切配合形成短直共振，是提升内容经营效率的重要方式。通过短视频引流进入直播间的人群，其 GPM（GPM=（GMV/PV）×1000，千次观看成交，GPM 越高，说明你的直播间变现效率越高，把流量变成钱的能力越强）。活动营销不只提升 GMV 有质量的 GMV 增长以及强化用户认知度。通过匹配适合品牌调性和目标人群画像的明星与头部达人，商家可实现快速的品宣和销量"双引爆"。

抖音电商 2022 年新增量。中心场（抖音商城与搜索）打通人找货的链路，高效转化消费兴趣。抖音商城也是生意经营稳定的交易场。用户逐渐形成了在抖音买东西的认知，让抖音商城成为选购、转化与复购的关键场域，为商家提供了一个稳定的中心化交易场。抖音商城带来了高购买心智的流量，商家可配合多样化的主题活动提升转化，并结合店铺经营搭建复购链路。抖音商城是呈现商品的"货架"，以承接用户主动购物意图为主要目标，因此商家需要提高承接效率，通过加强店面装修、商详页设计、参与营销活动、优化围绕商城的内容，可优化消费者的购物体验，提升承接转化率。搜索是典型的"人找货"主动选购场景，用户在被商品种草后主动寻求更多信息以辅助购买决策。此时搜索起到了消费链路中流量枢纽的作用，用户可直接通过关键词搜索完成精准需求匹配，实现购买。

在营销领域，广告与电商的协同效应正在加速生意的增长。广告投放为商家提供了广阔的生意增长空间，与电商经营密切协同，共同实现生意的提质增效。我们通过账户基建与广告组合提升广告投放能力，优化电商经营协同提效，以优质的内容、商品和服务推动生意增长。在抖音电商中，高质量的商品是生意增长的基础，商品在不同场景中扮演着不同的角色。在直播间，商品可发挥吸引流量和快速转化的作用。

抖音电商工具。巨量千川与短直搜城营销场景的全面配合。为了助力抖音电商的持续发展，巨量千川与短直搜城营销场景引擎全开，发挥出强大的工具优势。2021年，巨量引擎与抖音电商实现了高效协同，覆盖商家数提升810%，巨量云图帮助品牌沉淀了486亿人群资产，并助力众多抖品牌实现了GMV的140%增速。

随着抖音电商全域兴趣电商定位的提出，巨量引擎以商家需求为核心，全面覆盖短视频、直播、搜索、商城等全域兴趣场景，并布局全营销能力矩阵。在不断优化原有以短（短视频）、直（直播）为主的内容推荐场景的同时，巨量引擎还通过心智建设，蓄水种草，高效转化的解决方案，帮助商家积累人群资产，提升转化效率。除了在品牌建设和高效转化方面的持续优化，巨量引擎还增加了对搜（搜索）和城（商城）逛的场景的支持。围绕商家在品牌建设、蓄水种草、高效转化三个阶段的普遍需求，巨量引擎提供全周期确定性增长的解决方案。

抖音电商作为线上营销的重要阵地之一，拥有庞大且多元化的流量资源，月活跃用户数达到19亿以上，实现了流量打通、跨端通投。该平台拥有繁荣的创作者生态，星图达人数量超过156万，同时采用了领先的互动技术。每年该平台都会产生大量优质的原创内容IP。为了帮助品牌做好度量和诊断，该平台还推出了全网首个品牌价值诊断模型SCI品牌力。做品牌是一个长期的过程，需要持续种草、蓄水更多的兴趣人群。通过巨量云图上的O-5A品牌人群资产，商家可以定义不同阶段的用户，其中，A3人群为"种草人群"。对比同行业的非A3人群，A3人群的转化率高出23倍。为了释放A3种草人群的价值并助力商家持续增长，可以采取以下措施：以A3人群为优化目标，进行品牌广告种草；达人联动广告组合投放，如星图＋内容热推及服务；采用抖音特色的互动营销种草玩法，如看播、众测任务等。

抖音电商工具包括巨量云图、巨量引擎、抖音电商罗盘以及巨量千川。这些工具在营销全周期内，为品牌提供了良好的资产管理、营销洞察、策略指导和价值衡量，通过全流程可视化数据指标，提升了营销的确定性。巨量云图已经为超过8500家商家提供了营销策略服务，近6个月内，巨量云图的周活增长了260%，由5A人群贡献的GMV占到了商家生意总量的86%。为了助力品牌商家提质增效、加速品牌资产经营效率，营销科学服务生态携手抖音电商DP生态启动了SPARK计划，至今已有38家电商服务商深度参与。

2022年，巨量引擎将以商家需求为核心，提供全周期确定性增长服务，围绕品牌建设、蓄水种草、高效转化三大营销诉求，不断丰富策略玩法能力。同时，基于短（视频）、直（直播）、城（商城）、搜（搜索）全场景，不断迭代营销产品，探索更多的营销可能性，助力全域增长。

抖音电商不断优化产品能力，帮助商家提升经营效率。抖音电商罗盘围绕经营提效和策略洞察进行产品升级，于2021年底推出罗盘策略版，为商家提供生意规划能力和策略洞察能力。通过底层技术能力将内容标签化，"罗盘"将内容画面、音频、文字等各种信息元素进行拆解打标，从而呈现有洞察、可参考、可优化的内容看板。"罗盘"希望通过热词洞察、内容榜单、达人筛选等能力，帮助商家产出更确定性的优质内容。巨量千川在2021年初上线后不断丰富产品能力，逐步开发创意工具、人群管理、长效价值评估等功能模块，为商家提升营销能力与效率。抖店、巨量百应、精选联盟等多个产品也在持续优化体验，为商家打造完整高效的经营环境。

随着抖音电商的快速发展，MCN机构与服务商生态获得了快速成长。2021年5月至2022年4月，共有2万家服务商及MCN机构与平台共同发展，繁荣的新生态创造了大量的就业机会，为电商行业培养并输送了大量人才。

三、社群传播

在私域运营过程中，社群已成为企业至关重要的战略高地。这些高地覆盖了传播策划、社群建设、社群活跃度的维护，以及推动销售或分裂等营销目标的具体任务。为了适应日益变化的媒介环境和消费者行为特性，中国营销云产品更加注重对微信和企业微信社群的精细化运营的全方位支撑。因此，大量满足各种需求的 SCRM（社交客户关系管理）工具应运而生，如支持批量拉新、大规模的社群内容分发、自动化社群运营和社交关系裂变等操作。以神策数据为例，该工具能够根据用户的渠道类型进行渠道分析，并通过分享活动、二维码、小程序卡片等方式进行社群裂变。而腾讯企点则提供了群发 SOP、标签建群、一键拉群、会话存档等功能，以支持批量的社群内容分发。同时，腾讯企点还提供了群专属欢迎语、自动回复、群发群红包、群打卡等社群运营工具，有效提升了社群活跃度，并提供了社群机器人以实现自动化的社群运营。此外，腾讯企点还会对社群的会话内容进行词频／词义分析，从而自动化触发相应的营销动作。综上所述，大部分营销云产品能够通过外部接口连接企业微信，帮助企业利用微信的社交生态推动消费者沟通与传播；基于微信公众号、视频号等内容生态实现个性化的广告展示和内容触达；利用微信小程序和直播商业生态实现快速的销售落地。

企业微信是腾讯产业互联网战略的重要拼图，是企业的专属连接器，帮助企业连接内部、产业和消费者。其定位是"企业专属连接器"，具备三大连接功能：连接企业内部、连接任务和连接微信。企业微信在微信体系中扮演着 to B 端的连接器角色，是微信功能矩阵中为数不多的 2B 业务，其生态价值显著，有望成为未来营收的新增长点。

企业微信通过与微信的互通升级，解决了企业在流量存量时代面临的三个痛点：员工与客户的连接问题、员工离职后企业依然与客户连接的问题以及企业内部员工之间的连接问题。通过企业微信添加的客户资料将沉淀至企业后台，客户资源不流失，配合 CRM 配套管理工具，不仅可以将客户资源沉淀到企业，还可以对客户打标签、查看购买记录等。当员工离职时，企业对客户的服务不断档。

企业微信形成了从导流、分类、广告投递、成交、售后复购的私域营销闭环。在导流方面，支持多种添加用户的方式；在分类方面，提供用户标签的功能；在广告投递方面，支持客户朋友圈及定向群发功能；在成交方面，支持小程序、直播等交易场景；在售后复购环节，支持客户群机器人、一键分配员工好友等功能促进私域流量沉淀。

通过标准化的原生效率软件与微信生态的深度融合，企业微信能够实现迅速获客，并拓展其应用生态。通过开放的第三方应用及支持自建应用，企业微信能够满足企业的多样化办公需求，为更多行业提供服务。企业微信的原生效率套件可以有效提升员工的协同工作效率；开放第三方应用可以满足企业的多样化办公需求；开放 API 接口关联已有应用可以实现企业统一移动端入口。

企业微信与微信消息互通，使得企业微信与微信之间的信息传递更加高效。企业微信可以直接添加客户和合作伙伴的微信，支持文本、图片、语音、名片、文件、聊天记录、地理位置、收藏、H5、小程序的收发，以及与微信用户进行语音/视频通话。企业微信还可以统一管理员工对外形象，员工在微信用户的通讯录和会话中都将展示企业身份。公司可以自定义成员的详细资料页面，添加官方网页、店铺小程序等。在企业管理方面，企业微信提供了丰富的功能，如控制有添加微信用户权限的成员名单，通过接口获取企业成员添加的客户，统一管理离职成员的外部联系人等。微信客服作为企业微信的一项全新功能，为企业提供了更快速、精准地在微信中为用户解答疑惑的方式。这不仅提高了用户对企业的好感度，而且提升了客户的转化率。同时，微信客服的开放多页面企业微信入口，使企业能够更及时、更高效地利用客服资源，提升企业人力资源的利用效率。

企业微信与小程序。小程序在双端转化成本低，接入体验好。在开发端，企业小程序适配微信小程序基础架构，并拓展了部分 JSAPI 以适应企业场景。在用户使用端，小程序与微信互联程度高，企业微信可将小程序一键转发至微信侧，且聊天窗口的 8 格图中可直接发送小程序。

企业微信与朋友圈。免费的朋友圈精准营销，直聊缩短转换链路。

企业微信有助于服务消息的高效分发。企业微信用户可将活动信息、产品动态、专业知识等内容发表到客户的微信朋友圈，并与客户评论互动。企业可将活动信息、产品动态、专业知识等内容以文本、图片、视频等形式发到客户的微信朋友圈，并与客户评论互动/发起聊天。企业微信朋友圈有助于监管成员的发表内容和数据，保障服务质量。企业可以查看互动详情。通过企业微信朋友圈的营销活动有利于优化用户的体验，同时缩短营销链路。可查看历史朋友圈，减少内容重发，降低打扰性。客户可分组，实现精准营销；可直接发起聊天询问，转化效率高。

企业微信与视频号与私域流量入口连接打通，目前，视频号已经链接了公众号，小程序和企业微信，视频号作为商家触达更大微信生态公域流量的中转站，视频号的运营将变得更加重要。用户现在可以直接将微信视频号内容分享到企业微信，在企业微信内观看和二次分享。企业微信与视频号联通后，企业商家能够更好地利用视频号进行宣传引流到社群、企业微信个人账号，开拓沉淀私域的新途径。企业微信 + 视频号 + 直播促进交易转化，视频号及线下获客后可通过企业微信运营提升用户留存率和活跃度。

企业微信与私域流量社群运营的深度融合，有效解决了原微信生态中用户运营的两个核心痛点。首先，私域流量的载体运营难度逐渐加大，包括公众号打开率偏低、小程序留存难、互动性相对较差，以及个人微信无法规模化获客和封号严重等问题。其次，员工离职后客户资源无法有效沉淀回公司。

企业微信与腾讯会议的紧密合作，实现了溯源同根、互通密切的全新体验。企业微信的会议模块由腾讯会议的底层提供支撑，2021年底进一步走向互联互通，实现账号互通、数据互通、体验一致的完整体验。在企业微信上可以发起腾讯会议，腾讯会议也可以加入企业微信所预约的会议，微信用户可以通过小程序参加会议。二者实现了完整的企业微信内的消息、邮件、日程、文档的一系列打通，并进一步提供会议录制、纪要生成、屏幕水印、会议记录等功能。通过与腾讯会议的深度融合，企业微信为用户和腾讯会议的用户打造了全新的办公协同体验。

企业微信联合腾讯文档、腾讯会议团队，打造了全新的效率协作办公功能，为连接升级。这套协作功能支持单人创作和多人协作，各功能之间可以相互调用、嵌套，不仅能提高内部协作的效率，还可以实现跨企业、跨组织的协同。企业微信与腾讯文档、腾讯会议的高度融合，使得企业对此系列软件的忠诚度提升，黏性增强。

四、营销活动管理

在营销策划领域，营销云产品涵盖了创建、管控、分析、优化各类营销活动所需要的各种工具，旨在辅助企业更深入地理解并优化ROI和KPI等关键业务指标，以促进整体业务运营的健康发展。这些工具不仅整合了单个营销活动与季度和年度的业务目标，还与战略规划巧妙地结合在一起，确保营销活动的实施能够根据深度的营销效果分析和策略优化作出相应的调整。例如，Oracle Responsys的营销活动管理工具能够支持跨渠道的创建、部署、管理以及分析B2C营销活动和项目的执行情况。同时，Adobe的Workfront工具能够帮助搭建流畅的工作流程，支持营销项目的创建、更新以及时间跨度设定、结束节点提醒、进度展示、预算规划、ROI计算等一系列工作，更便捷地支持营销效果分析和策略优化，使企业在调整预算比例、选择推广渠道等方面更加游刃有余。这些工具的灵活运用有助于提升企业的营销效率和业绩表现。

五、客户旅程编排

在当今信息和传播方式多元化时代，如何精准捕捉并引导用户的媒介接触行为，使其与营销目标紧密相连，已成为众多营销云产品所面临的关键挑战。为此，客户旅程编排已成为众多营销云产品的核心功能，其依托于自动化营销技术（MA）的支持。该技术能够使企业依据用户的高频操作行为或偏好特征来制定相应的内容、商品和服务的信息触达策略，从而最大限度地减少人力资源分配，以用户为中心，实现高效、精准的营销传播和触发式营销。

企业通过可视化的营销画布，运用拖拉拽、添加模块、设置参数等操作，可以轻松实现客户旅程的编排、管理和优化。同时，流程画布还支持企业针对不同的营销场景和客户需求，编排定制化的客户旅程，并在关键节点自动推送相关内容或信息。这种自动化的营销方式可以帮助企业串联起消费者在各个接触点的旅程，从而为企业营销提供可行性路径，实现营销资源的高效分配，进而提升品牌的营销效果。

（一）腾讯企点双涡轮方法论 2.0

在当下市场环境下，线性增长链路已经难以充分挖掘价值，企业需要转变流量思维为留量思维，通过服务营销一体化闭环运营来驱动可持续增长。在全新的闭环运营模式下，体验成为增长的核心驱动力，而数字化技术及数据分析洞察是实现增长的核心技术支撑。

从全球广义视角看，CRM 指管理企业与客户及潜在客户的关系及互动的策略、相关的业务活动及流程，以提高企业的盈利能力。业务活动不仅局限于销售型活动，而是覆盖营销、服务、交易全链路的业务环节。随着各行各业从增量经济进入存量经济时代，从产品功能层面的竞争到客户全旅程体验的竞争，以客户为中心的数字化转型升级成为企业生存与发展的重中之重，而向新一代数智驱动、营销服一体化的 CRM 体系升级变得至关重要。

（二）腾讯企点产品架构

腾讯企点长期以来坚持以客户为中心的理念，结合自身对本土市场的深刻洞察，2022 年产品体系升级为数智驱动的营销服一体化 CRM。该 CRM 充分运用云计算、大数据、人工智能、实时音视频、云呼叫中心等技术和腾讯社交生态，助力企业与客户及上下游伙伴建立全面深入的数字化连接，并通过数智化、精细化、营销服一体化的全旅程运营，感知客户需求，创造个性化体验，提升从营销获客、服务转化、交易协同到复购增购的效能。

相较于传统 CRM，腾讯企点在"连接智能""数据智能""业务智能"三大维度上进行了核心能力的全面升级，将腾讯丰富的 C 端服务经验融入 ToB 产品设计中，帮助企业全面挖掘客户全生命周期价值。通过打造连接力（Access）、协同力（Collaborate）和拓展力（Extend），实现"量""效""质"三位一体全面增长，抢占市场先机，稳步前行。

腾讯企点推出 ACE 增长盘模型，承接并升级方法论 1.0 中的"修外力，练内功，解锁无限体验增长双涡轮八部曲"核心理念及双涡轮增长模型（见图 4-9）。为了更直观地满足企业客户在当下存量时代的增长需求，ACE 增长盘模型特别聚焦客户体验及伙伴体验，深度解析客户端驱动力，辅助企业客户明确实现增长所需采取的关键行动。

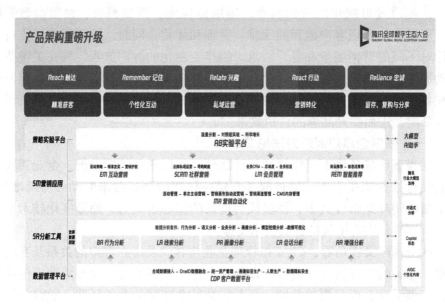

图 4-9　腾讯企点产品架构

资料来源：曾炜.腾讯企点营销∞分析 6.0 一体化产品发布［R］.腾讯云，2023.

ACE 增长盘激活企业持续增长动力。通过对应"量""效""质"，分解为三个核心增长动力——连接力（Access）、协同力（Collaborate）、拓展力（Extend）。以三力协同驱动企业全面增长：以服务为核心，通过连接力、协同力和拓展力的解析，更务实地辅助客户理解企业增长来源及其所需数字化能力，从而识别业务能力及数字化能力提升点，更体系化地凸显企点产品力价值；依托无界服务、全域营销、智能交易、企点数据中台、企点业务中台，分析引擎的产品版图，实现三力提升，打造全链路、全流程、跨业态的一体化体验；针对 ACE 增长盘模型的三力维度提出一套可量化、可视化、可优化的增长衡量指标体系，供企业客户诊断自身增长困境的核心痛点，并针对性明确数字化能力建设提升点，从而实现高质量增长。

增长指数量化反映了企业的增长潜力，有助于企业破解增长困境。普遍而言，企业在增长过程中面临着"量""效""质"三大核心痛点，因此理解三者如何推动企业增长并制定相应的衡量标准，才能更好地了解自身的当前状况以及如何提升。为了方便客户更好地理解企业增长来源及其所需的数字化能力，腾讯企点将 ACE 增长盘模型转化为增长指数度量公式，将企业增长要素细分为具体的业务指标，并深入剖析了连接力、协同力、拓展力三大增长内核动力及与之相关的要素与企业增长之间的关联。

增长指数的计算公式为：$LTV \div COST = ARPU \times LT \div COST$。这个公式在度量企业增长内核动力方面起到了关键作用。其中，"全域触达与增量"和"高质量关系与价值"两个要素有助于提升用户生命周期价值（LTV）；"高效连接与转化"可以降低成本（COST），为企业增长提供助力。具体而言，"量""效""质"共同驱动每用户平均收入（ARPU）的提升：通过扩大流量覆盖、提高触达拉新效率、优化服务留存等措施来增加用户基数；"质"则有助于延长用户生命周期：通过提升关系质量来促进客户续约与复购；"效"则有助于优化成本：通过优化营服成本来降低企业整体运营成本。

ACE 增长盘模型具备显著的领先性、广泛的普适性和精准的指导性。领先性表现在该模型以连接力、协同力、拓展力为核心增长动力，助力企业突破"量""效""质"三个维度的发展瓶颈，实现数字化转型的核心业务目标。普适性在于无论传统行业还是互联网行业，企业增长困境均源自"量""效""质"的失衡，而 ACE 增长盘模型能够实现破局增长，具有广泛的适用性。指导性在于增长指数度量公式可为企业提供具体指导，使其能够通过合理的扩量、提效、增值举措来切实应对增长困境。

第五节　销售支持

市场营销的本质在于精准地将商品与消费者需求进行匹配，并持续不断地维护和强化这种关系，其最终目标是实现商品销售的转化，即从有效的推广转化为实际的销售。要实现销售转化，除依靠有效的传播至销售的过渡过程，还依赖于企业对各种销售场景的精心构建、不断优化和巧妙整合。

特别是在当前环境下，传播媒介与销售渠道相互融合，线上与线下的销售渠道也紧密相连。如何将复杂的媒介与渠道进行无缝对接，构建具有强大销售转化力的销售场景，是营销云产品必须解决的重大问题。针对这一问题，营销云产品能够充分发挥其功能，助力线上销售场景的巧妙构建和优化，赋予线下销售场景全新活力，并推动线上和线下渠道的深度融合。

一、线上销售场景搭建

在当前的数字化时代，电商行业已经深度融入各类企业的日常运营中，成为企业运营中不可或缺的电子商务渠道。企业对于能够独立构建电商站点、实现 D2C（Direct to Customer）销售能力的需求日益强烈。

在此背景下，营销云产品应需而生，为企业提供一站式的配套服务，全面覆盖了从前端的页面设计，到后端的支付系统、商品管理系统、库存及订单系统、销售分析工具等各类电商站点的运营所需。这些服务能够帮助企业快速构建和运营独立电商站点，从而更好地实现 D2C 销售目标。基于 AI 技术的营销云产品还具有优化站内搜索算法和商品推荐效果的能力。例如，Adobe 旗下的 Commerce 工具和 SAP 的 CommerceCloud 等产品，都为企业提供了一站式服务工具，帮助企业提高营销效率，提升客户满意度，为企业创造更大的商业价值。

二、线下销售场景赋能

构建线下体验是促进销售转化的关键环节，同时对消费者购买决策产生决定性影响。该环节运用营销技术，不仅在销售场景中发挥关键作用，还能通过整合和分析数据，赋能线下门店和导购人员，推动线下线上销售场景的深度融合。此外，营销云产品还通过应用程序、H5 小程序等多种形式，将线上的数据资源、标签体系和用户画像等数字化能力，赋能到线下销售场景中。通过会员管理系统和数字化终端实现个性化的促销内容分发和商品推荐，为线下导购人员提供详细的客户资料和沟通策略建议等，都能进一步增强线下场景的销售转化效果。这些操作将线上的数据分析洞察转化为线下场景的最终销售成果。

媒介传播管理与链路运营工具，是现代营销中不可或缺的一环。这些工具可以帮助企业更好地管理、优化和监控其广告投放和营销活动。其中，巨量引擎的巨量投放和千川星图是备受推崇的媒介传播管理与链路运营工具之一。它们能够提供全面的投放策略，精准地定向推送广告，以及实时的数据分析和反馈，从而帮助企业实现更高效的营销投资回报。

阿里妈妈的万相台直通车、引力魔方、热浪引擎和超级互动城是极具代表性的媒介传播管理与链路运营工具。这些工具具备强大的数据分析和精准定向能力，能够根据用户的购物行为、兴趣爱好和地理位置等因素，为企业提供个性化的广告投放方案，从而最大程度地提高广告的曝光率和转化率。

腾讯的企点私域管家 SCRM 和北极星营销 MA 是备受瞩目的媒介传播管

理与链路运营工具。它们能够帮助企业建立和维护与客户的紧密关系，提升客户满意度和忠诚度。通过这些工具，企业可以更好地管理客户数据，提供个性化的服务和营销信息，从而增强客户的购买意愿和品牌忠诚度。

神策数据和神策营销云的服务也是优秀的媒介传播管理与链路运营工具。它们提供了全面的数据分析和营销自动化功能，可帮助企业更好地了解客户需求，优化营销策略，提高转化率和变现效果。这些工具具备强大的数据处理能力和智能化的营销策略，能够为企业提供全方位的营销支持。

悠易科技提供的 OneDesk 智能广告平台和 EngageX 智能营销平台等产品也是媒介传播管理与链路运营工具中的佼佼者。这些产品具备高效的数据处理能力和智能化的投放策略，能够实现跨渠道、跨平台的广告投放和营销活动管理。通过这些工具，企业可以更好地掌握营销预算，提高投资回报率，实现更高效的数字营销。

第五章　个人品牌生态价值变现

第一节　内容产业发展

一、内容产业链

在当今社会，社交媒体平台日新月异，涌现出一批在各类平台上生产和发布优质图文、视频、直播等二维内容的创作者，以及积极创新、创作新形态三维虚拟数字内容的领跑者。他们凭借出色的专业素养、娴熟的技术运用和对用户心理的深入洞察，成功地与用户建立了情感传递、价值吸引和社会认同等强大连接。经过长时间的运营，他们在社交媒体平台上拥有了一定规模的粉丝群体。

这些内容创作者以自己或组织为核心，将平面化或立体化的内容呈现给广大用户，为用户带来丰富多彩的视觉体验。他们通过这种方式，实现了社交价值和社交资产积累的去中心化新经济形态。同时，他们也获得了粉丝流量价值和内容资产价值的双重作用，从而在商业变现方面取得了巨大的成功。

内容作为新崛起的、基于区块链技术的新型个体经济形式，已经成功地将中心化大型媒体平台的大量流量价值分解到了分散的、以去中心化为主导的众多小型自媒体中。作为内容创作者，每个人或组织都在多元化的社交领域和日新月异的技术背景下，利用互联网与广大用户交流互动，并通过这些内容引导用户进行商业转化，实现内容变现。

随着互联网的快速发展，个人或组织的语言形态和互动方式也发生了明显的变化，从一开始的图文广告、短视频输出，转变到了现在盛行的直播带货。随着这些表现形态的不断丰富，未来的个人或组织品牌将逐步迈向元宇宙、虚拟品牌和资产价值的转变。在这一过程中，品牌、用户、消费者、电商供应链、社交平台等传统业态将得到高效串联，从而优化了运作流程，降低了运营成本，并有望在极大程度上助力品牌主实现大范围的精准营销和高效扩散分销。

随着 Web3.0 时代的到来，未来的内容将逐渐实现社交资产变现，并演变出一种新型社交生态。在这个生态中，个人或组织可以利用自己的特长和兴趣爱好，创造具有独特性和个性化的内容，并通过社交媒体平台与更多的人分享和交流。这种新型社交生态将更加注重个体的创造力和参与度，同时为品牌主提供更加精准和高效的营销方式。

在这个新型社交生态中，个人或组织的价值将不仅仅取决于他们的粉丝数量和影响力，更将取决于他们在社交媒体平台上的实际贡献和影响力。因此，未来的内容创作者将更加注重自身的品质和专业素养的提升，以获得更多的关注和认可。同时，品牌主将更加注重对目标受众的实际需求和兴趣爱好的了解及研究，以实现更加精准和高效的营销效果。

在 3G 图文的早期阶段，微博成为主要的个人或组织宣传阵地，他们以图文的形式分享时尚领域的各种日常话题，以聚集庞大的流量并在众多用户中树立起自己的品牌形象。当用户群体得到一定积累后，一部分个人或组织会在淘宝网站上开设属于自己的店铺，以实现流量的有效变现。在淘宝店铺中，他们主要售卖韩货美妆和服饰等产品，借助这些产品的销售获得实实在在的收益。另一部分个人或组织则会与 4A 公司展开深度合作，通过图文层面的内容营销，赋予品牌更加丰富的文化内涵，从而提升品牌的知名度和美誉度，进一步增加粉丝的忠诚度和黏性。

近年来，随着移动互联网的迅速发展，短视频平台如雨后春笋般崭露头角。其中，抖音、快手等短视频平台的出现，极大程度地满足了人们碎片化的时间，也让短视频迅速崛起。凭借其高传播率和流量聚集能力，极大提升了个人或组织的曝光和变现能力。由于短视频的这种显著特点，品牌主在将营销预算投入时，也愿意将更多的预算投放在个人或组织的营销上，从而期望在短视频平台的巨大用户基数下，能够快速提升品牌的曝光度和知名度，以此获得更多的营销价值。另外，伴随着更多可选择性和更宽泛的变现模式，品牌的整体合作链路也会更多地考虑到个人或组织营销，以此提升品牌营销的多元化和丰富性。

2020 年，随着直播行业的稳步发展，电商直播等创新型内容逐渐成为市场的主导，并以其独特的优势在众多内容形式中脱颖而出。在这个背景下，众多品牌主不仅积极寻求利用直播这种形式来提高品牌和产品的曝光度，同时期望通过直播活动能够直接获得即时可评估的商品销售收益，以实现推广与销售的一体化模式。可以说，电商直播的快速成熟与兴起不仅丰富了整个直播行业的内容体系，同时完善了直播行业的服务体系与盈利模式，为品牌主提供了更为多元化的营销渠道和盈利手段。

随着 5G 技术的不断推进，数据存储和传输的效率得到了革命性的提升。云计算成为一种更加便捷高效的信息获取和处理方式，大数据则是海量数据的高效整合和深度挖掘。区块链技术的应用，则提供了一种去中心化的数据存储和传输机制，确保数据的安全和可信。在这些先进技术的推动下，虚拟社交时代应运而生，并推动了 Web3.0 时代的到来。在这个时代里，内容的价值核心逐渐由单一的流量价值向内容资产等多元化价值转变。

内容创作者在这个时代中扮演着核心的角色。他们以更加新颖的内容创造形式在虚拟社交时代中产出内容。这些内容通过区块链技术被去中心化存储，转化为虚拟世界中的社交资产。这些社交资产为用户提供了一种全新的社交体验，让用户能够享受到多维度的内容展现形式和新型的社交方式。

在 Web3.0 时代，互联网用户的体验得到了全面提升。他们不仅能够看到更多、更丰富的内容，也能享受到更新颖、更个性化的社交方式。这些多维度的内容展现形式和新型的社交方式的出现，增加了用户的直观体验和趣味性，同时进一步提升了内容创作者的价值。内容创作者通过他们的创作，将更多的价值带给了用户，因此获得了更多的回报和认可，实现了他们的价值创造。

内容是典型的商业生态模型，它以个人或组织为核心，对传统商业模式中的广告营销和分销变现进行了全面升级。通过专业化和个性化的品牌培养，将每个人品牌的价值赋能，形成品牌价值的合力，不仅优化了营销效果，也为品牌带来了价值的提升。随着 Web3.0 时代的来临，元宇宙社交内容迎来了入局，这一创新模式的到来，将个人或组织的价值升级成了长期价值资产，进一步提升了品牌的市场竞争力。随着内容生态的不断成熟壮大，越来越多的生态需求随之产生，包括但不限于衍生产业和新兴技术的需求。底层技术和服务供给的提供方从硬件、软件、平台等多个维度提供全面的技术支持，在创造社会价值的同时也进一步推动了生态的发展。

二、内容产业下的核心商业模式

（一）流量变现

以强大的流量为核心，通过精心打造和营销的各种广告活动，构建起的广告营销和分销变现的商业模式，是内容产业中对传统的商业路径进行革新与迭代的两种典型的商业模式。凭借着精准的去中心化流量所产生的巨大影响力，成功拉近了粉丝与品牌主的心灵距离，激发并激活了供应链上下游各环节的工作效率，为传统的商业模式赋予了全新的生命力和持续发展的潜力。

KOL市场投放规模持续增长，不仅展现了市场对KOL的高度认可，同时意味着更多细分领域将被其优秀的传播能力所辐射。此现象在利润空间和销售市场等因素的影响下，表现得更为明显，而这一市场整体的投放规模仍能保持稳定增长的态势。通过投放类目的分析，美妆个护等产品的投放规模大幅度增长，同比增幅更是稳居榜首，其背后的原因主要受市场需求和营销的ROI等因素影响，这类产品的KOL营销的投放占比已高达26.5%，其发展势头可谓是如日中天。汽车、家居家电等低频高客单价型产品也纷纷入局，掀起了一场KOL营销的浪潮。

在不断快速发展壮大和日趋完善的内容生态环境下，广告营销的形式也紧跟时代步伐，从原本单一的、生硬的硬广推荐转向了更加丰富多元的、软性的软广植入。此外，为了更好地与时代风潮相契合，充分把握元宇宙营销的风口，广告营销还通过创新富有趣味性的内容展现方式，拉近与粉丝之间的距离，满足粉丝日益增长的物质文化需求。在广告营销升级的背后，是对传统的、去中心化的营销路径的优化和改进，让广告营销更加精准高效。同时，借助多个去中心化的自媒体平台进行全方位、大范围的精准覆盖，不仅在增强粉丝信任感、提升粉丝黏性等方面下足了功夫，还在粉丝效应的作用下，最大程度地将个人或组织内容IP的价值赋能于品牌营销，使品牌的宣传推广更具公信力和吸引力。

新兴技术的快速发展为广告营销注入了新鲜血液。随着科技的进步和数字化转型的加速推进，广告营销的形式和手段不断创新。例如，利用人工智能技术对大量数据进行分析和挖掘，实现精准的目标用户定位和广告投放；借助虚拟现实技术打造沉浸式的广告体验场景，提升用户参与度和品牌认知度；运用区块链技术建立去中心化的广告分发平台，提高广告交易的透明度和安全性等。这些新兴技术的应用，不仅使广告营销更加智能化、高效化，也为企业和品牌的发展带来了更多的机遇和挑战。

多元化内容IP营销形式呈现多样化，传统的硬广推荐、产品介绍、功能展示等营销方式逐渐被丰富多彩的软性推广、职业测评、爱用分享、知识科普、场景融入等多元化内容展现形式所取代。这种革新提高了品牌形象，并让用户在丰富的内容中全面了解产品信息和功能。

KOL合作形式也呈现多元化趋势，品牌主与KOL的合作已经不再仅限于直接相关的领域内的KOL，而逐渐转向跨领域的合作。例如，美妆品牌与游戏领域的KOL、游戏品牌与美食领域的KOL进行跨界合作广告投放，这些具有互补性和创新性的合作形式，不仅能吸引更多的粉丝群体，还能为品牌带来更多的曝光率。

内容 IP 垂直细分专业化，从品类、场景以及功效等多维度进行深度细致的垂直细分，使得不同领域的内容被精细化处理，内容的专业度更加强，在用户搜索和浏览这些内容时，获得的信息更加地精准。这种专业化的处理方式，不仅提高了用户的搜索浏览体验，也使他们对内容的理解和记忆更加地深刻，对于促进他们的购买行为有着积极的推动作用。

产品种草代言虚拟化，企业开始将虚拟化代言作为一种新的商业模式进行探索。通过从热门的动漫或网络小说中提炼关键元素，或者自创一个富有吸引力的虚拟品牌，企业开始逐步尝试让代言人、主播、活动主持人等关键岗位，由那些有着鲜明个性和独特魅力的虚拟品牌承担。随着人们对虚拟角色的喜爱和认同逐渐提高，拟人化品牌的吸粉和营销能力逐渐被市场所发掘。

跨次元虚拟直播互动，在真人 KOL 的主导下，虚拟品牌与真人 KOL 开始同台合作，开展了跨次元的虚拟直播合作。这种新颖的合作形式突破了次元壁，赋予了观众前所未有的视觉体验。通过形式创新和视觉体验的提升，这种直播活动可以迅速吸引在线用户的眼球，在他们心目中留下深刻的印象。与此同时，这种直播活动也紧跟元宇宙的潮流，推动了品牌年轻化的进程。

尽管电商直播市场的增速呈现放缓趋势，但其在网购市场的渗透力度却持续加强。从近五年的电商直播市场规模增长来看，其年均复合增长率估计将达到惊人的 47.1%，2022 年，电商直播在网购市场中的渗透率突破 20%，这一数值充分展现了其强大的增长势头。

直播场景下的电商分销变现已经成为内容 IP 变现最直接也最快捷的途径，其中 KOL（意见领袖）或者短视频内容产出作为核心引流手段，将海量用户引导至直播间，汇聚成巨大的流量。在直播场景下，内容 IP 品牌化的推广模式将聚拢的引导力成功转化为消费购买力，在直播间，品牌主可以高效地完成分销变现。同时，品牌主也在积极培养自己的企业内容 IP，精心搭建品牌的私域用户流量池，通过精细化运营降低成本，提高效率，最终促成消费转换，达到双赢的局面。

随着内容 IP 直播分销生态日益完善，其收入更加倾向于纯佣金模式。在网络技术、直播平台与内容持续快速发展的大背景下，直播业态近年来取得了显著成长，迅速孵化并积累了大量的用户流量。这一趋势催生了直播行业的快速发展，为直播场景带来了源源不断的新活力，缓解了真人直播模式的同质化严重现象，同时为品牌主降低了运营成本，进一步提升品牌科技感。

随着元宇宙概念的兴起，"虚拟人＋虚拟场景"以及"虚拟人＋真人"等跨次元的同台带货模式为直播场景注入了新的生机。这种新的直播形式，一方面打破了传统的真人直播模式，解决了同质化严重的问题；另一方面品牌主运营成本的降低为他们提供了更多的商业空间，提升品牌在年轻用户群体中的知名度和影响力。

直播场景的分销形式主要有两种。其中，"坑位费＋佣金"模式是当前占据主流的分销形式。该模式允许品牌主与直播主播合作，支付一定的坑位费，并在直播间获得产品的展示机会，通过销售佣金作为收益。随着内容 IP 持续高速发展，未来或有可能向"纯佣金"模式倾斜。

"纯佣金"模式相对更加灵活，品牌主无须支付坑位费，只需支付主播销售额一定比例的佣金作为合作费用。这种模式能够让主播更加注重销售额，将更多的精力投入到产品的推广和销售中，为品牌主带来更好的用户转化率和商业价值。同时，内容 IP 与直播分销生态的结合，能够通过精准的用户画像和数据分析，让品牌主更加精准地定位目标受众，并根据用户需求进行定制化的直播推广，从而提高用户转化率和商业价值。

直播场景下的分销变现形式：

坑位费指品牌主在直播间购买固定广告位，主播或 MCN 机构一次性支付给直播主播或 MCN 机构的费用。佣金指主播或 MCN 机构与品牌主协商，在每一次商品销售时获取的抽成，佣金的金额根据品类的利润空间和主播或 MCN 机构的级别差异而有所不同。在当前的直播场景中，坑位费和佣金是最常见的分销变现形式之一，它们在提升商品销售额的同时，也保障了主播或 MCN 机构的利益。然而，由于我国直播生态的不完善，部分头部主播或 MCN 机构会提高"坑位费"的门槛，导致中小品牌和新生品牌难以与其合作。同时，一些不规范的中间机构将原来的坑位费翻倍出售以促成合作，在一定程度上吞噬了品牌主的利润空间。

纯佣金是一种在直播带货中颇受欢迎的合作模式，品牌主无须预先支付主播或 MCN 机构其他各种名目的费用，只需与主播或 MCN 机构协商达成一致，当直播结束后，根据实际销售情况，按照预先商定的佣金比例支付报酬。然而，纯佣金在直播场景下的应用范围相对较小，主要适用于那些具有强大品牌影响力、深受消费者信赖、口碑极佳的品牌，或者价格上极具吸引力、能够为消费者带来超值体验的产品。除此之外，也有一些粉丝量相对较少的主播或 MCN 机构在初期阶段为了迅速积累人气，会以纯佣金的形式进行直播带货，以吸引更多消费者关注。

短视频分销模式逐渐成熟，不同量级的达人和MCN机构分工日益明确。短视频作为一种独特的内容表现形式，除了具有显著的曝光效果，还具有强大的内容转化功能。通过创作高质量、有趣且富有吸引力的视频内容，短视频能够向用户传递商品的特色信息，增强粉丝的信任感，提高用户黏性，并推动购物转化。品牌主与KOL和KOC合作，进行广泛的广告投放，并实施针对性的营销策略，以引导用户下单，这是短视频平台实现分销变现的主要形式。随着内容KOL的壮大和同质化程度的提高，品牌主和用户对于短视频场景下的内容产出将有更高的期待。

在短视频场景下的分销变现形式中，品牌主会进行精准的市场调研，从KOL的属性、粉丝群体的特性和成交情况等多个方面选择与自身品牌形象相符的KOL进行挂车合作，分销主要采用单一合作坑位费与佣金相结合的形式。KOL会从商品展示、使用指南和推荐分享等多个角度针对商品创作短视频内容，并在短视频下方挂车，以优惠信息辅助用户点击购买，这有助于品牌主实现商品销售的高效转化。此外，KOL还会与小范围的重点合作品牌方合作，基于内容的品牌属性以及个人影响力，通过宣传和推广实现品牌营销和分销变现。

与KOL相比，KOC的粉丝量级相对较小，投放成本更低。由于不同平台的流量随机性差异，品牌主通过自己或KOC经销商团长开展大范围KOC挂车合作，主要采用纯佣金或团长服务费＋佣金的形式。对于那些不专注于生产原创内容的KOC，品牌主或者是第三方的短视频拍摄公司会直接为他们提供精心策划和拍摄的短视频内容，让KOC们在个人的社交账号上进行宣传和展示。大规模的KOC合作策略对于品牌主实现大范围、全面地营销宣传曝光具有显著的效果。通过规模化的投放KOC，能够达到差异化的用户覆盖，借助海量的KOC全面投放，品牌能够实现高效的曝光，以吸引广大用户的注意力，从而提高品牌知名度和影响力。

（二）内容IP变现

在内容场景中，不同的内容变现形式是各类内容创作者和企业关注的重点，主要涉及四个部分：一是内容IP授权，即以内容为核心，通过商标、专利、版权等多种方式进行授权的模式；二是内容IP电商，即结合电商平台和内容创作的形式，实现内容与商业的完美结合；三是内容付费，即用户为优质内容付费，提升内容的传播价值；四是数字藏品，即将数字信息转化为实体商品的新型商业模式。随着元宇宙概念的兴起，我们看到数字社交资产为内容变现场景带来了新的生机与活力。在这个场景中，用户可以充分发挥自己的想象力，创造出独具特色的数字社交资产。同时，品牌授权的形式越来越多样化，虚拟人的加入将为授权带来新的活力。

内容 IP 的品牌化是内容发展中至关重要的一环，它不仅在传统意义上推动了品牌的塑造，而且对品牌发展起到了极大的助力作用。内容 IP 自身的品牌价值是通过精心打造和运营而逐渐形成的，这一打造过程不仅包含了内容创作、传播、互动等多个环节的精心策划和布局，而且在品牌赋能的过程中，内容 IP 的品牌价值打造也起到了显著的效果。特别是在品牌赋能中，优质的内容 IP 通过为品牌主提供背书，能够在流量变现、用户黏性提升和品牌传播力扩散等方面发挥积极作用。

全链路打通的品牌电商以颠覆性方式推动传统产业向互联网＋转型升级，已取得显著成效。相较于普通广告模式，品牌打造变现速度较慢，但生命周期更长且稳定。通过持续的高质量内容产出，品牌电商运营者能够打造口碑品牌，并以品牌为核心点而研发和制造衍生品。此策略可有效延长品牌生命周期，赋予品牌更多内涵。同时，他们积极促进自有品牌的消费转化，最大程度释放品牌价值。此外，粉丝群体对品牌衍生品的购物转化也在一定程度上带动传统工厂向新消费产业链的转型升级，为整个产业带来全新商业模式与发展路径。

随着内容付费形式的丰富，充满活力的各类形式将纷繁多样，各类独具特色的内容付费形式也将不断出现，预示着未来或许会向短视频领域蔓延。随着内容生态的逐渐完善，内容创作者的知识产权必须得到强有力保护，公正对待创作者的智慧和汗水。对于用户来说，他们更倾向于通过快速简便的方式满足知识渴求，因此，在丰富的内容产出形式吸引下，用户通过内容付费的形式获得情感价值认同和知识满足的倾向逐渐加深。这将激发创作者们的创作热情，并在一定程度上提升他们的创作专业能力，而这种创作专业能力的提升反过来又会推动内容生态下内容场景的商业化变现进程。不难预见，未来的内容付费场景很可能会向短视频场景下的短视频付费播放或打赏等边界蔓延，进而为内容付费市场创造更多的商业机遇。

数字藏品技术的运用，极大地激发了创作者的灵感与想象力，推动了内容创作能力的全新高度。同时，数字藏品技术还赋予了内容变现场景一种崭新的、生机勃勃的局面。随着 Web3.0 时代的到来，数字经济和一系列新技术展现出了惊人的高速发展态势，众多明星纷纷入局，为数字藏品市场注入了新的生命力。

对于拥有出色内容创作能力的个人或组织来说，他们可以将自己的精彩内容转化为线上社交领域的内容资产，并长久地保存在数字化的世界中。这样，他们的创作将永葆生机，持续释放魅力。在数字藏品领域，人们有了更大的创作空间，品牌主可以将独特的思想理念融入到每个数字藏品的设计中，为内容的场景变现带来前所未有的新机遇。

数字藏品的优势在于其知识产权更加清晰，通常为限量或单张发行，且有特定的防伪编号，有力保障了作品的所有版权。此外，数字藏品可以进行二次创作，赋予品牌更大的意义。其授权模式简便稳固，可进行大范围应用和衍生开发。随着影视和体育等领域明星的入局，数字藏品逐渐成为潮流和个性的代名词，在粉丝圈层掀起购买热潮。

新的数字藏品营销策略，如中国李宁与编号为 #4102 的无聊猿的合作，将无聊猿作为"无聊快闪店"的主导者，将飞盘和摩托车等时尚元素融合在"中国李宁无聊猿潮流运动俱乐部系列"服装中。中国李宁还在现实世界中开设了一个鸟类 Sandbox 元宇宙风格的快闪店，并在线上线下同步推广，借助数字藏品的衍生创作，打造出了引人注目的潮流品牌形象。

在未来的场景中，品牌主 X 将有机会与具备超巨大流量的个人或组织合作，这些合作伙伴很可能将他们的肖像制作成数字藏品。品牌主在与这些个人或组织合作时，不需要进行烦琐的流程，只需要采购他们的肖像数字藏品，以此为基础进行品牌打造和创作。在这一过程中，品牌主可以将品牌概念、精神、价值等要素注入其中，创造出专属的品牌形象，并在此基础上自主进行后续的品牌营销活动。

三、内容发展趋势展望

产业端动态显示消费需求提升，推动流量价值向更多 ToC 产业延伸。内容行业呈现高速发展态势，低成本、强曝光和高效转化使其被广泛认同。当前，内容与产业的合作主要集中在消费大零售及旅游行业，预计未来随着经济社会深化发展和内容生态壮大，消费需求提升将催生更多 ToC 产业衍生与加入，使得个人或组织的流量价值在更丰富产业领域发挥积极效应。技术层面，新兴技术创新推动硬件基础中长期视频和元宇宙领域进步。区块链和人工智能等新兴科技已为内容创新带来风口潜力。互联网向 Web3.0 推进将进一步激发创作者价值，提高商业价值，开启内容新时代发展。

5G 网络广泛应用背景下，中长视频内容发展趋势明显。初期阶段，受移动网络速度和容量等因素制约，家庭、办公室和 Wi-Fi 覆盖区域成为主要观看场景。5G 技术飞速进步和普及将有效解决场景限制问题，用户观看时长增加将成为新的突破点。在社交媒体平台迅速发展背景下，中国网民市场份额争夺接近饱和，延长用户观看时间成为另一个关键突破口。用户在平台上观看时间越长，接触内容越多，商业变现价值增加越多。碎片化浏览时代，虚拟品牌赛道将迅速壮大。尽管用户已习惯短视频快速浏览节奏，但随着 5G 技术普及，高互动性中长视频可打破场景限制，吸引更多用户参与讨论和控制剧情，从而重塑互联网用户浏览习惯。这类中长视频时长通常在 10~30 分钟，以频道和栏目为主要形式，具有较高内容深度和沉淀。

区块链技术运用让元宇宙发展蓬勃多元，真人品牌受制于流量成本升高，个人品牌价值日益增大，品牌方利润空间被逐步压缩。同时，MCN 机构话语权因此受到削弱，因为他们在与个人或组织市场博弈中更容易导致品牌人设崩塌和触及法律底线。与此同时，虚拟空间成为一片广阔蓝海，内容生态日益壮大过程中吸引大量个人或组织方、平台方和品牌方等多方角色参与竞争。内容营销已相对饱和，而这个蓝海市场却是一片尚未被充分发掘和利用的处女地，拥有巨大价值潜力，正等待着大家的挖掘和探索。

在未来的发展阶段，虚拟品牌赛道将很快迎来迅速壮大的时刻。这是因为内容流量的价值主导时代已经过去，发展逐渐趋于稳定，而虚拟品牌的可控性和稳定性在给品牌方和平台方带来一定保障的同时，紧跟时代的潮流，拉近品牌与年轻消费群体的距离。另外，数字藏品作为虚拟数字资产，能够突破场景的限制，把线下的场景延伸到线上，在虚拟空间中展示和彰显个性，实现流量价值向内容资产价值的转变。

在创作端现存信息方面，科技进步带动个人或团体的内容价值持续提升，而对真实世界的内容创作与营销供给已经相对饱和。在区块链等前沿科技的推动下，线上虚拟社交已被更多的年轻消费群体广泛接纳。在流量竞争激烈的阶段，Web3.0 将催生一批新兴内容创作者，他们精通 3D 建模等先进技术，具备更强大的内容生产能力。这批内容创作者的价值将由传统的流量价值向内容资产价值转变，通过数字内容资产的创作与变现来提升品牌的商业价值。在现实情况下，二维内容的产出是以图文、短视频和直播等形式进行的，以吸引粉丝的注意力并强化个人或组织的流量价值，进而助力品牌进行商业变现。线下的实体展示则涵盖了统筹租赁、展示、展台等多个方面，然而，时间和空间的协调成为一项挑战。品牌的线上营销策略，则是以个人或组织的品牌为基础，借助社交媒体平台的高曝光度和流量优势，以个人或组织为核心进行推广。

虚拟环境中的内容呈现方面，可以将内容创作者的创作成果转化为在线藏品，通过数字资产的创作和销售提升品牌的商业价值。同时，将流量的价值转化为资产的价值，使之成为现实的资产价值。线上互动活动方面，可以通过虚拟展示将线下场景延伸至线上，使用户可以全方位展示自己并在线上完成虚拟资产的购买。另外，品牌可通过线上可视化场景将自身的品牌和核心价值更加直观地展示出来，通过沉浸式互动增加品牌曝光度。

位于达人或 MCN 机构一端，用户喜好已经被精细划分。随着传播方式的广泛开放以及越来越多人的参与，在市场管理严格以及流量竞争激烈的背景下，由于头部内容 IP 的合作难度与成本都较高，品牌主的投放目标逐渐转向腰尾部并将少数头部个人或组织的投放转变为大规模的腰尾部内容 IP 合作。这样做既可以帮助品牌降低成本、提高效率，同时可以提升 ROI。

第二节　达人职业

自古以来，各种职业不断适应并回应各时期的需求和挑战，职场进化史的每一篇章都反映出当下最新的变革和需求。同时，这些职业的兴起和发展也塑造着时代的潮水走向。个人和组织的职业化，既是人类社会的古老法则在当下时代的继承，又是这个时代最新的诠释。它展示了一种崭新的表达、消费方式和人际关系，既能修复断裂与疏离，也能催生更多可能性。

达人，不仅可以作为一种生活方式，也可以成为一种生产力，渗透到社会生活的各个领域，进而影响整个世界。随着知识形式的革新，如宇宙学、生命探索、国学经典、美妆技巧、科技评价等，其智慧内容不再仅仅局限于灌输和一成不变。创意表述与人格化叙事推动了意义的不断生产和延伸。

观察世界的方式也在发生变化，一个小屏幕就可以放大附近的诗意，将远方的"哭声"拉近。通过观察、构思、记录和表达，达人们精心打磨着一切。优质内容的影响力还将提升大众的审美和知识水平。点滴的善意正在积累起来，公益活动已经成为日常生活中随手可做的小事，如助农、文物保护、救灾抗疫等。

通过手机的另一端，达人可以连通并连接彼此，开展更多的实际行动。原有的商业底层逻辑也在被重新塑造。圈层、社群、私域等新的消费模式正在兴起，"精准种草"成为当前的消费行为。品牌理念、产品和商业资本，已成为达人创作的养分。对话是双向的，决策也是双向的，社会经济正在创造新的价值。从某种角度而言，作为职业达人的可能性，是这个时代向我们展示的发展机遇。

一、从心出发，兴趣驱动创作，创作是一切的出发点

近年来，我国人民对精神文化的需求日益增长。根据国家统计局的数据，我国在 2010 年成功晋级为中等偏上收入国家，2019 年人均 GDP 首次跨

越 1 万美元大关。根据发达国家的历史数据，随着人均 GDP 从 1 万美元跃升至 2 万美元，整体的消费结构会发生一定的调整，其中最显著的特征之一是居民的物质需求将逐渐转变为精神需求，教育和文娱消费支出的占比将逐步提升。

新生代用户需求多元，付费意识激进。他们作为互联网的原住居民，已形成在线信息获取、社交互动和购物决策的日常习惯，从而孕育出独特的社交圈层文化。相较于上一代消费者，新生代的兴趣更加丰富多元，对内容的需求更具个性化，对精神文化消费的付费意愿更强。与此同时，这一代用户对优质内容创作者的价值贡献表示高度认同。对于他们喜爱的创作者，他们甚至会在评论区共同祝贺"接单成功"（接到商业合作），或者通过点赞、分享甚至购买行为来表达对创作者的支持。

为满足用户更多元的需求，短视频平台已在文化娱乐领域扮演着日益关键的角色。截至 2022 年 3 月，短视频行业的活跃渗透率已达 78.2%，稳居所有细分行业的第五名。2021 年 3 月至 2022 年 2 月，我们的统计数据显示，月活跃用户数量约为 8.5 亿人，其中 75% 的人群年龄在 35 岁以下，即年轻人。因此，短视频综合平台已日益成为年轻人接触网络的重要渠道。

内容 IP 营销已跃升为撬动企业营销的新兴杠杆。在当今时代，消费者的决策主要取决于"人的信任"以及"内容的质量"。当人们对人的信任度越高且接触到的内容质量越强时，越能更好地促使消费者进行决策。凭借其真实原生内容、强互动性以及清晰准确的用户画像等特点，内容 IP 已被众多广告主公认为互联网营销未来发展的关键方向。根据克劳锐的数据，2021 年内容 IP 营销市场规模已达到 800 亿元。目前，越来越多的企业开始在关键营销节点前两个月甚至更长时间内布局达人营销。在如此的条件中，IP 内容的营销推广已不再只是企业间营销网络或者短暂的营销活动的一个环节，反而，其已经升格为企业在漫长营销策略中的关键元素。

随着用户对各类内容需求的不断增长，服务于创作者的工具和平台不断演化更新。这些工具和平台包括抖音、今日头条、西瓜视频等发布平台，剪映等视频编辑工具，以及巨量星图等支撑内容与商业之间平衡的创作者变现平台。这些工具和平台致力于构建稳定良好的创意内容传播基础设施，助力创作者实现流畅高效的表达。

随着创作工具的日益便捷易用和变现渠道的日趋完善，创作者可以以更为简洁、轻松的方式启动创作。借助抖音或西瓜视频等平台的完备推荐系统，优质内容不再需要像从前那样在庞大的受众群体中寻找特定的目标受众。各类既有大众化又有长尾化的优质内容可以更加高效地与潜在需求用户相遇。这使得越来越多的创作者获得了更多正反馈，激发了他们持续提升创意水平及内容价值的动力，使他们能更专注于创作本身，真正遵循初衷，轻装上阵，持续产出。这些工具和平台的成熟也为创作者提供了更加广阔的变现渠道。通过巨量星图等平台，创作者可以将自己的作品变现，获得更多的收益。这不仅为创作者提供了更多的机会，也进一步激发了他们的创作热情和动力（见图5-1）。

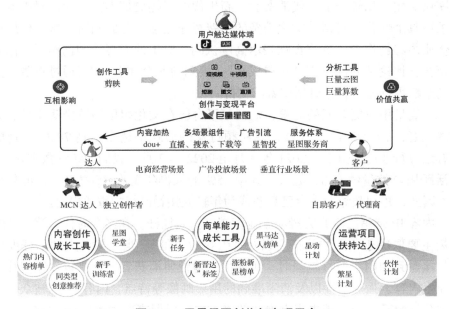

图5-1 巨量星图创作与变现平台

资料来源：巨量引擎. 2022巨量星图达人生态报告［EB/OL］.http://www.accesspath.com/report/57774371.

全民创作，每一个普通人都可以热爱表达。

2022年6月，抖音创作者人数超过320万，相较于上年同期增长近五成。尽管基数庞大，但这一群体仍在保持快速增长。从创作者的个人或组织画像来看，男性创作者数量有所增加，性别比例趋于平衡，同时，更多年龄在31~40岁的"80后"、"90后"创作者也积累了超过一万的粉丝。与上年同期相比，三线以下城市地区的创作者占比有所增长，地域分布更加均衡，地域之间的差距正在减小。截至2022年6月，抖音创作者的粉丝总数达到了4300亿，同比增长47%。在抖音平台上，每个普通人都能够轻松地进行创作和表达，并且得到回应，实现全民创作。年青一代习惯于在互联网平台上创建和分享视频/图像内容，他们不仅展示和记录自己的生活和兴趣，通过这种方式实现自我实现，扩大社交圈子，甚至还将内容创作作为他们的职业规划。这些都成为他们不断发表、分享的动力和初心。

新一代创作者不仅限于年轻人，中老年人也开始利用创作来展现他们的美好生活。根据《2021年中国银发经济洞察报告》，涉足互联网的中老年人的短视频剪辑工具渗透率达到了9.7%，在抖音等短视频平台上，也诞生了一批吸引公众关注、具有影响力的中老年 KOL。无论是田姥姥、小顽童爷爷那般的暖心和睦，还是时尚汪奶奶、康爷爷的优雅时尚，抑或是以66岁的高龄追逐摄影梦想的长白山老万，他们都在抖音上绽放着自己的光芒。不仅如此，广大创作者们也在积极地记录他们的生活，无论他们身处城市的繁华，还是乡村的宁静，无论是他们诗意的远方，还是人间的烟火气息，他们都在积极而努力地生活，创作不辍。

优质内容创作者与用户共同向对方迈进。具有个性化内容创作能力的创作者，能够在各自的圈层用户中发现他们。无论是多么小众或尾部的内容，在精准流量的支持以及用户的主动搜索下，都可以顺利地与对应兴趣圈层的受众相遇。创作者可以凭借其独特的人格特质、语言风格以及视频特点，找到与之相匹配的用户，并通过内容、互动以及用户间的深度信任建立长期且深入的互动关系。

专业人士的创作价值已得到充分体现。从科普作家到非遗传人，从法律专家到财经作者，他们的优秀作品在日常生活中均触手可及。借助内容创作工具，各领域专家的知识与经验得以更高效地传播，为社会创造新的价值。同时，专业创作者得以借助互联网内容平台的规模与效率，扩大其知识影响力，使创作成果得到应有的回报。

创作者在内容生产技能方面持续进步，主要是由于用户和市场需求的日益丰富以及正面反响的增加。不少创作者成功找到了适合自己的发展道路，将内容 IP 视为终身事业，全力以赴提高质量，为广大受众和社会创造更多价值。以2022年上半年为例，抖音创作者所创造的内容分享量同比提升73.4%，其中包括更多有趣、有用和充满爱的视频及图文，被用户们慷慨地传播给亲朋好友，从而建立了更广泛的联系。

在用户需求激增、内容平台快速发展、品牌营销和企业增长需求的推动下，大批创作者开始将其内容 IP 定位为自身职业，以此为基础，持续增强自身能力，源源不断地产出更有价值的内容。根据2022年6月的数据，巨量星图平台上活跃的个人或组织数量已达到200万，相较于上年同期，增长率超过300%。此外，巨量星图平台上的各层级创作者在过去一年里都实现了稳健、持续的增长：腰部和尾部创作者数量迅速增加，百万以上粉丝量级的头部创作者数量增长也保持在一个相对稳定的水平。

二、拓展边界探索更多可能，创作不设限、机会不设限

在全民创作的时代，众多巨量星图闪耀各行各业，不同性别、年龄和地域的创作者们致力于发现和创造美好生活，他们以创新和独特的方式展现出自己的才华，为更广泛的用户提供了丰富多彩的价值。各类创作者正在为构建更加精彩的场景创造条件，其中男性创作者和女性创作者的比例基本持平，"80后"、"90后"创作者占比超过70%。从地区分布来看，创作者的常驻城市级别分布均匀。与上年同期相比，女性创作者的数量显著增长，而31~40岁年龄段的创作者占比有所提升。这些社会中坚力量积累了丰富的生活经验和专业知识，积极创作并表达自己，为用户呈现出更多元化、丰富的作品。

巨量星图所反映的内容显示，与高线级城市相比，三线及以下线级城市的创作者数量呈现出显著的增长趋势。这表明内容创作和获取收益已经不再局限于一小部分人群。无论身处风景名胜区还是写字楼，人们都有可能展现出优秀的创意并创作出优秀的作品。具体到城市分布来看，2022年，尽管超一线和一线城市拥有庞大的创作者群体，但那些经济活动活跃且生活成本相对较低的部分二线和三线城市的创作者数量同样表现出了显著的增长态势。

真知灼见的影响力在多元行业中日益显著。2021年6月至2022年6月，巨量星图平台上的活跃个人或组织覆盖的一级行业的数量从18个增加到了31个，二级行业的数量则从48个增长到了273个，增长比例高达469%。随着创作者数量的增加，更多的职业领域、专业领域和垂直领域的创作者加入了巨量星图，他们的专业内容覆盖能力不断提高。各种类型的巨量星图创作者都能深入研究更加细分、更加专业的行业内容，为更多用户提供深刻见解，为更多行业的客户提供服务。擅长产出专业优质内容的巨量星图创作者正在不断积累服务各行业客户的经验，越来越多的创作者实现了跨行业、多行业商单收入。在过去的一年中，37%的巨量星图创作者接到了来自两个及以上行业客户的商单，其中超过10%的创作者为五个及以上行业的客户提供了服务。

创意加速，无畏生长。随着创作者数量的持续增长，他们所创作的内容的丰富程度显著增加。根据巨量星图的数据，截至2022年6月，巨量星图个人或组织的一级兴趣圈层分类已达到26个；二级兴趣圈层分类更是超过了170个，平台上针对个人或组织内容兴趣的总体标签数量也超过了1600个，相较于上年同比提升了26.3%——不同兴趣爱好、不同内容类别和不同

人设风格的创作者们,都在巨量星图这个平台上,凭借他们的创意,为自己的事业提速,源源不断地出产优质作品,深深影响着数以亿计的用户。

除内容类别外,创作者们也持续扩展创作的范畴,无论是内容体裁还是内容长度,皆在持续地进行突破。无论是仅仅数分钟的短片,还是十几分钟的中篇,剧情紧密的短篇剧集,甚至是简单的图文配乐,都能成为创意的优秀载体。从作品长度来看,粉丝数量越多的个人或团体,其作品的平均时长也会相应加长。

全域生态繁荣,蕴含无限机遇。企业持续深化内容 IP 的长期发展策略,稳健的盈利模式在巨量星图上激发了创作者的热情,优化了创作环境,并促进了他们在平台上的长期运营和培育。

企业的产品品牌致力于满足多元化的用户需求,从而为用户带来全新的价值。在过去的一年中,该品牌已成功与 32 个主要行业中的 259 个二级行业进行对接,实现了与具有品牌、产品特性的个人或组织的合作。截至 2022 年 6 月,巨量星图平台的有效注册用户已超过 190 万。同时,企业与品牌伙伴的合作也建立在互惠共赢的基础上。截至 2022 年 6 月,已有超过 1500 家的 MCN 机构和 1000 家的代理商在巨量星图平台上与个人或组织建立合作,共同发展和成就彼此。

巨量星图的成长路径是与个人、组织和品牌共同繁荣的,也是与合作伙伴实现共赢的。平台上拥有丰富的商业机会,吸引了数百万用户和代理商,他们关注品牌声量、新品发布和关键时期的收益,寻求品牌合作。创作者在此拥有宽敞的变现空间,收益稳定,机遇富饶。通过结合不同内容形式(如短视频、直播、图文等)和多样化的变现模式(如传播任务、投稿任务等),内容合作需求可智能匹配到各领域、规模和风格的创作者。200 多个行业的创作者能够在保持 IP 特性的同时,获得稳定的商业收益。

巨量星图积极营造一个良好的创作环境,对所有创作者都保持平等、开放的态度,关注并满足各领域、各量级创作者的内容成长和商业成长需求。平台为创作者提供报价建议、档期管理、经营助手等服务,让他们更加便利、高效地管理账号和商单。巨量星图在投前、投中、投后三个阶段都建立了完善的机制,涵盖合约签订、内容制作、订单结算等环节为创作者提供全方位的保障,营造一个安全的创作与商业交易环境。

平台还为创作者提供完善的成长机制,利用数据指导、帮助创作者开阔更广阔的创作视野和方向,并通过星图课堂繁星计划等培养机制,提升创作者的创作实力和内容运营能力。星光之上系列课程和星图个人或组织节等重点活动则旨在放大优质创作者的行业影响力,为他们提供更大的展示舞台拓展内容 IP 影响力的想象空间。

三、精益创作撬动多维收获，因为创作，所以影响

确保创作者的长远利益，是提高其优质内容产量的关键策略，同时，内容影响力也是构建创作者商业价值的重要支柱。每一则优质内容的产出，都离不开充满激情和努力的创作者。从创作到变现，同时寻求创作和变现之间的平衡，是每个职业创作者所必须跨越的重要节点。在巨量星图平台，创作者能在不同地理位置、不同内容类型、不同粉丝规模、不同人格特质、不同专业领域的基础上，运用平台所提供的多种商业变现手段，实现更为高效的双向对接，从而找到自身的进步之路。

在内容成长的各个阶段，不同粉丝等级的个体或组织都有机会在巨量星图平台通过商业变现。同时，各粉丝等级巨量星图个体或组织的平均收入也取得明显提升。在区域分布上，尽管京沪广深杭等城市仍然聚集了大量的巨量星图变现作者，但过去一年中东南沿海省份的非省会城市变现作者的数量增速显著。在此环境下，各地创作者可通过巨量星图平台更有效地与广告主对接，进而以创意换取收益。在兴趣圈层分布上，从二次元到文化教育、美食娱乐到 3C 科技，各个领域中拥有独特才华的创作者们，在满足受众需求的同时，不再仅依赖于"为爱发电"，而是在巨量星图平台获取真实收益。在行业专长方面，随着巨量星图受到越来越多客户的认可，创作者通过巨量星图实现了多元化触点及多行业的合作，从而收获客户信任与用户喜爱的双赢局面。此外，不同任务类型也为创作者提供了更多商业变现的选择，无论是定向与品牌、客户进行合作，还是参加投稿活动，各组织和个人都能根据自身特点与客户需求，进行灵活多元的方案选择。

通过情感连接，让互动充满温度。许多个人和组织表示，创作活动不仅带来了显著的收入增长，还为他们带来了广泛的交流和连接，以及更丰富的情感温暖和更多的人生机遇。通过创作，一些个体或组织成功地与世界各地的粉丝建立了精神共鸣，相互鼓励，共同成长；另一些个体或组织则因创作，与家庭成员建立了更稳固的情感纽带，达成了更深入的相互理解。甚至有些个体或组织在创作事业的引领下，拓宽了视野，结识了更多朋友，开启了全新的生活篇章，这是他们未曾预见的、更加辽阔且充满趣味的人生体验。

公益事业与社会责任：促进善意，造福社会。随着粉丝数量的增长，其影响力不断扩大，众多大规模星图创作者开始投身于公益项目，运用自己的创作才能回馈社会。2022 年 4 月 8 日至 5 月 20 日，字节跳动公益和巨量引

擎共同发起了公益创意季，活动通过发布关于爱佑童心、天才妈妈和善待动物倡行者三个项目的公益短片，展示了"科技＋创意＋互动"的互联网公益模式。该活动旨在利用科技、创意和互动的方式，连接公益机构、创作者和抖音用户，成功筹集超过1000万元的善款，吸引了超过3900万人参与公益活动，使得活动公益作品的曝光达到了约92亿次。这些关注带来了更多的了解，并激发了人们的行动。以爱佑童心项目为例，相关数据显示，在公益创意季期间，相关关键词的综合指数同比上升近240%。众多优质的巨量星图创作者秉持着"用创意激发善意"的信念积极参与了活动，募集的善款将为至少110人次的先心病患儿提供手术治疗费用，向328位乡村非遗手工艺女性提供支持帮助她们摆脱困境，同时向流浪动物提供了约152万次的帮扶救助。这些善举不仅体现了创作者们的责任心和爱心，也为社会带来了正能量和希望。

四、不惧挑战，书写向上之路

达人，作为一种新兴的职业身份，与其他职业一样，面临着不同发展阶段的挑战。从初期的兴趣积累到中期的作品质量提升和稳定变现，再到后期的自我突破和回馈社会，这是一个不断成长和超越的过程。在成为达人的道路上，个人或组织需要更加专业、沉着和长期主义。他们需要将创作视为一项职业，不断提高自己的专业素养，用内容产品服务用户和客户。同时，他们也需要具备突破瓶颈的韧性和智慧，在面对困难和挑战时能够不断总结和复盘，实现自我进化。

为了实现可持续发展，达人作为一门职业，还需要为关注者、客户、合作方和社会提供长期价值。新一代的创作者们将作品视为根本，不断贡献自身的创作价值、商业价值和社会价值，突破自身边界，承担更多责任。在这个过程中，个人或组织需要更加务实专注，厚积薄发。他们需要发现自身的兴趣所在，选择成为职业达人，并逐渐建立起用专业的内容产品服务用户、服务客户的意识。同时，他们也需要具备长期主义的眼光，不断为自身和他人创造价值。

巨量星图：成为个人或组织成长的亲密伙伴。个人与组织的发展路径各具特色，但总体过程大致可概括为四个阶段：起始、探索、成果积累以及持续成长。巨量星图在个人或组织的成长过程中，始终致力于持续、全程的支持，通过解决各种难题，为个人或组织提供更系统化、更高效的助力。

在旅程起始之际，巨量星图将凭借其更为体系化的个人或组织经营助手及等级权益体系，为每个不同阶段的个体或组织提供富有价值的指导，提供实干中的学习体验。比如，专为新手上路的个体或组织设立的官方新手任务以及相关课程。此外，巨量星图还将邀约发展成熟的个体或组织进行"现身说法"，携手编写和录制《巨量星图个人或组织答案之书》，通过已经取得成就的前辈们的经验分享，为新的个体或组织提供一条成长的路径，以供参考。

为了进一步优化个人或组织在探索阶段的服务体验，巨量星图对繁星计划和伙伴计划进行了更新。在过去的两年里，有超过4万名个人或组织加入"泛星计划"，总计增长粉超过20亿，其中，有6360余位个人或组织通过加入繁星计划实现了初次商业变现。为了满足不同垂类和赛道的需求，巨量星图将设置"繁星团长"，激励团长对团员进行内容创作和商业实践的指导。此外，MCN也是巨量星图平台的重要合作伙伴。巨量星图将加强对MCN经营规范的管理，规范不合规行为，扶持优秀机构。通过"伙伴计划"，激励MCN与垂类个人或组织的合作与孵化，与优质MCN共同培育新的个人或组织。

在收成阶段，对于个人或组织，为了激发其创作更为优质的商单作品并探索多种内容形式，巨量星图将推出全新的"星动计划"，以提供对他们优质内容额外曝光的机会。同时，结合《巨量星图内容创意方法论》指导创作优质商单作品。星图激励个人或组织打破其创作的"界限"，尝试更为丰富的内容形式，如中视频、图文、短剧等，以发掘更多的创作与变现潜力。此外，星图将通过多维度的官方榜单和线上线下的活动来建立个人或组织与客户之间的更多联系，以提供他们在客户侧的曝光机会。

在个人或组织已将创作和影响力转化为自身的事业后，它们已踏上了新的发展阶段，并正在道路上行进。"Star Up 星光之上"系列课程如同一座指路明灯将帮助个人或组织理清职业发展的逻辑并为其提供长期的学习指导。该系列课程不仅会联合专业的培训机构开设剪辑、创作、写作等职业技能相关课程帮助创作者提升技能，同时也计划与知名机构合作，提升个人或组织的财务和法律意识，并与合作伙伴共同讨论创业、经营等相关话题，以提升个人或组织的经营管理能力。

作为该行业的领军机构，巨量星图不仅致力于提供健康且多元的创作环境给个人和组织，还将为其提供百亿级别的商单及流量扶持，以支持个人和组织在长期职业发展和成就企图心、上进心方面的需求。同时，巨量星图亦与行业生态伙伴携手推动行业的健康和规范发展。对于每一位个人或组织，巨量星图都将成为其职业生涯中最亲密的伙伴，助力他们实现"创作影响力"的真正目标。

第三节　MCN 机构

在内容生态日益完善的大背景下，内容 IP 的周边衍生服务如雨后春笋般涌现。这些服务不仅为产业链的升级创造了新的就业岗位，同时在服务内容的过程中实现了社会价值的体现与商业价值的实现。内容和直播是 MCN 的核心，其衍生服务供应链日益明朗。随着内容生态的不断推进，一个基于直播导向和内容导向等平台方需求而形成的生态体系已基本形成，衍生出诸如达人服务方和达人提供方等周边支持性服务。

以直播为核心的 MCN 机构，其显著特点在于主张以直播为主要的变现手段，从而显著提升商业变现模式的实施效率，其运营模式主要体现为赛道制，即在考核期内，签约的个人或组织在各自的赛道上，在没有 MCN 机构的支持下进行独立的竞争。MCN 机构在最终业绩考核结果的基础上，通过流量采购的方式对优秀的参与者进行平台的推广助力。其选人标准，主要倾向于那些拥有稳定的粉丝群体以及一定内容创作能力的个人或组织，这一人群主要通过线上的方式进行筛选。

内容导向的 MCN 机构以品牌营销为主要目标，突出优质内容和剧情的关键地位，通过专业化的制作流程，由具有强大能力的编导担任团队负责人，为个人或组织提供高品质的内容脚本，参与人员数量较多。其选拔标准主要侧重于个人或组织的表现力，对粉丝数量和制作能力的要求相对较低，主要通过线下应聘和个人或组织的实地考察进行招聘。

短剧类内容深受用户青睐，个人生活记录类内容的地位逐渐巩固，助播天团和明星主播已经成为常态，地方生活类内容崭露头角。在直播间，我们看到内容创新的现象，犹如家常的呈现，仿佛是综艺现场；看到数字人与数字孪生技术的广泛应用；看到更多超级个人品牌的崛起；看到深度内容的出版——从内容品类、内容形式以及商业模式等方面呈现出更多的创新。这些创新不仅丰富了内容生态，也为各类角色提供了更优质的服务，在提供多元化的就业选择、高效挖掘和促进用户流量转化的同时，丰富了内容生态。

MCN 业态正在经历新一轮变革，机构纷纷在多元赛道上开展自我竞争。现在，更多的头部机构将明星与艺人视作服务对象，且机构为艺人提供的服务内容已不再局限于社交媒体平台，与传统艺人经纪服务的边界正在逐渐消融。同时，一些机构在自建品牌领域取得了卓越成绩，通过充分利用内容和产品的优势，赢得了线上渠道销售类目的头名；有一部分机构已成功转型为真正的新消费品机构，在线上和线下渠道并行，并以扎实的商品销售模式实现了品货双赢。为树立品牌形象并在行业内塑造声誉，机构在签约和孵化过程中运用了内部强大的 SOP，这促进了一部分机构在行业中的占位。机构的增长不再仅仅依赖于平台的增长，而更多地通过布局构建第二和第三增长曲线，并开展跨界业务组合，以此实现可持续的增长。

一、中国内容机构（MCN）行业发展现状

在当前的数字化营销环境中，许多 MCN 机构面临着持续增长的挑战和不断变化的市场需求。为了适应这种形势，他们采取了多元化、精细化的业务模式，以满足不同客户的需求，提高业务的抗风险能力，并实现可持续发展。这些机构以内容为核心，通过平台拓展整合营销、直播带货自建供应链、自建内容和名人的品牌 IP 以及国内业务与海外拓展等方式，不断探索新的业务增长点。

随着内容创新、模式创新、技术创新的不断发展，2022 年被视为一个真正的创新之年。在这一年里，MCN 机构积极探索新的创新模式，打造主播群体 IP，使直播间更加品牌化、场景化、主题化、去中心化，并实现全时段覆盖。同时，他们还创新了内容形式，使直播综艺化，并通过技术迭代强化数字人应用，提高了内容产出和商业化的效率。

越来越多的 MCN 机构正在承接明星艺人的线上线下多元化业务，他们的业务范围日益广阔，与传统的经纪公司之间的界限逐渐消融。2021 年，某些 MCN 机构已经开始针对 KOL 开启艺人模式的全面升级服务。此后，这一趋势在 2022 年得到了进一步的推广，更多的 MCN 机构开始向明星艺人提供全方位的服务，他们的合作已经从传统的以产品为中心，转向以"人"为核心。MCN 签约明星，明星自建 MCN 机构，机构赋能明星艺人发展方式多元化。

MCN 机构以敏锐的视角洞察行业趋势，积极向多个平台进行拓展，不仅试图拓展个人或组织成长的空间，同时也努力发掘多元化的商业发展路径，在竞争激烈的行业内成功拓宽商业护城河，确保自身在激烈的市场环境中立于不败之地。MCN 机构重点运营的平台个数为 2.5 个，头部机构加快建设第二平台业务梯队。例如，抖音＋小红书＋微信视频号；抖音＋快手＋淘宝直播；微博＋微信视频号；知乎＋小红书；小红书＋抖音。

在当今新经济形势下，上游客户在营销需求方面展现出更加理性和科学的一面。这种积极的变化趋势迫使 MCN 机构重新审视并调整自身的服务能力，进而积极向营销后链路（包括数据处理、渠道整合和效果监控等）拓

展。品牌与 MCN 机构之间的双向影响也在不断加强，双方的共同努力正有力地推动市场向更加规范和成熟的方向发展。

品牌方在合作方面的诉求越来越清晰，要求越来越高。他们开始量化考核各种投放效果，更加重视诸如 CPM（千次展示成本）、CPE（单次互动成本）、ROL（归因前的转化率）等关键数据指标。2022 年，一部分品牌明显地转向了轻内容投放、重电商转化的策略。他们更加关注如何利用有价值的内容来吸引消费者，同时提高品牌在电商平台上的转化效果。MCN 机构在为品牌提供服务时，需要提供更为完整、整合的方案，从以前的点对点的需求满足逐渐升级为整合营销、品宣（品牌宣传）+ 种草（内容营销）+ 带货（电商销售）的全链路营销需求。为了更好地满足品牌客户的需求，MCN 机构需要加快提升自身的效率，加快建设数据管理能力，优化内部的 SOP（标准操作程序）。

面对市场竞争和同质化内容泛滥的挑战，MCN 机构渴望获得更多的经营扶持，以便在运营工作中找到一个有效的抓手，进一步优化商业运作流程，提高运营效率。为了达到这个目的，MCN 机构已经付诸实践，积极探索各种案例共建、商单资源流量扶持等多种经营合作模式。MCN 机构在快速发展的过程中，也意识到团队效率的提升仍然需要更加专业、针对性的业务指导。他们期望在未来的发展过程中，能够增加与企业的沟通交流机会，以减少因为信息不对称而导致的信息差造成的沉没成本，为实现目标铺平道路。

MCN 机构正积极拓展各细分领域，以打造高质量内容并吸引更多粉丝。为缓解拓展压力，MCN 机构正积极孵化新账号。新人签约或孵化的压力明显增加，驱使 MCN 机构做出新的选择。在当前竞争日益激烈的行业环境中，同行间的沟通成本也在不断上升。为在热门垂类内容创作上取得优势，各MCN 机构不断深挖细分领域，寻找具有较高粉丝黏性和变现效率的小众圈层，并成为其新选择。MCN 机构还通过内部孵化机制支持员工转型为达人，与高校合作提供培训扶持，以筛选潜力种子选手并储备人才资源。

二、媒介平台选择

随着人工智能技术的快速发展，商业化效率的未来增长空间已经成为机构入驻新平台的核心考量因素，机构选择平台的考虑因素变得尤为重要。对于机构而言，个人或组织的成长力及商业化效率是首要考虑因素，这包括团队的专业化程度、业务的核心竞争力以及在市场中的竞争力。机构也会关注粉丝黏性对个人或组织的生命周期延长程度，这不仅关系到粉丝群体的稳定性，也代表了个人或组织的品牌价值和品牌忠诚度。机构还会考虑内容或商业化能力的匹配程度，重点关注长远的商业效益，包括内容的创新性、传播性和价值性，以及商业化能力的变现能力和盈利模式。

在平台选择方面，新入驻平台是以"流量价值"为首要衡量指标的。从2022年开始，更多的机构开始深耕他们擅长且具有竞争优势的平台。这些平台包括热门的小红书和B站，它们在特定的用户圈层中展现出了较强的竞争力，这也是机构们所关注的焦点。抖音依然是机构进行直播电商的主阵地，因为它是一个短视频平台，所以机构们还会选择小红书和微信视频号作为他们电商业务增长的重要选择（见图5-2）。

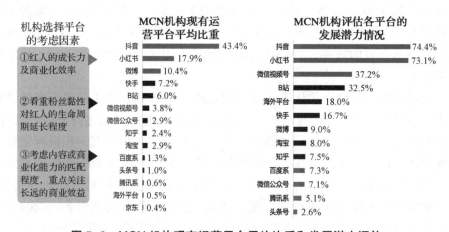

图5-2 MCN机构现有运营平台平均比重和发展潜力评估

资料来源：克劳锐. 2022年中国内容机构（MCN）行业发展研究报告［EB/OL］. http：//www.fhyanbao.com/.

在赛道分布与策略方面，机构们深度聚焦大众生活领域，凭借真实体验获取用户的关注。美妆赛道的发展逐渐趋向于冷静，更多的机构开始投入更多的精力深耕多元化的垂直赛道。家居生活、户外生活、海外生活等多元化内容已成为机构的重点布局对象，2022年，它们具有较高的变现能力，能够满足多种产品投放的需求。剧情赛道在2022年取得了显著进展，大量优质短剧在该赛道中涌现。美食垂类已经成为机构布局"本地生活业务"的首要选择。"三农"内容与助农直播的结合已经成为机构布局该垂直领域的主要方式。

在内容形式方面，机构坚决主张以短视频为核心的内容形式，全面权衡能力和商业效率的平衡，积极布局直播、图文、中视频等多元内容。回归生意的本质，要求根据团队的能力和商业效率来选择适当的内容形式；在过去三年中，短视频已经成为主流内容形式，直播也逐渐回归理性，而图文中视频依然是不可或缺的内容形态。

在表述方式方面，个性化、生活化、知识类内容的比例在显著提升，创新和专业性已经成为个人或组织的核心竞争力。

MCN 机构业态从过去主要追求内容品牌影响力回归到了"生意本位"，营销业态的比重在 2022 年有了大幅度的提升，提升幅度高达 16%，而内容生产业态占比却出现了下滑，下滑幅度高达 22%，主要是因为多家机构的原有业务在 2022 年已经无法支撑内容生产业态长周期的投入。在电商业态方面，各机构的电商业态持平；在经纪业态方面，各机构的经纪业态也保持着稳定的持平状态；在社群/知识付费业态方面，部分机构的社群/知识付费业态占比略有缩减；在品牌授权/版权业态方面，品牌授权/版权业态的占比有一定程度的缩减。

从营收贡献比看，随着市场营销服务逐渐成为主要的业务增长点，代理运营的占比相应地在缩减。广告营销收入（其中包括 KOL 广告商单和营销服务）较 2021 年显著增长，提升幅度达到 16 个百分点，其中的主要驱动力源于营销服务的收入增长。电商营收较 2021 年提升 2.3 个百分点。然而，内容代运营因沟通成本高和利润率低的问题，部分机构在 2022 年选择削减此业务，或转化为整合营销服务，相比 2021 年，其业务比重有下滑的趋势。

三、中国内容机构（MCN）增长破局方式

在中国 MCN 机构十年历程的进程中，如何应对周期性波动并实现持续增长，一直是备受关注的核心议题。2012~2014 年，微博与微信等平台的商业化战略布局催生了 MCN 模式的初步探索。随后，短视频行业的崭露头角，使部分内容生产企业形成了雏形的 MCN 模式。2014~2017 年，短视频 PGC 创业热潮涌起，从单一账号向多账号矩阵的孵化逐步形成，是 MCN 机构的发展期。在 2017~2019 年的爆发期，多平台启动内容补贴战略、短视频行业高速发展，资本风口和流量红利的推波助澜下，国内 MCN 的数量激增至 2 万余家。在 2019~2021 年的进化期，得益于平台商业能力的提升，大公司转型突破机构的商业模式，实现了多元化发展。迭代期的 2021 年至今，行业逐渐成熟且规范，机构开始加快调整战略，提升能力，加速抢占细分领域的市场份额。

国内 MCN 机构按人员架构的差异主要分为两大形态：以人为核心，内容形态的 MCN 围绕内容创作进行变现，签约、孵化、自孵化；电商形态的 MCN，通过带货主播进行变现，个体 IP 类、群体 IP 类、直播 IP 类。

内容形态的 MCN 机构正在进行积极的内部调整，以更好地匹配公司的业务发展需求。在这样的调整中，自孵化的比重逐渐降低，以提升整个机构

的商业效率。该机构的运营策略是以博主自孵化为主要模式，同时开放多元化的商务签约合作模式，以便通过机构在多平台的运营经验赋能那些潜力巨大的个人或组织，助力他们在多个领域的发展实现多栖成长。MCN 机构正在不断拓展平台并新增自孵化业务。例如，目前 MCN 机构正积极拓展小红书平台的签约业务以签约为主，并以此为公司的发展赢得了更多的机遇和挑战。此外，2022 年 MCN 机构还拓展了抖音平台。尽管初期在抖音平台签约会面临较大的竞争压力，但为了适应市场需求和公司发展需要，MCN 机构在抖音平台签约与自孵化业务并行。

经过全面的转型升级，电商形态 MCN 机构在经营中始终坚持以生意为本，将带货效率和内容创新作为提升能力的重点，致力于在全新的市场环境下取得显著的业绩增长和成功。个体 IP 类机构，如科技领域的微信视频号李小萌分享，以内容创新与商业变现并行发力的方式，深耕主要领域，同时拓展相关垂类领域，从用户需求出发调节运营效率。群体 IP 类机构，如星燚世纪，在 2022 年更加重视数据，提高选品成功率，严谨操作，降低失误率，提升直播带货的有效性。直播间 IP 类机构，如交个朋友，在 2022 年积极拓展新平台，入局淘宝直播，加速海外业务发展，呈现出去罗永浩化的趋势，布局自有垂类直播间。

MCN 机构结合自身能力和行业特色，明确了自己的差异化定位。首先，它们以专业业务为核心，深度挖掘自身独特优势，构建具有商业壁垒的核心竞争力，以前瞻性的布局占据差异化赛道的领先地位，并将纵深发展作为突破商业天花板的主要手段。其次，它们力求加快第二、第三增长曲线的建设，拓宽商业护城河，保障机构的持续增长，同时提升其长期价值。此外，部分机构还以复合型企业的定位，持续创新的强大能力带动自身盈利增长，并拓宽行业营收天花板，为整个行业树立了可持续发展的典范。对于公司而言，逐步退出 MCN 行业可能并非优先选择，短期内收割流量红利无法为公司带来长期的收益，而 MCN 业务也并非公司经营的理想选择，在某些情况下公司甚至可能会选择放弃 MCN 业务转而进入其他行业寻求发展机会。

差异定位一：专注于某一专业领域或某一技术产品深度研究的业务聚焦型公司，凭借其专业知识与技术的独特优势以及卓越的资源整合能力，在差异化赛道中独占鳌头。这类公司以实现商业效率最大化为核心目标，其核心竞争力难以复制，且已深入人心。在竞争策略上，它们主要采用纵向深化策略，通过挖掘自身专业特长和优势，持续加强和提升竞争壁垒。业务聚焦型 MCN 机构和个人工作室是这类公司的突出代表。这些机构不仅专业能力强大，而且通过持续的纵向深耕不断提升竞争力。它们的差异化策略使得它们在激烈的市场竞争中更加游刃有余。此外，尽管个人工作室规模相对较小，但它们的协同能力很强，人效比远高于其他机构。这些工作室的个人管理能力也很突出，拥有丰富的自有资源，这使得它们能够在市场中独立运营，从而最大化发挥个人品牌价值，显著提高商业效率。

差异定位二：具有独到眼光和市场洞察力的跨界增长型公司正在积极构建多条"增长曲线"，以全面提升市场竞争力，有效抵御外部市场的不确定风险。这些公司不再盲目跟风，而是积极主动地拓展增长空间，并保持适度的危机意识，这是它们保持稳定发展的关键。它们的增长策略具有创新性和战略性，即横向破圈，努力战略性地拓展公司外延，不断尝试跨界合作与融合。在这个过程中，MCN 机构的表现尤为突出。随着短视频平台的快速发展，MCN 机构正在加快从单一业务向多元业务的转型，并不断扩大公司的商业承载范围。它们的业务涵盖了账号签约 / 孵化 / 运营、内容生产、流量获取等多个方面；在营销服务方面，它们从简单的代运营过渡，持续沉淀客户资源，整合营销或提供全案服务。在电商领域，MCN 机构的表现尤为出色，它们通过与各类电商公司合作，涉足团长业务、直播电商、短视频电商以及小程序电商等领域，形成了具有竞争力的产品线。为了进一步发展品牌，MCN 机构还积极通过自主研发新产品、创立品牌、与白牌产品进行合作，从而打造品牌形象。在科技领域，它们自建科技公司，为用户提供职业培训等服务。此外，这些公司还将目光投向了广阔的海外市场，推出了内容出海、发展海外 MCN、提供品牌出海服务商等业务，帮助企业实现跨境电商（见图 5-3）。

图 5-3　2022 年中国内容机构（MCN）行业发展研究报告

资料来源：克劳锐. 2022 年中国内容机构（MCN）行业发展研究报告［EB/OL］. http://www.fhyanbao.com/.

　　差异定位三：所谓的复合型企业指那些已将MCN打造成为能力标签的企业。这些标签强化了它们赋能企业内部各种业务的能力，其发展模式呈现多元化，组织结构呈现庞杂化，行业内它们的品牌效应也非常显著。在增长策略上，它们选择了多业务协同的方式，希望通过这种方式撬动增长的飞轮，实现企业的飞跃性发展。因此，一些原本的多头部机构经过演化和调整，已成为"MCN+"的复合型企业。这类企业在某种程度上已经实现了蜕变，具备了全新的竞争力。

第四节　内容分发媒介平台

　　在科技发展和商业模式创新的大背景下，短短二十几年间，内容形态、社交媒体平台功能以及社交媒体营销玩法的快速更迭令人瞩目。与此同时，各大社交媒体平台纷纷构建起电商闭环，形成了自成一派的生态系统。这不仅改变了我们的消费场景和习惯，也影响了我们的购物行为。在创作指南的过程中，由于各种新的变化，内容也被修改了多次。这种"超速度"给社交媒体行业的同行们带来了巨大的挑战，要求他们对市场、目标群体、社交媒体平台有更敏锐的洞察力和执行力。

　　正如《社交媒体简史：从莎草纸到互联网》一书所述，社交媒体的发展基础源于人类热爱分享的天性，信息在社会关系网络中传播。如今，除了其社交属性外，社交媒体还被赋予了电商、搜索引擎等更多元化的新属性。然而，无论社交媒体如何变化，我们骨子里热爱分享的本质始终未变。生产具有高传播度、利他且人们乐意自发分享的优质内容仍是核心，好的内容仍然是商业增长的第一驱动力。

　　微信公众号已不再是话题的中心，品牌是否还需要继续投入其中，以及它在新时代中扮演的新角色如何？面对社交媒体流量红利不再，新品牌、小众品牌或刚进军中国市场的品牌应选择哪些平台以更有效地获取客户？在视频类平台中，微信视频号与抖音、快手这些"后起之秀"有何区别？我们希望这部分内容不仅能梳理国内主流社交媒体平台的特征及发展趋势来解答这些疑问，还能提供一些具有实操性且详尽的干货攻略。

　　第一代互联网Web 1.0时代，1989~2005年，信息传播源单一，用户仅能被动接收信息，呈现出单向传播的特点。这一时期，搜索引擎百度、谷歌等崭露头角，而新浪、网易、搜狐等门户网站也相继涌现。第二代互联网Web 2.0时代，自2005年至今，交互性得到了极大的增强，用户可以参与并生产内容。然而，这一时期的内容仍然受制于平台，大量 BGC/UGC/PG-C/PUGC/GGC/AIGC 内容得以诞生，并在社交网络上迅速传播，呈现出双向或多向传播的特点。在这个时期，微信、微博、抖音、快手、小红书、知乎、哔哩哔哩等社交媒体平台发展迅速。第三代互联网 Web 3.0 时代，自 2021 年至今，内容所有权与控制权归属于用户，安全性得到极大提升，并通过协议分配内容。这一时期的特点是去中心化，数字内容真正成为数字资产。例如，APPICS 等基于区块链技术的社交媒体应用程序的出现。

社交媒体的八大趋势。首先，社交媒体正逐渐被搜索引擎化。除在社交媒体上发布的内容被百度等搜索引擎收录外，用户开始习惯将微信、小红书、抖音、知乎等社交媒体平台作为搜索引擎来检索特定内容。其次，短视频在社交媒体上依然占据主导地位。对于品牌和个人而言，短视频内容制作成本较低，且能够在短时间内带来广泛传播，因此具有独特优势。此外，社交媒体电商化趋势明显。内容驱动社交媒体的电商化发展，微信视频号等多个社交媒体平台正在加速商业化之路，直播的井喷式发展为社交电商与兴趣电商提供了强大的推动力。

"银发族"在社交媒体上的潜力不容忽视。随着"银发经济"的崛起，美篇、小红书、抖音等社交媒体平台吸引了中老年用户的关注。内容监管日趋严格，随着内容形态的多元化发展，各类内容监管政策法规层出不穷，内容合规性愈来愈重要，在符合国家相关规范的同时还需兼顾社交媒体的平台规则。播客逐渐兴起并从小众走向大众。诸多品牌争相入局播客，并结合不同社交媒体平台特征将播客内容多次重复利用，转化为图文、短视频等其他内容形式，扩大声量，用"耳朵经济"占领用户心智。

社交媒体已成为全域运营的重要流量入口。各社交媒体平台之间、社交媒体平台与其他互联网垂域平台之间、公域与私域之间的流量打通，线上与线下边界的模糊，将助推品牌利用社交媒体打造全域全链路发展生态。影响营销与口碑营销的力量不可小觑。KOL 以其专业能力与影响力"花式带货"，表现出强劲的势头；亲朋好友在内的 KOC 的口碑推荐因天然的信赖使得用户更易被"种草"，社交媒体上"品牌以外的人"为品牌带来的影响仍然十分强劲。

各平台的流量格局始终保持稳定，平台内多样化的内容形式共享共生，共同构建了繁荣昌盛的创作生态（见图 5-4）。各平台的运营方注重提升内部运行效率，以便为 MCN 机构、品牌方及各类创作者提供长效经营的有效赋能。平台方努力沉淀与经营的方法论，例如，抖音的 0~5A 人群资产经营方法论、快手的 5RA 人群模型以及小红书的种草值等。同时，微信的创作者营销 4T 方法论在不断完善。各平台持续致力于服务平台的基础设施建设，如巨量星图优化个人或组织的价值分层体系，并对行业转化组件进行升级。小红书在 2022 年上线的聚光平台为用户提供一站式的投放服务，进一步便捷了用户（见图 5-5）。B 站的火花平台通过流程优化和增加分成选项，积极促进内容与消费的大融合，努力增强用户的黏性，致力于提供更高品质的服务。

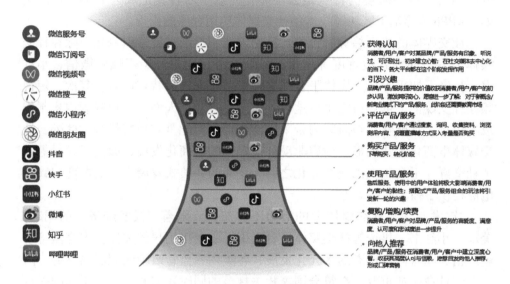

图 5-4 营销漏斗中的社交媒体平台

资料来源：科握.2023 中国社交媒体平台指南［EB/OL］. http://news.sohu.com/a/730225891_121763615.

2022 年不同类型平台的发力点及定位变化

大力发展电商	抖音、快手	短视频平台 - - - ▶	聚焦高转化人群、强化全域经营
	微信、微博	社交平台 - - - ▶	完善直播电商能力、扶持优质内容
	小红书	生活方式社区 - - - ▶	发展达人直播电商
	哔哩哔哩	中长视频平台 - - - ▶	发展竖屏内容、强化电商能力
	知乎	问答社区 - - - ▶	内部团队打通、提升商业化能力
	淘宝、得物	电商平台 - - - ▶	加快布局更丰富的内容生态
完善内容生态	百家号	资讯类平台 - - - ▶	打通百度全系生态、发力原创内容生态
	网易号	资讯类平台 - - - ▶	拓展创作者知识变现的渠道
	汽车之家	垂类平台 - - - ▶	提升用户购车的后链路服务能力

图 5-5 2022 年不同类型平台的发力点及定位变化

资料来源：克劳锐.2022 年中国内容机构（MCN）行业发展研究报告［EB/OL］. http://www.fhyanbao.com/.

一、微博：B2C 全行业，让内容裂变式传播

自 2009 年成立以来，微博经历了多次的起起落落。尽管各大社交媒体平台间的流量竞争已趋白热化，但凭借其新浪门户网站的基础和早在其他平台之前明确发展的商业模式，微博在时事资讯、热门话题、明星娱乐、影视综艺等领域均展现出卓越的地位。微博平台上的内容时效性和话题热度非常显著。如果说微信是私人社交领域的王者，那么微博则借助一个热门话题，让众多陌生人迅速凝聚在一起。正如微博的宣传口号"随时随地探索新鲜事物"，一条热门搜索，一个话题标签，或者一个超级话题，都能在短时间内引发大量用户的关注，促成内容的裂变式传播。

短内容的特点和无拘无束的发布方式降低了内容创作、阅读与观赏的难度，一段文字、一张图片甚至只需一个词语，就能诠释独特的观点。抽奖、投票、评价等多元化的内容形式提升了互动性，这种互动不仅仅局限于品牌或创作者与用户之间，更在用户之间广泛蔓延，从而实现了内容的进一步传播。基于微博平台的优越性和传播特性，微博非常适合品牌进行话题营销、口碑营销、代言人营销与情感营销，通过发布精简、互动性强的内容，提升品牌价值，并拉近与用户的关系。

在当今的社交媒体环境中，微博平台将优质内容的持续产出视为资源配置的关键参照标准。在此背景下，提出微博话题营销的四大策略建议：

（1）构建引人入胜的讨论主题。具有高度互动性和传播潜力的主题能够吸引用户参与，并可能成为品牌不可分割的一部分。良好的话题标签应与品牌目标受众的关注焦点高度一致，并与当下的趋势、节日、品牌代言人、品牌口号、产品名称、互动性等因素相结合。语言表述应通俗易懂、清晰简洁，避免产生歧义或负面争议等对品牌形象造成影响的情况。同时，通过"造梗"将特定的词汇或语言文化与品牌紧密联系起来，也是构建讨论主题的一种有效方式。

（2）构建一个优质话题。在微博上，标签和超话标签并非决定曝光的唯一要素，话题的选择实则更为关键。品牌话题、热点话题、本地话题以及超话构成了四种主要的话题形式。密切关注与品牌相关的热点话题并恰当地利用热点窗口期进行"蹭热点"，可以有效提高品牌话题的曝光度。产品话题更适用于特定人群的精准营销。在选择超话时，应考虑超话关联度、粉丝数量、活跃度等因素，并进行综合评估以做出最佳选择。

（3）构建人物形象。在微博内容中创建与品牌形象紧密相关的人物形象，活泼、青春、幽默、严谨、专业等，更有利于与用户建立深厚的情感纽

带，增强品牌的信誉感。无论是文本、图片、视频，还是评论与私信互动，都应保持一致的表达方式和视觉形象。

（4）多用不同互动形式。互动是微博的核心价值，通过微博丰富的互动方式，持续提升账户的吸引力和营销活动的表现数据。除在自己的微博账号上与用户互动外，还可以与代言人、KOL、KOC 以及热门话题下的评论区进行互动。通过互动了解目标受众对于品牌和产品的看法和满意度等，有助于及时调整营销策略。

2022 年，微博上的机构发声诉求更加聚焦于提高变现效率。铁粉机制的构建，以强互动、强观点的内容特性为基础，为微博博主实现长期发展和阶段性转型提供了稳定的粉丝保障。平台注重内容共创，KOL 的优质内容结合精细化运营，加强了私域内容在公寓场景的曝光效率，形成了具有破圈影响力的热搜话题和舆论场景。在非标品电商领域，微博持续构建电商闭环，非标品成为 KOL 带货的价值洼地，如医美类、珠宝玉石类、生鲜类产品。

微博创作者/MCN 策略的核心在于，优质内容加上可持续的生产力。与MCN 的合作关系更加成熟和开放，平台以开放的心态看待机构在多平台运营的策略，对具备强内容生产基因和强互动能力的机构及 KOL 进行资源倾斜。与 MCN、KOL 共同构建优质内容，在内容合作上，强调与具备专家经验、展现真实生活的创作者进行深度合作，并重点关注创作者的持续创作能力。微博仍然是机构长期建设的头部 IP 的标配阵地，适合沉淀高黏性粉丝、具备较强基本能力的账号，以达人的观点建立兴趣连接用户。微博是 MCN 不可或缺的话题和事件性营销的阵地，在微博的投放更注重品牌形象的建设，同时也是最大的舆论场和最大的事件发生器。以超话为例，小众圈层垂直兴趣领域的机构仍有机会发展。

二、从微信到微信生态：B2B、B2C 全行业

从微信到微信生态，B2B、B2C 全行业。通过扫码添加好友、语音视频通话、建群热聊、斗图等功能，微信改变了人们的社交方式。如今，微信生态已经成长为一棵参天大树，渗透到生活的方方面面，改变了人们的生活方式。每一条枝干各自开枝散叶的同时又经脉相连。微信小程序下的微信小商店吸引了众多商家入驻卖货，微信支付中的自定义微信红包封面成为品牌营销的新玩法。公域中的微信搜一搜等与私域微信公众号、视频号、朋友圈、小程序、直播等连接，微信与企业微信打通，企业微信与腾讯会议、腾讯文档等腾讯大生态融合，以及微信通过小程序与滴滴出行、美团外卖、京东购

物、拼多多、贝壳找房、猫眼电影等各垂直领域平台及微博、知乎、哔哩哔哩等其他社交媒体平台实现无缝跳转。

随着青少年模式、为老年群体与视障人士服务的关怀模式的推出，微信生态的受众已经覆盖全民。有人的地方，就有营销。凭借庞大的用户量，微信生态让无论是 C 端还是 B 端品牌的内容与业务都能在其中找到自身定位、设计营销链路，各渠道相互引流，实现转化。

（一）微信公众号：品牌社交媒体矩阵的"标配"

在过去的十年里（2012~2022 年），微信公众号经历了多次颠覆性的变革与升级。从最初的单一图文信息传递，到如今集图文、图片、音频、视频及直播等多元化内容生态的呈现，这一变革使得微信公众号在信息传播领域迈向了一个全新的阶段。不仅拓展了内容传播的维度，还大大丰富了用户的阅读体验，使其成为现代社会中不可或缺的信息交流平台。

条漫、SVG 交互设计等新颖的内容呈现形式，为内容创作者与社交媒体营销人提供了无限的想象空间；品牌广告主与流量主之间的战略性合作，实现了互联网广告模式的创新性变革；关联小程序、设置返佣商品等功能的实现，让用户可以轻松点击，即可完成购买，迅速打通了电子商务的便利路径。在这个过程中，微信公众号已经从纯粹的媒体属性平台转变为连接多元渠道、整合多方资源的综合性载体，以前所未有的形式颠覆了传统信息传播的既定路径和方式，同时开创了一个充满创新与变革的新时代，引领着社交媒体营销的发展潮流。微信公众号已经步入了成熟稳定的发展阶段。面对这一时期，对于新生的微信公众号来说，想要在竞争异常激烈的公众号市场中迅速聚集起大量的流量，从而实现规模化的转化，无疑是一道难以逾越的难题。经过长时间的发展，各个公众号都已经建立起了相对稳固的粉丝群体，想要在这些公众号中分一杯羹，对于新入场的微信公众号来说，挑战是巨大的。

对于各大品牌来说，微信公众号早已不再是一种简单的宣传手段，它已经成为一种富有象征意义的符号，是一张代表着品牌形象和文化内涵的名片，同时是一扇能够连接品牌和消费者之间的窗户。无论是通过搜索引擎进行搜索，还是通过扫描二维码查找，用户们早已习惯了在自己的手机上寻找相应的公众号，阅读和浏览其中的内容，查看菜单栏和链接，点击链接以了解更多相关信息，或者直接向公众号发送留言、私信，从而与品牌建立起有效的连接。尽管如今微信公众号的流量已经变得相对分散，而所谓的红利期也已经逐渐消退，但是，凭借其在社交媒体矩阵中的重要地位，微信公众号依然是各大品牌在社交媒体平台上必不可少的"标配"。

（二）微信搜一搜

微信搜一搜作为社交媒体搜索引擎的引领者，正在发挥其至关重要的作用。与传统的搜索引擎如 Web 1.0 时代的百度和谷歌不同，微信搜一搜在涵盖庞大且丰富的社交媒体生态环境中独树一帜。它在微信的肥沃土壤中扎根生长，构建了全新的搜索引擎形态，突破了微信生态体系中各账号内容严格受限于时效性的壁垒，显著提升了搜索的即时性和准确性。微信搜一搜也为众多品牌方和广告主提供了新的流量入口与营销模式，大大拓宽了流量来源的渠道，丰富了营销模式，为品牌在微信生态内的推广提供了更多元化的选择。在购买食品、挂号就诊、提升学习、阅读新闻、聆听音乐、玩耍游戏、阅读小说，抑或是了解品牌信息、查看品牌与产品服务动态、建立对品牌的认知、激发兴趣并最终促成转化的过程中，微信搜一搜逐渐变成了用户的常用搜索工具。

作为"微信生态连接器"，微信搜一搜覆盖了用户可能接触到的多个搜索场景，支持文字、语音、图片搜索。搜索是用户主动发起的行为，这一过程能够更为精准地将流量导向对应的目标。微信搜一搜的使用者主要是年轻、具有高学历背景、具备高消费能力的用户群体，他们是构成微信搜一搜品牌词用户的特征之一。随着超级品牌专区和搜索结果广告的推出，微信搜一搜的商业化进程得到了进一步的发展。它如同一把钥匙，能够深度链接人、货、场、内容、品牌等多个层面，帮助品牌以搜索为突破口，完成全链路营销，从而缩短从搜索到转化的路径，进一步沉淀私域资产。

微信搜一搜与我们的自有微信生态账号，是品牌在社交媒体整合营销中的重要支柱。这种成功主要得益于我们的品牌媒体、付费媒体和声誉媒体（也被称为赢得媒体）三者之间的协同作用，它们共同助力品牌实现各阶段的营销目标。在这个过程中，品牌官方社交媒体账号作为品牌的自有媒体，具有不可替代的优势。尽管需要长期的投入和深入运营，并可能在短期内无法展现出显著的投资回报率，但该媒体与个人或组织群体的互动精准而且黏性极高，我们可以精准控制品牌的内容和调性。这些为我们积累品牌知名度和影响力提供了有力的支持。

随着微信搜一搜的流量日益增长，品牌在微信生态圈中布局各个自有账号的 SEO 策略正在成为一种创新的机会，不容忽视。通过在竞争激烈的市场中占据有利地位，微信公众平台已上线微信搜一搜数据看板。通过查阅相关数据，品牌可以更加迅速地调整 SEO 策略，以此获取更多搜索流量、提高品牌曝光度和知名度。通过微信搜一搜数据看板，品牌可以实时掌握搜索后关注公众号的用户数量，以及搜索后阅读文章的次数等关键指标。同时，用户搜索哪些关键词也是影响公众号及其内容能否成功进入视野的重要因素。这些数据为品牌在微信公众号的内容创作和营销决策提供了更为科学、合理的依据。此外，品牌的微信生态账号及内容在微信搜一搜中的排名将直接影响品牌在社交媒体营销方面的表现，从而影响品牌在整个市场中的竞争力和影响力。

超级品牌专区于2022年7月全新上线，为品牌方专门设计的展示区域，也是实现品牌私域中心化的重要入口。通过投放覆盖微信搜一搜各大入口的品牌词及与品牌直接相关词、商品词这两大类搜索词，品牌可以借助精美多元的展示页面、丰富可自定义的组件、多个触点塑造品牌形象、宣传产品与热门活动，将用户从公域引流至私域小程序、视频号及直播、公众号等，并支持跳转原生推广页、H5、商品详情页，用户也可一键联系在线客服或拨打电话直接与品牌建立连接。

搜索结果广告是2022年11月推出的竞价广告，以原生、自然的方式展示在微信搜一搜各大入口的搜索结果页面，支持投放品牌词、品类词、通用词等多种类型搜索词以及跳转原生推广页、小程序、自定义链接这三种形式落地页，助力广告主提升曝光、获取流量、推动销售线索、推广商品、活动、公众号、小游戏与应用。

（三）信视频号，未来可期的全民消费平台

微信视频号作为从"泛资讯为主的内容平台"到"多元、共生的全民消费平台"的转变，展示了其商业化的增长目标和创作者、品牌商家、服务商等各方的崭新机遇。在内容创作上，原创、账号人格化、人设形象生动鲜明、贴近真实生活的内容更容易受到用户的青睐与平台流量扶持。

在直播方面，不同垂类的优质内容促进了微信视频号在看播规模、看播时长、开播时长等数据上的飞速增长。随着视频号小店、视频号优选联盟以及各种商家经营工具的上线，微信视频号在直播带货上持续发力。服饰、食品和美妆是前三大成交类目，数码家电、教育培训、家居、个护类商家也在持续增长，一二三线城市的女性用户在直播中的购买力更强。与此同时，微信视频号将推出品牌商家激励计划，吸引更多优质商家入驻。尽管微信视频号在上线时间以及商业化起步上都晚于抖音和快手，然而依托微信生态这棵大树以及微信用户间的网络式传播，其高速增长的用户人数、使用时长（已超过朋友圈）和GMV（支付成交总额，2022年同比增长超8倍）都预示着微信视频号的巨大潜力以及隐藏的新蓝海。

公域与私域联动经营是微信视频号有别于抖音和快手的一大特点。抖音和快手的算法主要基于用户兴趣，而微信视频号的算法则更多地依赖于用户的社交关系。视频、直播内容一方面通过朋友点赞或者朋友圈、社群等进行私域传播，另一方面从微信生态中与微信视频号打通的各个入口获取流量，再通过内容吸引用户关注微信视频号账号、下单购买、添加企业微信客服并进入社群等私域，公域与私域相互促进带动流量，从而形成良性闭环。

除了月活跃用户人数之外，微信视频号的客单价、复购率等也超过了抖音和快手。根据 2023 年微信公开课 Pro 数据显示，微信视频号"私域成交占比高"，印证了其打通私域这一独特的优势。在"同一用户身份体系"下，微信视频号小店、小程序、公众号等渠道的用户身份相互打通，为品牌商家在用户运营上带来了便利。基于微信视频号的传播机制以及商业化运营特质，品牌在重视内容质量的同时，也需一并关注微信私域的精细化运营，微信视频号也将推出私域激励计划，促进商家公域与私域联动，提升转化与用户黏性。

三、抖音：社交媒体电商化

2016 年，抖音以音乐创意短视频社交媒体平台为出发点，聚焦用户需求，借力流量红利，引发了轰动式的市场反应，带火了诸多歌曲、舞蹈、城市、个人或组织，使其从平凡变为热门，从冷门变为流行。目前，抖音不仅具备强大的技术实力，而且在供应链的逐步完善方面也做了充足准备，最终成功打造出自身富有实力的电商生态。这一创新模式不仅颠覆了传统社交媒体的定义，也彻底改变了电商行业的发展趋势。

2020 年，科技的快速发展让"直播元年"成为历史性的时刻。直播带货迅速崛起并成为抖音电商最重要的增长形式。短短几年内，从传统的图文形式，到充满活力的短视频，再到现在实时互动的直播形式，内容形式的飞速变革引起了用户购物行为的显著变化。如今，B2C 品牌几乎无时无刻都在热烈探讨抖音，即如何利用这一全新的社交电商平台挖掘商业机会，实现品牌的全面发展。在这个过程中，奢侈品牌 LV 和 Gucci 等顶级品牌率先入驻抖音，东方甄选则以"诗与远方"式高质量的直播带货模式，为抖音赋予了社交电商新的想象空间。直播让品牌变得更加立体，传统的吆喝叫卖声在直播间里逐渐减少，取而代之的是与品牌调性相吻合的装修布置、视觉陈列和直播话术。在亲密互动中，用户能够更加全面、直观地感受到品牌与产品的价值，进而更容易产生购买欲望，下单购买。

2023 年 2 月，抖音这个引领潮流、创新科技的网络短视频平台，为了积极响应广大用户群体的迫切需求，勇敢地做出了开放个人卖家入驻的决定。这项决策的实施，降低了繁复的开店门槛，同时为了让更多的人有机会参与到电商行业的发展中，在特定类目上推出了只需要支付 0 元即可入驻的优惠政策。这彰显了抖音坚定的决心和宽广的胸怀。抖音的电商版图在经过了一次次的优化和扩建之后变得更加宏伟壮观，无论是在规模还是在领域方面，抖音都走在了行业的前沿，未来的发展前景将更加灿烂辉煌。

2021 年，抖音集团首次提出并大力推广了"兴趣电商"的全新商业概念，将消费者的兴趣和需求作为核心，通过内容形式如短视频与直播，挖掘并引发消费者内心深处的潜在需求，推动消费者形成实际的消费行为，确保商品和服务的成交以及进一步的复购。这一概念的提出，标志着抖音集团在电商领域的创新和突破。

抖音集团提出的"FACT+"全域经营方法论，是基于"FACT 经营矩阵"基础上的一次重要升级。在过去的一年里，抖音平台得到了迅速的发展，用户的消费场景和习惯也在不断地发生着变化，基于这些新的发展和变化，原先的"FACT 经营矩阵"已经不再适应新的市场环境和用户需求。因此，抖音将"FACT 经营矩阵"升级为"FACT+ 全域经营"方法论，在原有的内容场的基础上，又新增加了中心场与营销场。

中心场以搜索（人找货）和抖音商城（货找人）双链路为主要代表，而营销场将付费流量与自然流量相结合，两种不同的流量来源，共同拓宽了品牌的流量口。以内容为核心，不仅能够打通人、货、场的链条，同时能够覆盖用户从认知、种草、转化成交、复购等全消费链路，这样的全链路经营模式，能够更好地促进生意的增长，给品牌带来更大的商业价值。

抖音集团通过升级"FACT+"全域经营方法论，进一步优化了"兴趣电商"的商业模式，推出"全域兴趣电商"，以期为广大品牌商家带来新的增长机遇。作为兴趣电商的升级版本，全域兴趣电商不仅覆盖了消费者购物需求的全渠道，也在全触点和全链路上做了充分优化，以实现全洞察，从而为品牌商家的生意带来新的增长空间。同时，全域兴趣电商将为消费者带来一站式购物体验，用户可以在抖音平台上轻松、便捷地获取一站式购物体验，轻松实现所想即所得。这一创新性的商业模式，不仅进一步巩固了抖音集团在电商领域的领先地位，也为其他电商平台提供了新的思路和借鉴。

四、快手："拥抱每一种生活"

快手致力于拥抱每一种生活"。自初始阶段仅提供 GIF 制作与分享的简单功能，逐步演变为涵盖短视频播放、直播互动、电商交易等多元化领域的综合生态，快手凭借持续创新和迭代，成功走出了一条独具特色的道路。

根据《第七次全国人口普查》统计结果，我国超过八成的人口集中生活在二线及以上城市。这些城市的娱乐资源相较于一线城市和新一线城市稍显不足，因此，用户在休闲娱乐方面的选择和注意力更为集中。与此同时，大部分用户的关注点主要集中在社交媒体平台上，其中抖音是最为显著的代表。抖音平台提供了丰富多样的短视频内容，使用户可以随时随地轻松获取各种有趣且有价值的信息。

相较于抖音，快手的用户群体明显呈现出更加"下沉"的特点，表明快手的内容调性更加贴近普通人的生活。快手的内容涵盖日常生活、美食、健康、科技等多个领域，同时具备接地气、贴近实际、与时俱进的特点，受到广大用户的喜爱。快手所传递的信息内容丰富多样，使用户在闲暇之余能够观看到与自己生活息息相关的信息，感受到生活中的点滴美好。

许多在快手平台上脱颖而出的创作者们并非来自名校或具备专业背景。他们出身于普通草根阶层，然而通过去中心化的算法与推荐机制，他们获得了成为"KOL"的机遇，让他们的才华和能力得到了众人的关注和认可，实现了由草根到焦点的华丽转变。同时，快手平台浓厚的"老铁"文化氛围让创作者们与自己的用户之间建立了熟络的关系，彼此能够迅速建立信任并有效地进行交流与互动。

尽管抖音作为一个引领潮流、主打"美好生活"的短视频平台具有独特的魅力，但反观快手，它基于用户间天然的信任感成功塑造出别具一格、与众不同的社区文化。例如，"拥抱每一种生活"这一理念，快手更加关注真实生活并强调用户的参与感和共鸣感。在这里，用户的需求得到了满足和尊重，而快手因此具有了更多的社交属性，不再仅仅是一个普通的短视频平台。

2022年，短剧这一全新的娱乐形式迎来了它的"黄金时代"。在这个全新的短剧"时代"中，无论是内容的数量、质量还是影响力，都实现了惊人的井喷式增长。短剧的剧情紧凑，跌宕起伏，引人入胜；其视觉冲击感强，如同一部部短小精悍的电影；其题材风格百变，既紧跟时代潮流，又能反映社会现实；其受众群体广泛，包罗万象，各年龄层、职业的人群都能在短剧中找到自己感兴趣的内容。此外，短剧的玩法灵活，常常以其独特的创意吸引观众的眼球，赢得观众的喜爱。因此，短剧正在逐渐成为品牌营销的新的机会点，借助短剧这种形式，可以有效地吸引和留住用户，实现品牌的传播和推广。

作为最早推出短剧的短视频社媒平台之一，快手在这场短剧"革命"中表现得尤为突出。短剧已经成为快手形成差异化竞争优势的一大利器。目前，快手短剧的日活跃用户人数已经达到惊人的2.6亿，显示出短剧在快手平台上的巨大潜力和发展空间。

2022 年，快手为了扩展受众群体，精心推出了"星芒计划"，在一年的时间里，陆续发布了多达 200 余部的精品短剧。这些短剧凭借其精巧的构思和引人入胜的剧情，迅速吸引了大量观众的眼球。截至 2022 年底，200 余部短剧中，已经有超过 100 部作品的播放量突破了 1 亿大关，取得了骄人的成绩。

短剧的火爆播出，为一向被认为处于"下沉市场"的快手平台，成功吸引到了来自各个城市，特别是高线城市的用户关注。这些用户在平台上的性别比例呈现出微妙的变化，女性用户的占比略高于男性用户，这充分显示出短剧内容的多样性和受欢迎程度。同时，这些用户群体都具备较强的消费力和独特的内容消费习惯，为短剧的持续火爆和快手平台的未来发展奠定了坚实基础。

品牌在快手短剧中的内容营销主要以冠名、产品植入、内容定制、信息流广告投放，以及主创团队直播间带货等多种形式为主，形成了一个从宣传曝光到直播互动，最后将效果转化为具体销售收益的完美营销闭环。在不依赖付费广告的情况下，品牌方可以尝试将短剧融入到自己的自媒体运营中，将品牌自身的价值与短剧剧情巧妙地融合起来，这样不仅可以减少广告的投放，还能让品牌以更加原生态、自然的方式占领用户的心智，提升品牌的知名度和认可度，从而达到更好的营销效果。

五、小红书：消费决策的"百科全书"

小红书是一个专注于满足用户生活需求和倡导"种草"文化的社交电商平台。自其在海外购物攻略内容社区领域崭露头角以来，其深厚的生活方式底蕴和独特的社区氛围逐渐形成了小红书独特的文化。随着时间的推移，小红书不断深化和完善自身的业务领域。

在小红书的用户群体中，有一批高消费力、关注生活品质、乐于分享生活点滴的忠实用户。他们在社区平台上发布的大量 UGC 内容，为我们展示了生活的多元化、丰富性和可能性。这些内容涵盖了潮流、时尚、美食、旅行、美妆等诸多领域，展示了用户对美好生活的独特视角和理解。小红书不仅为用户提供了一个充满"种草"氛围的社区平台，同时凭借其独特的电商闭环和高质量的 UGC 内容，不断满足用户在消费、生活方式等方面的多元化需求。

小红书平台的内容与消费场景（生活方式）的深度关联性，使得其拥有强大的用户黏性以及浓郁的用户信赖感。在众多社交媒体平台中，"怎么买"成为小红书用户在互动区里主动咨询的高频问题，体现了用户对小红书的高度信任。越来越多的用户形成了这样的习惯：在下单购物前，他们会先在小红书搜索相关的产品信息，浏览相关笔记，或者先浏览、再搜索、后被种草，这样的"种草"路径在小红书平台变得更为便捷。相比传统的电商模式，在小红书平台"种草"的路径更为直接，让用户的购买决策过程实现了"C（Consideration，'种草'）→ A（Action，购买）→ S（Share，分享）"的快速转化，有效提升了购买转化率和分享裂变效果。

尽管小红书一直在大力扶持视频内容，使其成为内容市场中受人们喜爱的形式之一，但在小红书平台上，图文笔记在同一单位时间内承载的信息密度比视频更高，搜索更便利，阅读效率也更高，创作门槛却比视频要低。因此，其内容转化、消费效率与退货率表现都优于视频笔记。目前，小红书已经吸引了超过 14 万家品牌商家入驻。截至 2023 年 2 月，小红书首次发布了"TrueInterest 种草值"，使得"种草"的效果变得更加科学和可衡量，而这一数值也有可能成为品牌在分析小红书营销效果时的新的关键指标之一。

小红书：生态变革——构建以人群、场景、趋势为核心的"生活方式圈层"。在市场竞争日益激烈的今天，众多新品牌与小众品牌崭露头角，而一批专注于开拓中国市场的国际品牌如雨后春笋般涌现。尽管社交媒体平台已进入存量市场，竞争日益激烈，但对于新品牌与小众品牌而言，小红书平台仍然是一片值得关注的热土。小红书致力于引领新颖的生活方式和流行趋势，以年轻人为主要用户群体，他们充满好奇心，热衷于尝试新产品。

小红书采用了去中心化的流量分发机制，使得粉丝基数较低的新账号也有机会获得曝光，从而增加内容成为爆款笔记的概率。每周丰富的灵感话题活动为新账号提供了展示和交流的平台，使得小众品牌和新品牌的产品能够获得更多的关注和支持。小红书官方也积极推出一系列扶持计划，如"小红书宝藏新品计划""新芽助推计划"和"新生品牌扶持计划"等，充分利用自身资源为新品牌和新产品提供帮助，使他们能以较低成本的方式获取流量、营销和打造爆款。因此，无论是在产品冷启动阶段还是在精准的内容"种草"方面，小红书都成为新品牌与小众品牌不可或缺的助力。

"B 乎化"，这是描述 B 站和知乎特色的词汇，它们以长篇视频和图文为主，展示硬核内容。相较于那些初创时间更短、更"青春"的小红书，呈现出了"B 乎化"的特点。它的核心在于，为生活方式多元化的小红书用户提供有益且具有价值的内容。根据小红书数据中台 2022 年 5 月的数据，科普知识类博主的增长最为显著，达 417%。这些内容，如专业、有趣、有用、有效，能为用户提供生活方式的借鉴，受到越来越多人的欢迎。小红书用户开始利用平台上的内容学习各领域知识。比如，美妆护肤用户关注不同成分对不同肤质的功效，食品饮料用户关注配料表是否干净健康等。品牌通过创作利他性内容，能更容易地建立积极正面的品牌形象，促进成交转化，与此同时，这种利他氛围也吸引了更多高质量用户使用小红书，关注品牌内容。两者形成良性循环。

"他经济"已经在小红书上逐渐崭露头角，因此，我们应该理解并接纳各种不同且富有特色的生活方式，而无须受限于性别。通过实施"男性内容激励计划"并新增更多男性向话题，小红书意图吸引更多男性用户，并打破"女性社区"的刻板印象。目前，小红书的男性用户比例已经增长至三成。随着男性用户的持续增长，男性博主的创作力得到了进一步的激发。在男性用户更为关注的垂直领域，如汽车、游戏、运动健身和科技数码等，博主数量显著增加。与上年同期相比，上述各领域的博主数量分别同比增长了189%、179%、166% 和 136%。

小红书的"种草"特性使其成为用户在进行购买决策前的重要参考。大量的 UGC 内容正在改变用户的消费需求和心智，男性用户的消费意愿和消费潜力不断增强，"他经济"的发展趋势越发明显。例如，在女性优势明显的美妆护肤领域，男性用户对相关品牌、产品和内容的搜索量、关注度和讨论度也在日益增长。

在小红书生态中，博主作为一个重要的角色发挥着关键作用，其矩阵式营销策略是品牌在小红书营销领域的主要手段之一。通过利用博主的影响力，品牌可以更高效地促进转化。时尚美妆、运动健身、科技数码、民宿、情感、教育等具有消费特性的领域，更容易被博主的内容所激发，从而带来销售业绩的增长。蒲公英平台作为连接品牌和博主的桥梁，共同创造高质量的内容。选择哪些博主以及如何合理配置头部、中部和尾部博主的内容，对于营销效果具有关键影响。平台的"涨粉潜力榜""粉丝互动榜"和"超值优选榜"三大榜单以及在投资前的数据评估，为品牌在选择和布局博主时提供了科学的参考依据。蒲公英平台支持三种主要的合作模式：一对一的精准定制营销合作、一对多的招募合作和一对多的共创合作。前两种合作模式以固定价格进行结算，而共创合作则按照实际效果进行结算。

聚光平台是一款全方位的广告投放平台，它通过智能投放、搜索人群追投、信息流关键词定向这三种方式，为广告主提供全面的支持，并具备完整的投放链路数据。该平台贯通浏览和搜索场景，更加适应小红书用户边浏览边搜索的使用习惯。此外，它还覆盖了除"种草"以外的直播、抢占赛道、客资收集等多种场景。

"薯条"是一款面向品牌商家和个人创作者的自助式投放产品，主要分为内容加热和营销推广两个部分。企业可以根据自身的推广目标，如笔记阅读量、视频播放量、粉丝关注量、点赞收藏量、商品访问量以及线索留资等进行投放计划的设定。其中，内容"加热"只适用于个人创作者投放非营销属性的笔记内容。

品牌效果广告以多种的广告形式实现了用户心智的构建，以及品牌与用户的紧密互动。开屏广告涵盖了标准开屏、互动开屏、原生开屏和小红屏，其中小红屏在保留小红书原生笔记特色的同时，在播放结束后会自动联动信息流第二位的黄金位置进行展示。信息流广告则以"种草"为核心，深入用户的日常浏览行为。火焰话题定位在"猜你想搜"的第二位，支持多种站内搜索结果的联动。惊喜盒子为用户派发优惠，如兑换码、实物奖品、站内电商卡券等。搜索彩蛋提供趣味互动，具有高 CTR 转化率。品牌专区提供创意分组和精准营销，定制不同内容以针对不同人群进行推送。商业贴纸让用户使用相关贴纸自动添加商业话题进行 UGC 二次传播。商业话题构建了品牌的个性化话题阵地，连接了开屏、品牌专区等搜索页、搜索彩蛋、原生笔记，并支持添加多种组件。活动 H5 是开屏、信息流、话题页等多个入口的流量聚集地，拥有多样的玩法。

六、哔哩哔哩（B 站）：聚集个性年轻人的"小破站"

在早期，以 ACG（动画、漫画、游戏）为主要特色内容的 B 站，已逐渐成为用户们口中亲切的"小破站"。凭借其独特的圈层文化、富有创意的弹幕文化以及极具吸引力的学习氛围，成功吸引了大量"Z 世代"年轻人群的目光。在这个多元化的社区里，各类富有个性的用户都能在 7000 多个独特的圈层中找到归属感，同时能从丰富而深入的学习资源中获得新的知识和认知，这使得 B 站的用户黏性十分稳定。

作为一个积极拥抱年轻人群的品牌，B 站是一个非常合适的社交媒体平台。在 B 站上进行有效的营销，需要品牌做好"懂你"的角色，深入理解年轻人的所思所想和行为习惯，融入 B 站文化，以朋友间的交流方式，引发与用户的共鸣，拉近与用户的距离。

随着短视频的快速发展，B 站敏锐地感知到了用户对观看短视频的需求，因此果断推出了一种更为先进和时尚的竖屏视频展现形式——Story Mode。这种新模式具有超强的娱乐性和沉浸感，精准地满足了用户对碎片化内容的需求，同时也提升了广告装载量和变现率。Story Mode 的横空出世，极大地降低了内容创作的门槛，从而吸引了更多充满激情的创作者加入其中，迅速激活了原本沉寂的低活跃用户，使得用户群体的年龄层次更加丰富并赢得了中年用户的青睐。多元灵活的广告形式为 B 站带来了丰厚的收益，并有望在不久的将来解决 B 站长久以来的商业化难题。Story Mode 的成功实施将会形成一种全新的、长短视频优势互补的内容形态，从而为 B 站开创一个崭新的、具有无限可能的美好未来。

"二创"文化氛围就像是一座巨大的创作源泉，源源不断地为品牌注入灵感与活力，助力品牌成功"破圈"，获得更多的关注与喜爱。在 B 站，有趣且极具创意的 UGC "二创"文化氛围以神曲、热梗、鬼畜、魔性舞蹈等多种形式呈现，让品牌得以从原有的"盒子"中跳脱出来，打破营销传播中的瓶颈，积累起宝贵且具有差异化的内容资产。这些"二创"内容不仅充满了创意与独特性，同时能够激发消费者的共鸣，为品牌真正走进消费者的心中搭建桥梁。

对于品牌来说，内容和产品都可以成为"二创"的灵感来源。在广告、海报、文案甚至外包装设计和店铺营造的氛围感等方面，品牌既要敢于创新，鼓励消费者进行"二创"，充分发挥他们的创造力；又要善于引导，为消费者提供便利的"二创"空间，降低参与门槛，让更多消费者参与其中。这样，品牌凭借独特的创意和用户参与度，能够打破传统营销模式的束缚，推动品牌的跨越式发展。

B 站的"二创"创意活动，实现了消费者、品牌和平台自身的"三赢"。消费者通过智慧与创意，对平台内的内容或产品进行改造，创造出独特的创意单品，获得了前所未有的参与感、沉浸感和价值感。这种独一无二的创意商品让消费者觉得自己仿佛成了作品的创造者，感到无比的满足与自豪。对于品牌而言，这种深度参与体验拉近了品牌与消费者之间的距离。此外，借助"二创"活动，品牌吸引了一大批忠诚度极高的消费者，并且在众多低成本甚至免费的传播者的自发传播下，品牌的价值和影响力得到了持续的提升和巩固。对于平台而言，优质的 UGC 内容吸引了更多流量，并让喜欢这些内容的用户对平台产生了很大的兴趣。

七、知乎：抓住专业、深度、干货内容的"长尾"

在这个用户注意力高度碎片化的时代，知乎用户依然保持着积极阅读专业、深入、充满实用价值的长图文内容的良好习惯，与其他平台的用户相比，这一习惯引人瞩目。这一习惯的背后，离不开众多受过良好教育的用户一起营造的求知、友善、积极向上的社区氛围，以及知乎对于内容质量的严格把控。

作为一个知名的知识分享社区，知乎用户的付费会员人数也在高速增长。据统计，知乎用户群体中，有高达70%的用户学历均为本科及以上，这部分用户是典型的高知人群，具备较强的消费能力和消费意愿。他们乐于为高质量的内容付费，同时对优质内容有着持续、稳定的需求。

与众多社交媒体平台，如微博，抖音等，其信息内容因追求实时性，而与强烈的时效性显著特点相比，知乎平台的信息传播，尤其是"长尾效应"的突出特点却独树一帜。这源于用户在获取信息时，主要通过关键词搜索来寻找相关内容，即使内容是两三年前发布的，但在知乎上的流量仍然持续不断增长。另外，知乎平台也允许用户对所发布的内容进行随时更新与修改，而这些内容的权重并不会因此而被清零。与此同时，百度等搜索引擎也与知乎实现了良好的互通互联，这更进一步促使在知乎平台上产生的，受欢迎度较高且质量上乘的内容形成了一种良性的循环。随着权重的不断累积，这些内容的排名逐步上升，从而使其更容易被广大用户所阅读与点击，点击量和赞同数是知乎内容表现的核心指标之一，起到了至关重要的作用。

正是基于上述独特的优势和特点，知乎这一知识分享和资讯传播平台，非常适合那些需要较长且严谨决策周期、客单价较高或正处于教育市场的品牌进行深耕细作，长期且不断地输出高质量的内容，有效地利用"长尾效应"，通过持续的知识和信息输出，在不断地时时累积下，逐渐建立起用户的心智模式，进而塑造出品牌在行业内专业、权威且领先的形象。

八、淘宝直播：吸引更多玩家入局、大力建设内容生态

淘宝直播生态正在经历深刻的变革，以适应"从交易到消费"的转型趋势，构建新型的直播生态环境。随着平台对淘宝直播进行持续且深入的优化与升级，直播间与消费者的深度交流、新内容的持续输出以及给予消费者更具吸引力、高效且便捷的购物体验，已经成为评估直播间表现的核心标准。同时，淘系平台内容生态的成长、站外垂类主播及个人或组织的引入，都在持续推动淘宝直播新内容的迭代。此外，淘宝直播新的算法考核和流量分配机制将为商家和主播带来更多的发展新机遇，助力他们通过提供优质的产品和内容实现业务增长。

在阿里巴巴整体战略的演变过程中，从交易转向消费，作为推动后续增长的三大核心策略之一，至关重要。淘宝直播，作为从交易转向消费的关键载体，同时是内容场的关键抓手，肩负着串联全域场景的重任。

当交易蜕变为消费海洋的一部分时，我们应当明确，淘宝直播的焦点已不再仅限于消费者购买的具体商品，而更需深究消费者在何处发生消费决策，以及其消费决策在淘系闭环中能否得以顺利实现。淘宝直播不仅仅追求

流量的最大化利用，还需构建消费者消费发现的新场域，以吸引更多无明确购物需求的人，为他们提供更专业、多元的购物建议，促成其新的消费决策，使直播从仅能消耗流量的场域转向可创造流量的地方。

淘宝直播团队正在进行能力升级，其首要策略是开放合作，加深扶持，强化私域运营。直播电商已经成为人们日常生活中的重要组成部分，其功能也已成为主流 App 的标配。如今，直播行业正面临多元化的挑战，包括传统的在线直播、秀场直播，以及现在的短视频平台直播、直播带货等。因此，主播的专业成长需要生态伙伴提供更多元化的支持，除了引入 MCN 机构、商家直播服务商、区域服务商外，平台还推出了内容服务商，以推动内容化的发展，并不断升级商业模式。随着生态的持续完善以及生态伙伴与平台的共发展生态模式的形成，直播平台将实现持续成长。

淘宝直播平台已经迈入 2.0 阶段，标志着新内容时代的到来。在这个过程中，我们将把工作重心放在四个重要方向上。首先，我们将重新规划并优化淘宝直播的流量源和用户触达路径，以推动直播在整个手淘生态系统中从一条河流演变成一个复杂的水系，并期待从中汲取新的流量增长和发展动力。其次，我们将根据直播领域的特点，设计一套与之相适应的经营方法论和商业模式。淘宝直播平台不仅积极倡导效率为先的带货模式，同时鼓励主播将内容作为其成长的主要路径，以此推动主播通过鲜明的人物设定和差异化的直播场景进行经营和粉丝积累。在用户成长路径的规划中，淘宝直播平台将实施双轮驱动策略，优先考虑转化效率，并在此基础上额外增加内容时长的路径，以便为优质内容提供良好的分发路径支持。

为了提升整体运营能力和系统化产品服务能力，淘宝直播将联合各生态服务商，持续优化规范，以维护大家在新的内容化时代的持续发展。同时，淘宝直播也重视存量与增量生态的协同共进，将倾力扶持生态角色更加多元化，并全新发布与其匹配的成长计划，以确保各生态类型均享有明确的增长机遇。淘宝直播始终秉持着以用户为中心的理念，不断探索新的发展机遇，并与各生态服务商紧密合作，共同推动直播行业的发展。在这个新的内容时代，我们将不断优化服务，为消费者提供更优质的购物体验和更丰富的内容消费选择。

九、百度：以 AI 技术赋能营销，拓展品牌增长边界

面对流量焦虑难题，百度坚定地抓住了 AI 技术发展的脉络，成功实现了在逆势之下的行业领跑。此外，百度独特的双引擎驱动模式以及"信息 +服务"战略，旨在连接全链路用户，赋予多元营销元素多样化的商业场景，

以帮助广大的中国企业和商业个体发掘更多的增长可能性。

百度的移动生态版图持续扩大。面对需求的持续增长与多元化，百度致力于为企业提供全方位的营销服务。在四大关键平台的优势以及人群经营的 AIA 能力展示方面，百度清晰地呈现出了"规模化""全场景""AI 技术"和"智能搜索与推广"四大核心平台的优势。百度还提出了"全链经营"的品牌、效果与销售一体化营销策略，旨在帮助企业更好地管理人群、资产与业务增长。此外，百度还全面梳理了全链路产品资源，使用户与企业能够实现多元产品的互联。在此过程中，百度重点强调了"百度商业能力图谱"和"2023 全年内容营销规划"，以帮助大家全面了解百度的营销策略。

百度在人工智能的各个细分领域都拥有领先自研的技术，这其中尤其值得一提的是自主研发的高端芯片昆仑。这款芯片凭借卓越的计算能力，在人工智能领域发挥着至关重要的作用。飞桨深度学习框架则犹如一棵枝繁叶茂的大树，为人工智能创新提供了肥沃的土壤，同时是实现高效、精细的数据处理的核心支撑。此外，大模型文心在人工智能领域的应用中，更发挥着至关重要的作用，它犹如一把万能钥匙，能够为复杂问题的解决提供关键的指引。这些自研技术的持续迭代与优化，也让百度在应用领域效率的大幅度提升方面取得了显著的成效，不断推动着人工智能技术的创新与发展。

十、网易号：网易态度营销

中国的消费者正在经历一场转变，从过去的向外求索模式转变为现在的"向内探索"模式。这一转变体现在他们对消费体验的需求变化上，即从过去单纯关注产品的外显符号转变为追求更具体验性、场景性和精神愉悦感的消费体验。在这种趋势的推动下，品牌与消费者之间建立长久良好关系不仅需要依靠优质的产品，更需要借助丰富的内容。如何让每一个流量触点、每一次与消费者的接触都流淌着有温度、有共鸣的内容，成为品牌破解当下流量焦虑的重要途径，也是品牌实现长远发展的关键因素。

自 2014 年起，网易传媒率先提出了"态度营销"理念，随着内容消费升级以及品质生活需求的转变持续深化和完善；2019 年，网易传媒创设了崭新的营销体系"睿享生活圈"；2021 年，在拥有更多多元化的内容 IP 资源的基础上，网易传媒提出了"内容玩家"的概念，并结合元宇宙背景，将态度营销实现了再一次的升级。

网易的态度营销聚焦于发掘品牌与用户之间的情感共鸣，借助尖端技术支撑，推出具有多元原创性的优质内容，并构建起品牌方与用户的共同创造机制。凭借网易强大的内容资源，实施全网传播的覆盖策略，以赋能品牌战略，并沉淀品牌资产，进而高效地实现营销目标。

2022 年，网易以"内容玩家·品牌共创"的营销策略为核心工具，全力以赴地开展品牌共创内容资产的构建与内容场景的拓展，以及内容链路的无缝连接。再加上网易在元宇宙全产业链的技术及产品布局，以及业内领先的内容创意和 IP 运营能力，向世界宣布成为第一家为客户提供"长效全景"元宇宙营销解决方案的互联网公司。网易将继续全力推动品牌内容营销创新。其内容生态系统进行了全面的升级，精细化运营和引入多元内容的策略双管齐下。在此基础上，网易号也进行了商业能力的升级，为拥有专业经验和知识分享的创作者开通了"内容付费"功能。

当前的互联网行业，竞争十分激烈。然而，网易凭借其独特的差异化产品矩阵和强大的内容创意能力脱颖而出，为打赢共创时代的内容营销战创造了得天独厚的优势。网易旗下拥有新闻、文创、云音乐、游戏、LOFTER 五大核心内容平台，各平台都拥有丰富多样的内容创作生态，并且形成了各自独特的内容共创机制。这些机制不仅吸引了大量专业的内容创作者，更为互联网用户共创优质的网生内容提供了温馨的创作平台，从而实现了流量与口碑的"双收"。通过这样的合作，网易与广大用户共同搭建了优质内容生态的坚实基础，为共创时代的内容营销战增添了浓墨重彩的一笔。

参 考 文 献

［1］邓建国，刘博.2021 元宇宙年度报告［R］.腾讯 & 复旦大学，2021.

［2］微播易，中国广告协会，全球数字营销协会.2023 年中国 KOL 营销趋势洞察报告［EB/OL］.http：//www.fhyanbao.com.

［3］新榜研究院，百度营销.2022 年达人营销发展洞察报告［R］.百度营销公众号.

［4］头豹研究院.2022 年中国粉丝经济研究报告［EB/OL］.http：//www.eastmoney.com.

［5］祝智庭.AIGC 技术给教育数字化转型带来的机遇与挑战［D］.华东师范大学硕士学位论文，2023.

［6］微播易.2022 主流社交媒体平台趋势洞察报告［R］.微播易 x 胖鲸公众号，2023.

［7］科握.2023 中国社交媒体平台指南［R］.科握公众号，2023.

［8］艺恩.2023 年内容电商白皮书［R］.艺恩公众号，2023.

［9］杨天真.从明星经纪到 IP 内容创造［EB/OL］.混沌大学公众号，2023.

［10］祝智庭.AIGC 技术给教育数字化转型带来的机遇与挑战 2023［D］.华东师范大学硕士学位论文，2023.

［11］巨量算数和无忧传媒.创作的力量［R］.人民数据研究院，2023.

［12］杨天.建立个人品牌　做自己的经纪人［EB/OL］.https：//www.hundun.cn/course/intro/62599901347248bc5d210d24b7437a60.

［13］中国传媒大学广告学院，国家广告研究院，内容银行重点实验室.新营销 4.0：营销云时代［R］.2023.

［14］增长黑盒 & 赞意.2022 内容增长战略白皮书［EB/OL］.http：//www.sohu.com/a/553824749_121406416.

［15］淘宝直播.2022 直播电商白皮书：行业"新方向"［R］.中国社会科学研究院财经战略研究院，2022.

［16］百度营销通案［EB/OL］.百度营销中心公众号，2023.

［17］朱珠.抖音电商——从兴趣电商到全域兴趣电商［R］.华鑫证券，2022.

［18］文浩，张爽.企业微信：连接12亿微信用户，打开to B端商业空间［R］.天风证券，2022.

［19］曾炜.腾讯企点营销∞分析6.0一体化产品发布［R］.腾讯云，2023.

［20］腾讯企点.双涡轮模型2.0—行业最佳实践指南［R］.腾讯研究院，2023.

［21］天下秀.2023年中国红人新经济行业发展报告［R］.艾瑞咨询研究院，2023.

［22］巨量引擎.2022巨量星图达人生态报告［EB/OL］.http：//www.accesspath.com/report/5557774371.

［23］克劳锐.2022年中国内容机构（MCN）行业发展研究报告［EB/OL］.http：//www.fhyanbao.com/.

［24］科握.2023中国社交媒体平台指南［EB/OL］.http：//news.sohu.com/a/730225891_121763615.

后 记

时光荏苒，白驹过隙。这本专著从开始酝酿、构思、动笔到写出初稿，几经修改、反复打磨，到今天终于定稿了，一晃几年过去，回首过往，心中百感交集，感慨良多。

首先诚挚地感谢我的合作者杜永贵先生。从当初书稿的选题到结构目录的确定以及资料的提供和写作过程的探讨及建议，无不渗透着其极大的心血和智慧。其广阔的视野、前瞻的眼光和严谨认真的态度，让我永志难忘。

诚挚感谢上海市浦东美术家协会的汪泽鸿先生、马来西亚博特拉大学的李威甫同学和我可爱的女儿刘欣怡小朋友一起为专著画的插图，感谢他们在专著的完成过程中所给予我的支持和帮助。

诚挚感谢工商管理学院、南泰品牌发展研究院的领导和同事，特别是学院的武增勇书记、原院长姜秀珍副校长、南泰品牌研究院副院长史楠老师，没有他们的鼎力支持，专著不可能这么快出版面世。

诚挚感谢我们研究的案例企业、所有访谈对象和调研对象，感谢他们对我研究的理解、支持和提供的一系列无私帮助，是他们的支持和配合使这本专著得以顺利完成。

最后还要诚挚感谢我的父母和我的家人，感谢他们生养了我并一直理解、支持、关心和鼓励我。在多年的学术生涯中，是亲情给予了我最大的感情支撑，是他们无私的爱持续不断地给予我奋进的勇气和力量。

谁言寸草心，报得三春晖！诚挚感谢所有关注我、关心我的领导、师长、同学、同事和朋友！尤其是我的博士生同学王永先生热情洋溢的推荐序。由于自己理论和实践的局限，我的专著还存在诸多不尽如人意的地方，但有你们的理解、支持、关爱和帮助，我会一直努力，不断完善。